共富养老

浙江人口老龄化案例分析

COMMON PROSPERITY FOR THE ELDERLY

A CASE STUDY OF POPULATION AGING IN ZHEJIANG

米 红 李逸超 著

中国人民大学出版社
·北京·

前言

  中国人口老龄化进程深刻地嵌入社会经济发展的结构中,推动了中国经济增长与结构转型,也将在未来持续深远地影响社会政策变革。国际经验表明,地区人口老龄化程度与经济发展水平呈现正相关关系。受到新中国成立后三次生育高峰以及70年代计划生育政策的影响,中国快速完成了从第一阶段向第三阶段的人口转变过程,在社会发展水平仍然偏低的20世纪90年代进入人口老龄化时期,呈现"未富先老"的特征(邬沧萍等,2004)。然而,由于中国的改革开放、现代化建设与社会保障制度的发展,近年来中国的经济发展水平、居民受教育程度、人民预期寿命快速提升,中国社会发展特征从"未富"逐渐向"渐富"发生转变。而三次生育高峰队列逐渐向老年过渡,使得中国人口老龄化进程在21世纪出现了加速趋势,人口结构特征从"先老"逐渐向"快老"发生转变。从"未富先老"到"渐富快老",不变的是短期内中国仍然存在的人口结构与社会经济之间的相对不协调,但变化的是人口系统与社会经济系统在中国发展过程中的动态特征,以及人口老龄化与社会经济发展之间的复杂与交互关系。在"渐富快老"的社会结构下,中国如何通过公共政策实现与优化高质量发展和老龄化社会治理体系与治理能力,是实现中国式现代化的时代命题。

在人口老龄化进程中，中国人口健康状态也发生了转变。老年人失能、失智发生率随着高龄化有所提升，生活不能自理的老年人规模也逐渐扩大。2019年，我国失能、半失能老年人口数量超过4 000万人。伴随着老龄化程度进一步加深，未来我国失能、半失能人群规模预计将进一步扩大，这引发了规模庞大的老年照护服务需求。合理评估未来中国多健康状态老年人口规模与结构，进而估计包含家庭保姆在内的正式照护服务需求量，对于中国未来规划完善长期照护服务体系、提高老年照护服务质量具有重要的现实意义。

在"渐富快老"的社会结构下，我国养老服务事业与产业发展具有其内生动力，但仍需要通过制度保障老年人的养老权益，降低老年人家庭照料负担，提升老年人的晚年尊严。伴随着人口老龄化进程的加速与社会总收入水平的提高，政府、市场以及社会会自发地调整发展路径以适应人民日益增长的高质量养老服务需要。此外，政府部门需要优化基本养老保险制度以保证快速老龄化背景下社会保障制度的可持续性。社会长期护理保险制度也需要在筹资、待遇保障与覆盖群体中寻找平衡，在保障老年人长期照护需求的条件下维持制度的运行。

作为中国高质量发展建设共同富裕示范区，浙江省当前呈现典型的"渐富快老"特征。通过多维度展示浙江省在老龄化社会治理方面的相关案例，阐释浙江省在长期护理保险制度、城乡居民养老保险制度、人才驱动的高质量发展、生育转型、"医养结合"照护模式创新以及医疗卫生事业发展等方面取得的宝贵经验，可以为中国积极应对人口老龄化国家战略设计提供"浙江经验"。

本书作为浙江省哲学社会科学规划重大项目"从'未富先老'到'渐富快老'：中国人口老龄化多状态预测与养老政策仿真研究（2018—2070年）"（19YSXK03ZD）的成果之一，整合了浙江大学公共管理学院人口大数据与政策仿真（工作坊）研究基地近年来为应对"渐富快老"社会结构下的养老问题所开展的全面深入的分析研究。该研究团队是国家养老保险与长期护理保险制度顶层设计团队之一，团队带头人米红教授为人口与社会保障领域咨询专家，深度跟进中国尤其是浙江省城乡居民养老保险制度、长期护理保险制度的制定与完善过程，长期深耕中国养老问题。本书旨在通过对中国"渐富快老"的特征、理论的系统阐释，对中国进入加速人口老龄化、快速人口老龄化和失能失智者的长寿化发展阶段的人口规模、结构进行精算分析，并对中国未来养老需求进行政策仿真，结合浙江省的案例研究为中国养老政策优化与创新提供政策建议。

本书内容安排如下：第一章基于人口过程分析，对未来中国多健康状态人口老龄化进程进行预测，并对养老需求以及城镇职工基本养老保险制度进行仿真分析；第二章对"渐富快老"社会结构的特征及其影响养老服务业发展的作用机制进行理论探讨，并运用全国省域面板数据对"渐富快老"社会结构对于中国养老服务业发展的促进效应进行实证分析；第三章基于浙江省积极应对人口老龄化、促进高质量发展的七个案例分析，为中国未来应对人口老龄化国家战略优化提供经验路径；第四章对中国人口健康状态变动趋势得出了结论并提出了应对性的政策建议。

在合著分工上，米红教授作为浙江省哲学社会科学规划重大项目负责人，负责了此成果专著的统筹组织、研究思路提出、框架设计、数据分析、文稿写作、资料收集与审阅修改工作。李逸超博士作为此项目后期主要参与人，完成了专著第二章与第三章第一、三、七节的数据分析、文稿写作、资料收集与后期审阅修改工作。

Abstract

Background

The aging process of population in China is deeply embedded in the structure of socioeconomic development, which has promoted China's economic growth and structural transformation, and will continue to have a far-reaching impact on social policy reform in the future. The experience of developed countries shows that regional population aging is the by-product of socioeconomic development to a higher level. Influenced by the three baby booms after the founding of the People's Republic of China and the one-child policy launched in the 1970s, China soon after witnessed the transition from the first stage of the demographic transition to the third stage. In the 1990s, when the level of social development was still low, China entered the period of population aging with its social pattern showing the characteristics of "aging before getting rich". However, the practice of reform and opening up policy, modernization construction and promotion of social security system have gradually changed the situation of social development of China from "before getting rich" to "gradually getting rich", and with the leadership of the Communist Party of China, achieving the goal of "common prosperity" has become more promising. Nonetheless, the three baby boom cohort is getting old, which has accelerated the aging process of China in the new century, and has changed the demographic structure from "entering aging" to "aging rapidly". In addition, the number of disabled and semi-disabled population in China is expected to further expand in the future. Reasonable assessments of the size and structure of the future older population with multiple health status are of great practical significance for China's sustainable planning to improve the long-term care system and the quality of elderly care services. From "aging before getting rich" to "gradually getting rich and aging rapidly", China is still faced with the dilemma of relative discordance between demographic structure and social economy while witnesses changes, including the dynamics of demographic system and socioeconomic system in different development stages, as well as complex and interaction between population aging and the socioeconomic development. Under the social structure of "gradually getting rich and aging rapidly", It is an epochal challenge to establish a strong and effective support system for the older population in the context of achieving common prosperity through the optimization of China's social security system during its modernization process.

Due to the rapid aging and economic growth, Zhejiang Province currently presents a typical socioeconomic pattern of "gradually getting rich and aging rapidly". As a common prosperity demonstration area with high-quality development facing the surge of elderly care demand, Zhejiang Province can provide with a valuable development template about realizing an elderly care mode in the context of common prosperity during the process of Chinese modernization, including how to promote the coordinated development of elderly care industry and undertaking, improve the elderly care system and long-term care insurance system. From the perspective of socioeconomic development in an aging society, the study on population policy of the full life circle in Zhejiang Province where the fertility rate is lower than the national level will deliver inspirations for achieving a sustainable balanced population growth nationwide in a deep aging era. As a province experiencing a positive net inflow of talent, Zhejiang Province is well-positioned to drive high-quality development driven by talent, offering innovative models for national economic growth in an aging context. Based on the above, this book will analyze the development of China's aging population from the perspective of the transition from "aging before getting rich" to "gradually getting rich and aging rapidly". After that, this book will conduct seven case studies of Zhejiang Province's practices in active aging, aiming to provide the "Zhejiang experience" for the development of elderly care model in the context of common prosperity in China.

Research Aims

This book aims to provide with theoretical basis and experience instructions for the innovation of elderly care mode in the context of common prosperity in China and Zhejiang Province based on the analysis in the situation of current demographic development, social security system and elderly care services, and case studies in Zhejiang Province coping with population aging. The book also makes systematical theoretical illustrations on the pattern of "gradually getting rich and aging rapidly" in China, conducts actuarial analysis on the number and structure of population in the stage of rapid aging and longevity in multiple health status. Based on above, the book carries out policy simulation on the future demand of elderly care in China and gives policy advice to care policy optimization and innovation according to the case study of Zhejiang Province.

Specifically, this book explains the mode innovation for elderly care through three chapters. The first chapter, based on the analysis of population process, describes the current situation of the older population in China and predicts the aging process of population with multiple health status. Based on the future care demands of older people in China, this chapter also makes actuarial simulation on the future family nanny issue and long-term care insurance expenditures. In addition, according to the future structure of population aging, this chapter makes a simulation analysis of the basic pension system for urban workers. The second chapter analyzes the characteristics of the social structure of "gradually getting rich and aging rapidly" and the current development situation of the elderly service industry in China, and then discusses the theoretical mechanism of the social structure of "gradually getting rich and aging rapidly" affecting the development of the elderly service industry. On the basis of the provincial-level panel data in China, this chapter makes an empirical analysis of the non-linear impact of the social structure of "gradually getting rich and aging rapidly" on the development of elderly service industry, and tests the theoretical hypothesis. The third chapter of this book is based on the seven case studies of Zhejiang Province including promoting the long-term care insurance system and the pension insurance system for urban and rural residents, advancing talent-driven high-quality development and fertility transitions of full life circle, carrying forward the mode innovation of "combining medical and nursing care" and plan of health and elderly care services undertakings. Through these cases, this book would like to provide "Zhejiang Experience" to China and other developing countries for advancing the construction of elderly care mode in the context of common prosperity and the design of strategies to cope with population aging.

Methods

In terms of research data, this book takes the census data of China and Zhejiang Province to conduct population prediction; uses the panel data of China to analyze the influence of the development of the "gradually getting rich and aging rapidly" pattern on the elderly service industry; exploits the mode of "combining medical and nursing care", the traits of fertility transition of full life circle and high-quality development approach in Zhejiang Province based on the micro-investigation data of aging population in Taizhou, dynamic monitoring survey data of Zhejiang population and families, as well as the third economic census data in Zhejiang Province.

In terms of research methods, this book applies the cohort-component method to predict the trend of population aging in China and Zhejiang Province, based on which it makes prediction on the number of older population with multiple health status. Through actuarial model, this book simulates the operation status of the basic pension insurance for enterprise employees nationwide, and predicts the cost and financing requests of the long-term care insurance system in China and Zhejiang Province. When exploring the role of "gradually getting rich and aging rapidly" pattern on the development of elderly service industry, this book builds a threshold regression model for panel data to estimate its non-linear impact. In addition, in the part of case studies, this book employs CCR model, ordered logit model to further probe into issues about high-quality development, the preference of "combining medical and nursing care", and the spatial layout of medical and care institutions in Zhejiang Province.

Results & Conclusions

Drawn from the analysis on population trend with multiple health status and elderly service mechanism in the social structure of "gradually getting rich and aging rapidly" in China, conclusions are as followed: (1) China's population aging process will continue to deepen in the next 30 years, gradually presenting features of rapid aging, accelerated aging and people living longer with the number of older people with disability and dementia growing fast. In 2035, Chinese society will enter the super-aged stage which is expected to last for as long as 13 to 14 years. By 2035, the number of disabled and semi-disabled people aged 60 and above will reach about 60 million, among which 17.567 9 million are disabled. By 2050, the number of older population with severe disability or dementia in urban areas will reach 21.08 million, and that in rural areas will reach 16.41 million (see Figure 1 and Figure 2). (2) With the expansion of the disabled and mentally disabled older population, the overall nanny demand for family with older people in China will show an upward trend in the future, and the level of social long-term care expenditure will also be significantly improved. The demand for family nannies in urban areas will increase from about 6 million in 2020 to about 16 million in 2050, and that in rural areas will increase from 6.19

million in 2020 to about 9.29 million in 2039, and then slowly decline to 9.13 million in 2050. By 2050, the total demand for family nannies in China will rise to 25.07 million. The long-term care expenses will increase from 296.7 billion yuan in 2020 to 2 664.9 billion yuan in 2050, and that of proportion of GDP will continuously increase from 0.29% in 2020 to 0.61% in 2050. (3) The support ratio of China's urban worker pension insurance system will continue to increase, exacerbating the risk of imbalance between income and expenditure. The delayed retirement age policy can effectively alleviate the future gap between income and expenditure of the basic pension insurance for urban workers. The "gradual delay of retirement age" scheme can reduce the support ratio of the pension system by 0.273, to a great extent mitigating social pressure on supporting older people, and gain more 13-year for social insurance funds improvement. In order to achieve the current balance of income and expenditure, the state needs to comprehensively subsidize the basic old-age insurance of enterprise employees by 502.47 trillion yuan through various channels during the period of 2020−2050. (4) As the social structure changes from "aging before getting rich" to "gradually getting rich and aging rapidly", the two factors of "getting rich" and "aging rapidly" will jointly act on the development of China's elderly care service industry. The scale growth mechanism and the structural transformation mechanism of the older population promote the coordinated growth of the supply and demand of elderly care services, and the redistribution mechanism and the consumption growth mechanism of the older population support the increase of the supply and demand of care services. The increasing effect of population aging on the development of elderly service industry depends on the double threshold effect of income level. When the GDP per capita crosses the threshold value, the promoting effect of population aging on the development of elderly service industry will be greater.

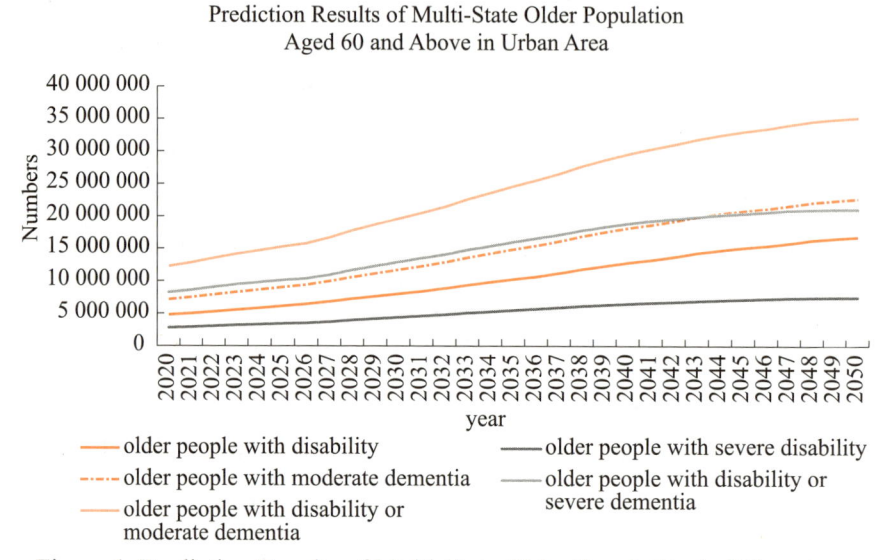

Figure 1 Prediction Results of Multi-State Older Population in Urban Area

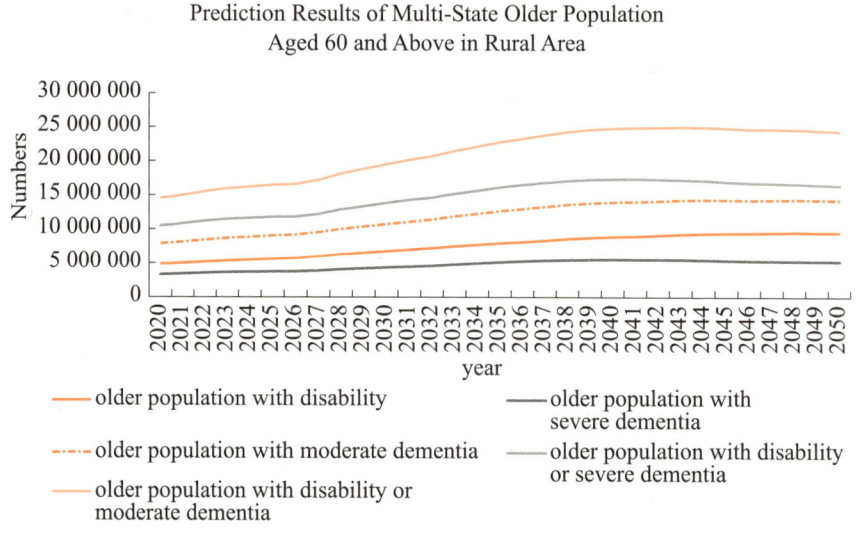

Figure 2 Prediction Results of Multi-State Older Population in Rural Area

Abstract

Drawn from the case studies on the actions taken by Zhejiang Province to cope with population aging, conclusions that can be inspirations for the implementation of national strategy for dealing with population aging are as followed: (1) the talent scale expansion plays an active role in the regional high-quality development. It helps to tackle the problem that the decline of labor scale leads to lack of impetus for development in an aging society. For every 1% increase in the talent scale in Zhejiang Province, the high-quality development level will increase by 2.6%. In terms of the effecting mechanism, the scale of talents promotes regional high-quality development by improving regional technological progress. (2) In the period of "interleaved fertility policies, transformation of fertility concepts, and structural changes in fertility rate", growth potential objectively exists concerning women's fertility willingness and social fertility level. However, the society still faces conditional obstacles, which affect the governance of aging society in the full life circle. Through the adjustment of fertility policy, the fertility level in Zhejiang Province has gained growth potential which yet needs to be released; the fertility situation of women of childbearing age is improved, and the fertility potential is rather great; the social development makes the concept of healthy birth and childbearing acknowledged among women, and the pressure faced with by highly educated women ever increasingly affects their fertility intentions. (3) Improving the transfer income has increased the willingness of older people in Taizhou to accept the mode of "combination of medical care and nursing care". However, problems remain in the local medical and health industry and elderly care industry, such as imbalanced spatial distribution and still poor development of the combination of medical care and nursing care. On the demand side, in terms of the income structure, the older population, especially those living in rural areas, with social transfer income as the main source of income will have a higher willingness to accept the mode of "combination of medical care and nursing care". On the supply side, Tiantai County facing the shortage of beds can refer to the experience of Jiashan County that establishes a combined medical and nursing hospital linked with the community, and promotes the construction of smart elderly care. (4) The design, innovation and goal of the pension insurance system for urban and rural residents based on the idea of "three synchronization and three equal" can guarantee the basic living needs of the urban and rural older residents to a greater extent and improve people's well-being. Adhering to the concept of urban and rural overall planning, Jiaxing City implements an integrated system design based on the value of "three synchronization and three equal", and takes the lead in establishing a unified and fully-covered social security system, realizing five supporting reforms and reaching the highest level in Zhejiang Province. (5) The design of the long-term care insurance system under the diversified financing modes guarantees the sustainability of the long-term care insurance system, among which the individual payment is a pivotal approach. With the conditions of 20-year individual payment period, variable elderly disability rate, and deepening population aging, the proportion to the average income of long-term care insurance contributed to by the urban workers in Zhejiang Province will reach the peak of 1.96% around 2055, and will remain above 1.50% before 2080 (see Table 1).

Table 1 Simulation of Long-term Care Insurance Payment Rate for Urban Workers in Zhejiang Province Under Various Scenarios, 2020–2080

Year/ Scenario	Individual Payment Starting at the Age of 40				Individual Payment Starting at the Age of 45			
	GDP 1%	GDP 2‰	Non-variant	Variant	GDP 1%	GDP 2‰	Non-variant	Variant
2020	2.78%	0.01%	0.31%	0.38%	3.59%	0.02%	0.41%	0.49%

continue

Year/ Scenario	Individual Payment Starting at the Age of 40				Individual Payment Starting at the Age of 45			
	GDP 1‰	GDP 2‰	Non-variant	Variant	GDP 1‰	GDP 2‰	Non-variant	Variant
2025	2.79%	0.03%	0.34%	0.41%	3.63%	0.04%	0.44%	0.53%
2030	2.84%	0.06%	0.41%	0.52%	3.87%	0.08%	0.55%	0.71%
2035	3.01%	0.07%	0.45%	0.69%	3.85%	0.09%	0.58%	0.88%
2040	3.28%	0.07%	0.47%	0.91%	3.96%	0.08%	0.56%	1.10%
2045	3.65%	0.09%	0.52%	1.22%	4.51%	0.11%	0.64%	1.51%
2050	4.36%	0.15%	0.68%	1.75%	5.64%	0.19%	0.88%	2.26%
2055	4.44%	0.18%	0.67%	1.96%	6.48%	0.27%	0.98%	2.86%
2060	4.06%	0.17%	0.50%	1.83%	5.76%	0.24%	0.71%	2.59%
2065	3.88%	0.16%	0.36%	1.67%	5.13%	0.21%	0.48%	2.21%
2070	3.85%	0.15%	0.25%	1.51%	4.85%	0.19%	0.32%	1.91%
2075	4.22%	0.19%	0.25%	1.50%	5.34%	0.24%	0.32%	1.90%
2080	4.62%	0.25%	0.29%	1.50%	6.12%	0.33%	0.38%	1.98%

Policy Implications

Based on the research on the current situation in China and Zhejiang Province, this book puts forward some policy implications to promote the innovation of elderly care mode in the context of common prosperity:

(1) Expand the talents scale to deal with the increasing pressure of social care services. First, improve the mechanism of recruitment, employment and retention of family nanny. Second, increase the attractiveness of relative industries and people's initiative in being occupied in those industries,

establish unified training mechanism to assure service quality. Third, enhance the early closed unified training system, build "Filipino Servant"-level nanny school. Fourth, train groups of professional nursing talents to match the needs of high-quality long-term care services in communities and institutions.

(2) "Relief" and "Adaptability" measures should be applied in parallel to deal with the social pressure of supporting older people. First, China should accelerate the implementation of the gradual delayed retirement age policy, relieving the pressure of fund operation as the revenue still does not cover the expenses. Second, China should strive to develop a multi-level and multi-pillar pension insurance system, introduce the capital market to undertake together the pressure of aging population. Enhancing the construction on the third pillar endowment insurance and long-term care insurance system could ensure that pension funds be held in a relatively stable market investment operation and value, and realize the vision of enjoying two kinds of pension insurance by paying one portion of money, increasing residents' satisfaction and well-being. Third, governments should further improve the benefit levels of basic pension insurance for urban and rural residents to meet the basic needs of the rural older people. Fourth, talent-driven high-quality development is feasible to cope with the impact of population aging on labor force decline.

(3) Establish and improve a public service system to make up for the weaknesses during the process of achieving common prosperity. Led by the goal of common prosperity, governments at all levels need to change their old perceptions, pay more attention to expanding people's well-being, do away with the "material-oriented" development value, and make efforts to realize the sustainable development. First, appropriately increase the proportion of spending on public services to serve the world's largest population with the world's second

largest economy. China's capacity to provide people's livelihood services and social management is relatively insufficient, and the level of investment and coverage in public services is not high enough. Second, improve the multi-subject supply mode and strengthen the innovation of the financing and payment mode of the elderly care service system. The government, the market, society and families need to make joint efforts and cooperate effectively together to embed a unified long-term care model. The care needs of middle and high income groups could be solved through marketization or other quasi-market-oriented ways. The government's public resources can be largely infused and exploited to meet the care needs of middle and low income groups. Besides, governments should dynamically optimize the current long-term care insurance system through a multiple financing mode, expand the coverage of the system, and improve the urban and rural equity on the premise of ensuring the sustainability of the long-term care insurance system in China. Third, promote the sharing of high-quality population and public services according to the standards of developed countries. Strengthen the construction of beds for the elderly care and improve the supply capacity of the elderly care services. Improve the elderly care personnel and capital investment, and promote the quality and efficiency of public services. Enhance the social governance of population aging in the full life circle, and deal with the problems of population aging from the perspective of "the Elders and the Children". In the meantime, attach importance to the simultaneous construction of medical care services combined with nursing care in township hospitals, elderly care institutions and communities, to improve the level of long-term care services in urban and rural areas.

目 录
Contents

第一章 中国人口老龄化、高龄化的多健康态势预测、发展模式与发展愿景 ……………………………………………………………… 1

第一节 中国人口老龄化状况与多健康态势预测 ………………………… 3
第二节 面向多状态老年人护理需求的公共政策研究 …………………… 25
第三节 我国城镇职工基本养老保险收支缺口预测研究 ………………… 36

第二章 从"未富先老"到"渐富快老"——中国养老服务驱动机制与展望 …………………………………………………… 47

第一节 渐富快老：中国人口老龄化的社会经济特征 …………………… 48
第二节 我国养老服务业发展状况分析 …………………………………… 51
第三节 "渐富快老"社会结构对我国养老服务业发展的作用机理分析
……………………………………………………………………… 63
第四节 "渐富快老"社会结构促进我国养老服务业发展的实证分析
……………………………………………………………………… 70

第三章 应对"渐富快老"社会结构的公共政策研究——以浙江省为例 …… 89

- 第一节 浙江省人口老龄化发展研究 …… 90
- 第二节 浙江省高质量发展路径研究——基于人才驱动视角 …… 119
- 第三节 老年人口收入结构与"医养结合"养老服务参与意愿——基于台州市养老状况调查 …… 143
- 第四节 从统筹城乡到共同富裕：嘉兴社会保障制度的高效能治理与高质量发展 …… 162
- 第五节 从持续走低到根本性扭转：浙江省生育率恢复性增长模式与策略创新 …… 170
- 第六节 医疗卫生事业发展与医养结合规划路径——以台州市天台县为例 …… 186
- 第七节 浙江省长期护理保险制度设计与仿真分析 …… 204

第四章 结论与政策建议 …… 229

- 第一节 结论 …… 230
- 第二节 政策建议 …… 234

参考文献 …… 241

第一章

中国人口老龄化、高龄化的多健康态势预测、发展模式与发展愿景

人口是经济社会发展的主体，同时也是影响经济可持续发展的关键变量。如果生育率太低，人口规模下降太快，将会导致劳动力供给不足，社会赡养老年人压力激增，削弱经济社会发展的活力，加重经济社会的负担。因此，评估人口系统自身的均衡发展、人口与经济社会的系统间均衡是实现可持续发展的关键。改革开放以来的中国人口增长被认为是人口惯性导致的惯性增长（翟振武，2008；王丰等，2008）。随着生育率长期维持在较低水平，负增长惯性开始积累，低生育率所蕴含的人口负增长趋势逐步显现，中国人口势必进入负增长阶段。当前，我国正处于人口生育政策调整、影响的持续变动期，从一孩政策到两孩政策，再到三孩政策，是由缓解人口快速增长向解决人口结构性失衡问题的转变，是随着我国人口形势不断变化，朝着满足人口数量和结构之间动态平衡需要的政策转变。受以往传统计划生育政策负惯性和生育政策调整期与交错期的双重影响，我国人口、资源、环境仍处于紧平衡的状态。在高质量发展阶段，人均经济指标将成为衡量经济社会发展水平的重要参照；在这一阶段，人口的"静态数量观"需转向人口的"动态均衡论"，经济社会的发展更需注重人口素质的提高与人口结构的优化。

后人口转变时代，少子老龄化与高龄化正日益成为影响我国人口与经济社会均衡发展的核心议题。积极应对人口变化带来的挑战，对我国保持经济社会的稳定发展意义重大。未来15年，我国人口发展将从震荡变动期逐步过渡到稳态变化期。这一时期既是我国人口生育政策调整、影响的持续变动期，也是我国人口加速老龄化、快速高龄化但粗死亡率仍保持基本稳定的人口总量平稳发展期。在新时期"高质量发展"的视域下，应用第七次全国人口普查（简称"七普"）代际数据，对人口老龄化发展多个阶段的非均衡态进行识别、测度与动态仿真，构建与完善人口均衡发展模型，结合渐进式延迟退休的政策导向，评估"一老一小"均衡态发展趋势，具有重要意义。

为此，积极应对人口老龄化，促进人口的长期均衡，已成为我国今后相当长时期内经济社会发展的重要任务。未来 10 年是我国尤为关键的人口结构优化的窗口期，应明确当前及未来影响人口发展的主要因素以及相应的人口均衡发展目标。只有在共同富裕的视域下，在普遍富裕水平有序提升的过程中，通过积极有效推进人口老龄化公共服务和保障发展，将其作为人口均衡发展与结构优化治理的出发点和归宿点，并运用政策手段积极应对人口负增长态势，才能为我国第二个一百年（到 2050 年）实现人口长期均衡发展的目标奠定重要前提和基础。为此，本章综合使用中国第五次、第六次、第七次人口普查数据编制男女混合生命表，预测城乡人口老龄化未来发展愿景，在宏观层面主要使用了第七次全国人口普查数据测算总和生育率、粗出生率、粗死亡率等相关指标，同时在编制生命表和进行人口预测过程中考虑到潜在的漏报，对死亡模式进行了修正。基于未来我国人口老龄化发展愿景，本章对未来我国老年人护理需求、照护政策以及养老保险制度进行了仿真分析，以期为我国老龄化社会政策优化提供经验借鉴。

第一节 中国人口老龄化状况与多健康态势预测

一、研究背景

回顾新中国成立以来的 70 多年，在死亡率大幅下降而生育率一直保持较高水平的情况下，1950 年代到 1960 年代中国人口增长率平均超过 20‰。为了缓解人口急剧膨胀带来的经济社会压力，1970 年代中国实施"晚稀少"的计划生育政策,结果生育率大幅下降,短短七八年时间,总和生育率由约为6.0的水平降到3.0以下。尽管如此,生育率和人口增长率的下降并没有转化成出生人数和人口增量的下降。为了尽快遏制人口快速增长,以利于实现经济发展目标,1980年起,中国开始实行一孩政策。一孩政策又在1980年代后期到1990年代前期逐步在各地得到差异化的实施,一些省份的农村实行二孩政策,少数民族实行多孩政策。1980年代中国生育率在更替水平附近波动。随着经济社会的快速发展和市场化改革的不断推进,1990年代以来中国生育率水平很快下降到1.6,大大低于更替水平,人口内在自然增长率转为负值。1990年代后期人口增长率降到1%以下,人口增量明显减少。进入21世纪以来,中国生育率持续处于1.5~1.6的低水平,2000年代后期人口增长率又下降到5‰以下。受到新中国成立后的生育高峰与计划生育政策实施后人口进入低速增长阶段的叠加影响,中国人口老龄化趋势不断增强。除了制度因素引发的人口结构变动外,社会经济发展也加剧了中国老龄化进程。中国医疗卫生服务水平的提升促进了期望寿命的不断延长。与此同时,社会整体生育水平却降低了。在此背景下,2021年5月31日,中共中央政治局召开会议,提出要进一步优化生育政策,实施一对夫妻可以生育三个子女政策及配套支持措施。这既是继2015年实施"全面二孩"政策之后,中国生育政策的又一次重大调整,也是积极应对人口老龄化国家战略进一步深化的实施策略。

根据"七普"的数据,2020年中国总人口达14.12亿人,出生率为8.52‰,死亡率为7.07‰,自然增长率为1.45‰。其中,2020年我国60岁及以上老年人口占全部常住人口的比例为18.73%,65岁及以上老年人口占全部常住人口的比例为13.52%,相比"六普"分别上升5.43个百分点和4.62个百分点。我国老年人口规模增长迅速,而且高龄化现象显著。与此同时,老龄群体中性别比的变化也应受到重视。2020年我国60岁及以上人口中女性占比为51.75%,相比"六普"上升了0.77个百分点；65岁及以上人口中这一比例为52.52%，相比"六普"上升了0.63个百分点。随着年龄的不断增长，高龄组的性别比呈现下降的趋势，这在一定程度上说明相比男性老人，女性老人拥有更长的寿命。但受到家庭、社会因素的影响，丧偶的女性老人较少选择再婚，往往倾向于独居或与子女一起生活。因此，关注老年人口的性别变化和高龄女性群体的婚姻、生活状况有助于更好地测算和保障老年人的养老需求。

伴随着老龄化过程，人口平均预期寿命在不断延长，高龄化和长寿化日益凸显，而我国快速的工业化、高位的城镇化进程也不可避免地带来了"高、病、残、痴、贫"老人比例不断上升、空巢家庭日益增多等现象，社会化养老服务正成为当前及未来很长一段时间老年社会的重要诉求。2011年12月，《国务院办公厅关于印发社会养老服务体系建设规划（2011—2015年）的通知》颁布，明确指出"社会养老服务体系建设应以居家为基础、社区为依托、机构为支撑，着眼于老年人的实际需求，优先保障孤老优抚对象及低收入的高龄、独居、失能等困难老年人的服务需求，兼顾全体老年人改善和提高养老服务条件的要求"。这是我国政府第一份关于社会养老服务体系建设的规划文件。近年来，我国社会养老服务体系得到了长足发展，但是我国社会养老服务体系建设仍处于起步阶段，还存在着机构养老的定位不准，尚未实现功能分类，护理型养老机构偏少，养老机构管理及收费缺乏统一规范，养老机构床位数少、入住率不高、床位周转率低、入住潜力有限，民办养老机构发展受限等问题。根据"七普"数据科学评估预测我国老年人的长期护理需求，有助于为我国长期护理保险制度完善提供数据支撑和建议，加快长期照护体系建设，以应对人口老龄化问题，保障和改善民生。

当今中国正处于"两个一百年"奋斗目标的历史交汇期。随着老龄化发展程度的加深和发展速度的加快，未来老年人口的数量和比重还将继续增大。高龄人口的增加势必带来社会风险的显著提升，从而促使人口与经济社会发展的紧平衡由于人口的加速老龄化、快速高龄化、多健康状态预期寿命不断攀升的人口结构性特征及其从"未富先老"到"渐富快老"的社会结构性特征呈现更为复杂的变迁特征。推进可持续发展养老制度设计与多层次养老体系构建将不仅是我国老龄事业、社会保障事业的巨大进步,也是一个国家积极应对人口老龄化问题必然的战略选择,有助于解决我国面临的越来越突出的养老服务现实问题、拉动城乡消费问题、创新产业业态问题、带动城乡就业问题等,具有重要的政策制度顶层设计的决策支撑价值。

二、基于"七普"数据的老龄化状况分析

(一)人口老龄化概况分析

进入 21 世纪以来,人口老龄化逐渐成为一个世界性难题。它不仅仅是发达国家面临的主要问题,也逐渐成为发展中国家面临的一个主要问题。中国作为世界上最大的发展中国家,人口老龄化问题呈现"程度加深,速度加快"的典型特征。根据"七普"数据,2020 年,我国 60 岁及以上人口总量约为 2.64 亿,占总人口的 18.73%,65 岁及以上人口约为 1.91 亿,占总人口的 13.52%,60 岁及以上人口和 65 岁及以上人口相比 2010 年分别增加了 0.88 亿和 0.73 亿,老龄人口增长迅速,人口老龄化程度持续加深。其中,男性 60 岁及以上人口占男性总人口的 17.66%,65 岁及以上人口占男性总人口的 12.55%;女性 60 岁及以上人口占女性总人口的 19.85%,65 岁及以上人口占女性总人口的 14.55%。相较于男性,女性老年人口在女性总人口中所占比重更大。

2020 年中国分省份老龄人口数量和老龄化比重的相对分布状况如图 1.1、图 1.2 所示。在规模上,65 岁及以上老年人口分布较多的省份有山东、四川、江苏、河南、广东等。在比重上,60 岁及以上老年人口占比相对较高的省份则有辽宁、上海、黑龙江、吉林等,65 岁及以上老年人

口占比较高的省份有辽宁、重庆、四川、上海等。除西藏以外，全国其他各省份 60 岁及以上老年人口占各地区总人口的比重均高于 10%。65 岁及以上老年人口占各地区总人口的比重均超过了 7%。人口老龄化的状况在全国各省份普遍存在且程度不断加深。

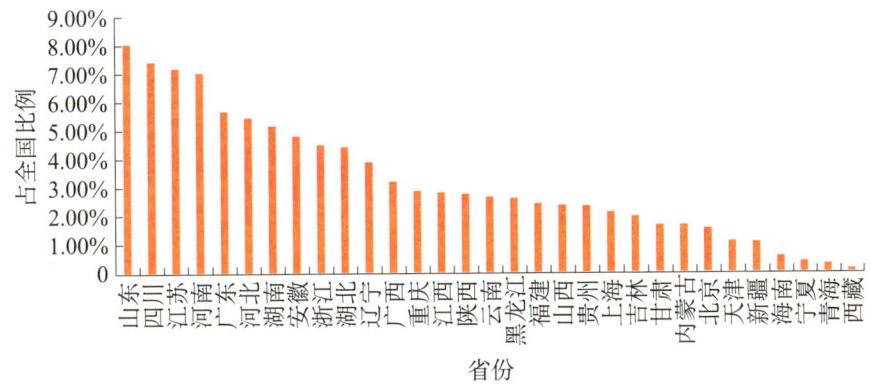

图 1.1　2020 年全国 65 岁及以上老年人口分布

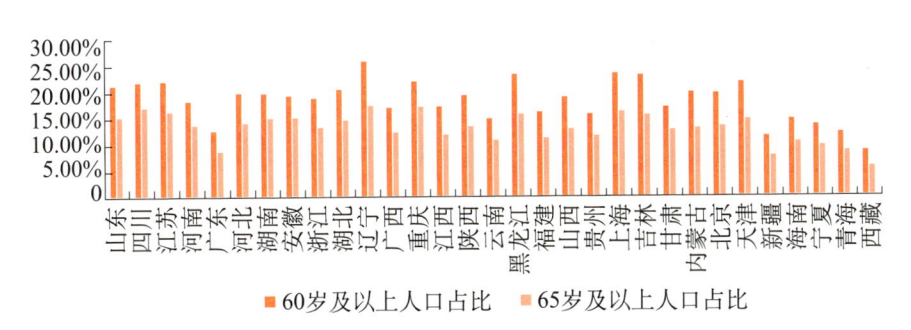

图 1.2　2020 年各地区 60 岁及以上、65 岁及以上老年人口占各地区总人口的比重

资料来源：中国第七次人口普查数据。

（二）老年人口性别比状况分析

根据"七普"数据，2020 年我国共有 60 岁及以上人口 2.64 亿，其中男性老人 127 381 486 人，女性老人 136 636 732 人，性别比约为

93.2；65 岁及以上人口数量为 1.91 亿，其中男性老人 90 510 361 人，女性老人 100 124 919 人，性别比约为 90.4。65 岁及以上人口约占 60 岁及以上人口的 72.35%，老年人口的高龄化现象已经显现且逐渐凸显。老年人口的性别比在不同年龄组、不同年份及地区的分布差异也值得关注。通过分析 2020 年全国及各地区老年人口性别比状况可以看出，各省份 65 岁及以上人口性别比均低于 60 岁及以上人口性别比，其中人口性别比相对较低的省份包括西藏、黑龙江、北京、吉林，这在一定程度上说明了老年群体中女性的存活概率要高于男性。

表 1.1 呈现了 2020 年全国及各地区老年人口的年龄别性别比，可以看出：在绝大多数地区及年龄组中，女性老年人口均多于男性老年人口。随着年龄的不断增大，全国及各地区高龄老年人口的性别比不断下降。全国的年龄别性别比由 60~64 岁年龄组的 100.98 下降到 100 岁及以上年龄组的 41.95。全国及各地区 75 岁及以上年龄组的性别比均小于 100，这表明 75 岁及以上的人口中女性在全国及各地区均多于男性，在一定程度上反映出高龄老年人群体中女性显著多于男性，女性拥有比男性更长的寿命及更高的存活概率。因此，在完善养老服务和社会保障体系时要充分考虑到老年人口的性别比变化及差异，重视老年女性的生活状况及养老需求。

表 1.1　2020 年全国及各地区老年人口年龄别性别比统计

	60~64 岁	65~69 岁	70~74 岁	75~79 岁	80~84 岁	85~89 岁	90~94 岁	95~99 岁	100 岁及以上
全国	100.98	96.47	95.03	89.48	81.57	69.15	59.85	49.50	41.95
北京	95.42	90.75	89.01	80.11	77.32	79.43	75.98	68.31	65.27
天津	98.27	94.19	93.38	87.51	81.51	78.71	72.37	65.64	60.73
河北	99.77	95.60	91.60	87.40	81.38	66.48	56.76	49.37	55.47
山西	104.85	100.50	97.17	92.52	85.01	74.60	66.68	56.79	45.06
内蒙古	100.53	95.24	92.10	84.34	83.57	81.89	87.89	83.73	69.92
辽宁	95.91	93.06	89.23	85.36	78.07	73.14	72.94	68.91	70.91

续表

	60~64岁	65~69岁	70~74岁	75~79岁	80~84岁	85~89岁	90~94岁	95~99岁	100岁及以上
吉林	96.02	91.87	86.94	81.07	80.02	74.20	74.98	72.85	78.23
黑龙江	96.23	90.61	85.52	78.27	76.35	78.25	79.94	74.88	75.06
上海	98.45	96.77	99.10	92.83	79.25	64.42	53.37	41.29	37.66
江苏	101.97	98.68	96.25	90.78	81.05	65.33	51.50	40.99	36.16
浙江	104.81	98.85	97.23	96.14	89.94	76.73	65.37	53.55	43.26
安徽	105.78	98.89	99.90	96.20	86.84	70.35	55.69	43.39	29.51
福建	101.45	95.34	98.62	94.66	81.85	66.47	55.38	43.46	33.29
江西	102.17	98.49	96.75	89.95	79.12	67.09	60.73	51.82	41.74
山东	98.53	95.23	90.46	85.88	77.47	61.48	47.98	35.88	25.80
河南	97.37	95.00	95.04	86.63	76.51	60.01	47.82	34.92	24.51
湖北	102.15	98.68	97.09	90.59	79.98	68.23	60.79	49.56	43.38
湖南	104.16	99.34	98.94	95.16	84.68	71.21	62.13	49.49	34.37
广东	101.47	95.84	97.98	90.79	80.00	63.52	53.36	43.97	32.96
广西	101.14	97.20	94.75	83.34	75.08	61.64	51.95	40.97	28.57
海南	104.27	98.59	100.01	84.57	74.98	66.15	54.36	44.01	30.39
重庆	107.13	98.70	100.69	96.95	87.13	73.47	66.51	60.73	47.24
四川	104.58	96.77	99.36	94.63	87.53	76.85	71.74	61.29	49.57
贵州	99.55	94.44	92.19	85.74	77.96	70.36	64.54	53.24	51.39
云南	99.18	95.04	92.73	85.49	79.60	70.50	63.29	56.42	47.30
西藏	95.04	89.70	80.37	70.14	62.23	54.09	46.39	45.34	38.68
陕西	103.32	98.35	96.86	89.93	82.52	78.49	79.04	68.87	54.56
甘肃	106.77	100.09	94.87	91.13	85.71	80.97	83.04	74.86	49.27
青海	104.32	95.00	86.36	78.13	79.92	78.45	78.93	65.35	62.04
宁夏	102.59	97.33	92.30	87.14	87.57	89.38	93.57	85.44	47.00
新疆	104.94	96.28	85.58	81.87	100.08	91.81	100.80	93.03	72.65

资料来源：中国第七次人口普查数据。

（三）老年人口的健康状况分析

根据"七普"数据，2020 年全国老年人口健康状况调查数据如表 1.2 所示。在被抽样的 10% 人口中，60 岁及以上人口中失能的比例约为 2.34%，相比"六普"下降了 0.6 个百分点；在失能的人口中，43.72% 是男性，56.28% 为女性。不健康但能自理的 60 岁及以上老年人口占比约为 10.41%。而在 65 岁及以上人口中，失能老年人口的比例有所上升，约为 2.95%，相比"六普"下降了 1.02 个百分点，其中 42.54% 为男性，57.46% 为女性。不健康但能自理的 65 岁及以上老年人口占比约为 12.58%。在 60 岁及以上人口中，老年男性的失能概率为 2.12%，而老年女性的失能概率为 2.55%。在 65 岁及以上人口中，老年男性的失能概率为 2.64%，老年女性的失能概率为 3.23%。女性虽然相对于男性更长寿，但更容易出现失能的状况。

表 1.2 2020 年全国老年人口健康状况   单位：人

	总人口	男性	女性	性别比
60 岁及以上人口	25 523 101	12 312 008	13 211 093	93.19
健康	13 946 479	7 084 568	6 861 911	103.24
基本健康	8 322 635	3 763 391	4 559 244	82.54
不健康但能自理	2 655 869	1 202 575	1 453 294	82.75
失能	598 118	261 474	336 644	77.67
65 岁及以上人口	18 310 770	8 700 474	9 610 296	90.53
健康	8 876 951	4 484 567	4 392 384	102.10
基本健康	6 589 250	2 964 978	3 624 272	81.81
不健康但能自理	2 304 031	1 020 986	1 283 045	79.58
失能	540 538	229 943	310 595	74.03

资料来源：中国第七次人口普查数据。

表 1.3 显示了 2020 年被抽样的 10% 人口中 60 岁及以上全国老年人口的健康及婚姻状况。可以看出，在失能的老年群体中，有配偶的比

例为51.16%，其中男性失能老人有配偶的占比为66.38%，而女性失能老人中有配偶的仅占39.34%。通过探究失能老人的婚姻状况可以看出，未婚和离婚的失能老人人数相对较少，未婚的失能老人约占总人数的3.03%，离婚的失能老人约占总人数的0.97%，未婚和离婚的男性失能老人均多于女性失能老人。而丧偶的失能老人约占总人数的44.84%，仅次于有配偶的失能老人，其中男性失能老人丧偶的比例为26.3%，而女性失能老人丧偶的比例超过男性的两倍，约为59.24%。根据"七普"数据可以发现，高龄女性老人在失能的同时婚姻状态多为丧偶；而受到婚姻观念、代际支持等诸多家庭和社会因素的影响，女性老年群体再婚的概率相对较低。因此，随着失能女性老年人数量的增加，长期护理保险的需求也会呈现上升的趋势。如何完善长期护理保险制度体系以保障满足失能丧偶女性老年群体的养老需求，成为提高养老服务水平、有效应对人口老龄化需要解决的关键性问题。

表1.3　2020年60岁及以上全国老年人口健康及婚姻状况　　单位：人

	总人口	健康	基本健康	不健康但能自理	失能
未婚	421 981	145 693	159 264	98 925	18 099
男性	380 502	125 724	146 771	92 736	15 271
女性	41 479	19 969	12 493	6 189	2 828
有配偶	19 196 877	11 564 017	5 829 720	1 497 115	306 025
男性	10 247 778	6 301 433	2 967 273	805 499	173 573
女性	8 949 099	5 262 584	2 862 447	691 616	132 452
离婚	337 462	193 449	103 759	34 473	5 781
男性	187 367	101 756	59 042	22 719	3 850
女性	150 095	91 693	44 717	11 754	1 931
丧偶	5 566 781	2 043 320	2 229 892	1 025 356	268 213
男性	1 496 361	555 655	590 305	281 621	68 780
女性	4 070 420	1 487 665	1 639 587	743 735	199 433

资料来源：中国第七次人口普查数据。

（四）老年人口居住状况和主要生活来源分析

根据第七次全国人口普查被抽样的10%人口的数据，2020年60岁及以上全国老年人口的主要生活来源及健康状况如表1.4所示。从中可以看出，60岁及以上老年人口中以离退休金/养老金和家庭其他成员供养为主要生活来源的老年人口占比最大，分别占比34.67%和32.66%，主要生活来源依靠劳动收入的老年人口大约占比21.97%，而占比最小的是失业保险金，仅占比不到0.01%。数据显示，男性老年人口的主要生活来源为劳动收入和离退休金/养老金，女性老年人口的主要生活来源则包括家庭其他成员供养和离退休金/养老金。在失能的老年群体中，主要生活来源为家庭其他成员供养的比例为53.32%，其中男性失能老人主要生活来源为家庭其他成员供养的占比为45.48%，而女性失能老人主要生活来源为家庭其他成员供养的占比为59.41%。通过探究失能老人的主要生活来源可以看出，以劳动收入、失业保险金和财产性收入为主要收入来源的失能老人人数相对较少，以离退休金/养老金为主要收入来源的失能老人约占总人数的27.41%，以最低生活保障金为主要收入来源的失能老人约占总人数的12.41%，以离退休金/养老金为主要收入来源的男性失能老人多于女性失能老人，而以最低生活保障金为主要收入来源的男性失能老人少于女性失能老人。根据"七普"数据可以发现，高龄老人在失能的同时生活主要依靠家庭其他成员供养和离退休金/养老金收入，其中主要生活来源依靠家庭其他成员供养的失能老人占比超过了50%，主要生活来源依靠家庭其他成员供养的女性失能老人相较于男性失能老人更多，主要生活来源依靠离退休金/养老金的女性失能老人相较于男性失能老人则相对较少，老年人口在失能的同时也可能面临失去生活来源而导致贫困的问题。因此，随着失能老年人口数量的增加，应重视失能老年群体中可能存在的因病致贫风险的增加。

表 1.4　2020 年 60 岁及以上全国老年人口主要生活来源及健康状况

单位：人

	总人口	健康	基本健康	不健康但能自理	失能
劳动收入	5 607 355	4 051 826	1 424 436	125 882	5 211
男性	3 544 006	2 605 009	859 161	76 865	2 971
女性	2 063 349	1 446 817	565 275	49 017	2 240
离退休金/养老金	8 848 883	5 436 310	2 687 597	561 025	163 951
男性	4 519 244	2 829 051	1 321 115	283 727	85 351
女性	4 329 639	2 607 259	1 366 482	277 298	78 600
最低生活保障金	1 095 475	251 530	403 393	366 334	74 218
男性	589 557	133 311	217 404	202 205	36 637
女性	505 918	118 219	185 989	164 129	37 581
失业保险金	1 420	691	471	206	52
男性	686	321	228	104	33
女性	734	370	243	102	19
财产性收入	225 698	113 463	81 150	28 162	2 923
男性	119 468	61 854	41 014	14 990	1 610
女性	106 230	51 609	40 136	13 172	1 313
家庭其他成员供养	8 335 312	3 376 848	3 220 367	1 419 177	318 920
男性	2 867 844	1 111 307	1 089 837	547 777	118 923
女性	5 467 468	2 265 541	2 130 530	871 400	199 997
其他	1 408 958	715 811	505 221	155 083	32 843
男性	671 203	343 715	234 632	76 907	15 949
女性	737 755	372 096	270 589	78 176	16 894

资料来源：中国第七次人口普查数据。

根据表1.5的数据可以看出，在被抽样的10%人口中，60岁及以上老年人口中，与配偶同住或与配偶和子女同住的老年人口占比最大，分别占比43.7%和23.12%，与子女同住的大约占比16.57%，独居（无保姆）的大约占比11.8%，而独居（有保姆）或居住在养老机构的老年人口占比相对较小，分别为0.18%和0.73%。"七普"数据显示，男性老年人口的主要居住状况为与配偶同住或与配偶和子女同住，女性老年人口的主要居住状况则为与配偶同住或与子女同住；在没有配偶的情况下，女性老年人口与子女同住的概率相较男性老年人口更高。在失能的老年群体中，与子女同住的比例为32.22%，其中男性失能老年人与子女同住的占比为19.1%，而女性失能老年人与子女同住的占比为42.41%。通过探究失能老年人的居住状况可以看出，与配偶和子女同住、与配偶同住或与子女同住的失能老年人人数相对较多；独居的失能老年人约占总人数的8.32%，其中有保姆照料的占比1.65%，6.66%的失能老年人处于独居且没有保姆照料的境地，而选择居住在养老机构的失能老年人约占总人数的8.28%。与配偶和子女同住或与配偶同住的男性失能老年人多于女性失能老年人，而与子女同住或独居且无保姆照料的男性失能老年人少于女性失能老年人。通过分析数据可以发现，当前老年人口在失能的同时主要还是依靠家庭成员照料，与配偶或子女同住的失能老年人占比接近80%，只有各自不到10%的失能老年人选择独居或在养老机构居住，其中有约7%的独居失能老年人无人照料，独居且无保姆照料的女性失能老年人相较于男性失能老年人更多。失能老年人在很大程度上需要他人提供照料服务，因此随着失能老年人口数量的增加，照料需求也会呈现上升的趋势。当前，女性失能老年人相较于男性失能老年人更容易面临无人照料的困境，因此在推动长期护理保险制度体系优化和完善的过程中，应重视女性失能老年群体的居住状况和照料需求。

表 1.5　2020 年 60 岁及以上全国老年人口主要居住方式及健康状况

单位：人

	总人口	健康	基本健康	不健康但能自理	失能
与配偶和子女同住	5 900 248	3 792 087	1 607 527	408 768	91 866
男性	3 219 972	2 104 246	834 281	227 196	54 249
女性	2 680 276	1 687 841	773 246	181 572	37 617
与配偶同住	11 154 108	6 420 603	3 605 757	950 163	177 585
男性	5 940 542	3 504 214	1 829 862	506 790	99 676
女性	5 213 566	2 916 389	1 775 895	443 373	77 909
与子女同住	4 229 595	1 860 836	1 539 432	636 615	192 712
男性	1 209 487	558 093	424 805	176 638	49 951
女性	3 020 108	1 302 743	1 114 627	459 977	142 761
独居（有保姆）	46 243	13 316	14 442	8 607	9 878
男性	20 583	6 555	6 657	3 787	3 584
女性	25 660	6 761	7 785	4 820	6 294
独居（无保姆）	3 011 811	1 301 183	1 181 721	489 048	39 859
男性	1 293 425	602 421	477 293	199 528	14 183
女性	1 718 386	698 762	704 428	289 520	25 676
养老机构	185 511	24 207	56 939	54 859	49 506
男性	106 605	14 699	35 885	33 713	22 308
女性	78 906	9 508	21 054	21 146	27 198
其他	995 585	534 247	316 817	107 809	36 712
男性	521 394	294 340	154 608	54 923	17 523
女性	474 191	239 907	162 209	52 886	19 189

资料来源：中国第七次人口普查数据。

三、多健康状态人口老龄化预测分析

我国正处于人口老龄化从"未富先老"到"渐富快老"的重要转型期,超老龄化、高龄化和长寿化等以多健康状态为特征的新人口发展形态逐渐显现。而当前1962—1973年第二次生育高峰出生的人口即将步入老龄化阶段,1950—1958年第一次生育高峰出生的人口在2030年将迈入高龄化阶段,因此,我国人口老龄化问题逐渐呈现快速老龄化、加速高龄化与多健康状态的长寿化的特征。此外,由于育龄妇女人口规模的下降,我国出生人口在近一段时期保持在较低的水平,2020年出生人口为1 200万人,总和生育率为1.3,达到历史最低值,进入超低生育率时代。① 为解决人口发展中"一老一小"的问题,规避人口结构发展不均衡可能带来的风险,减缓人口老龄化由老龄化阶段向老龄社会阶段过渡,本节对2020—2050年间我国人口老龄化的发展趋势与特征进行预测和分析。

本节的分年龄、性别人口数量预测主要采用队列要素法。人口预测利用PADIS-INT软件实现。PADIS-INT依靠人口宏观管理与决策信息系统(PADIS),是被学界广泛运用的人口预测软件。具体参数设置如表1.6所示。

表1.6 中国人口老龄化预测参数设置

基准人口	根据2020年"七普"数据
预期寿命	以混合性别生命表计算的2020年0岁组预期寿命为初值,按照平均预期寿命每年增加0.2岁预测2021—2030年的预期寿命。

---

① Kohler,Billari and Ortega(2002,2006)在研究欧洲的低生育率现象时,以总和生育率1.3为界,1.3及以下的水平称为极低生育率(lowest-low fertility)。

续表

基准人口	根据 2020 年"七普"数据
模型生命表	基于李成等（2018）运用 DCMD 法对"六普"中国死亡模式的修正结果，在假定年龄别漏报率相同的情况下对"七普"死亡模式进行初步修正。同时，考虑联合国人口司《世界人口展望》（World Population Prospects, WPP）对中国死亡模式的估计结果，通过对修正后的死亡模式与 WPP 的死亡概率进行均值处理，得到 2020 年最终修正的死亡模式，并基于此计算得出混合性别生命表。本报告以寇尔-德曼西区模型生命表模式作为中国 2030 年预期死亡模式，从而插值求得 2020—2030 年中国死亡模式转变过程。
总和生育率	根据 2020 年中国的总和生育率与演变趋势进行估算。低方案下，总和生育率由 2021 年的 1.3 逐渐上升到 2030 年的 2，此后保持不变；中方案下，总和生育率由 2021 年的 1.3 逐渐上升到 2035 年的 2.25，此后保持不变；高方案下，总和生育率由 2021 年的 1.3 逐渐上升到 2035 年的 2.55，此后保持不变。
生育模式	按照软件中设定模式。
出生性别比	按照软件中设定模式。
净迁移率	设定人口净迁移率为 0。

（一）老年人口数量预测

应用 PADIS-INT 软件进行人口预测分析，如图 1.3 与图 1.4 所示，未来 15 年我国 60 岁及以上人口和 65 岁及以上人口的数量仍将呈现持续快速增长的趋势，60 岁及以上人口将由 2020 年的 2.64 亿增加到 2035 年的 4.36 亿，增加约 65.2%，65 岁及以上人口将由 2020 年的 1.91 亿增加到 2035 年的 3.28 亿。2020—2035 年，60 岁及以上人口、65 岁及以上人口占总人口的比重将持续快速上升，60 岁及以上人口占比将从 18.73% 上升到 29.94%，65 岁及以上人口占比将从 13.52% 上升到 22.54%，这一比重在 2035 年后仍将呈现上升的趋势，并可能在 2050 年左右出现 60 岁及以上人口占比超过 30%、65 岁及以上人口占比接近

25% 的现象。

图 1.3 2020—2050 年我国 60 岁及以上老年人口占比变化趋势

图 1.4 2020—2050 年我国 65 岁及以上老年人口占比变化趋势

资料来源：浙江大学人口大数据与政策仿真（工作坊）研究基地根据"七普"资料预测。

第一章 中国人口老龄化、高龄化的多健康态势预测、发展模式与发展愿景

按照国际社会保障协会（ISSA）的标准，当前我国正处于"老龄化社会"（Aging Society）阶段后期，并且逼近"老年社会"（Aged Society）阶段，即65岁及以上人口占比达到15%~21%。根据之前的预测结果，我国65岁及以上人口占比将在2021—2034年间处于14%~22%的区间内，位于"老年社会"阶段；2035年我国将进入"超老年社会"阶段，即65岁及以上人口占比超过22%；在2035年后我国将处于"超老年社会"阶段13~14年；2060年前后65岁及以上人口占比将迎来拐点，老年人口占比将可能出现回落。针对我国老龄化状况的详细预测结果见表1.7。

表1.7　2020—2050年我国60岁及以上、65岁及以上人口及占比

年份	60岁及以上人口（人）	65岁及以上人口（人）	60岁及以上人口占比（%）	65岁及以上人口占比（%）
2020	264 018 218	190 635 280	18.73	13.52
2021	265 849 870	198 137 462	18.85	14.05
2022	276 099 044	206 993 944	19.55	14.66
2023	292 889 334	213 821 794	20.71	15.12
2024	305 952 178	217 178 450	21.60	15.33
2025	319 275 737	221 074 656	22.49	15.57
2026	332 808 892	222 557 430	23.39	15.64
2027	343 531 137	232 007 439	24.08	16.27
2028	358 835 302	247 555 532	25.10	17.31
2029	372 129 791	259 350 685	25.96	18.09
2030	386 591 765	271 236 707	26.89	18.86
2031	399 183 232	283 053 561	27.69	19.63
2032	410 496 829	291 895 522	28.40	20.19
2033	420 682 675	305 004 793	29.03	21.05
2034	429 365 608	316 005 613	29.56	21.76
2035	435 681 966	327 962 176	29.94	22.54
2036	441 021 182	338 067 332	30.25	23.19

续表

年份	60 岁及以上人口（人）	65 岁及以上人口（人）	60 岁及以上人口占比（%）	65 岁及以上人口占比（%）
2037	443 977 472	346 899 428	30.40	23.75
2038	447 228 765	354 622 099	30.58	24.25
2039	450 751 557	360 888 540	30.78	24.65
2040	452 110 130	364 875 145	30.85	24.90
2041	454 474 770	367 929 615	31.00	25.10
2042	459 017 912	368 725 402	31.31	25.15
2043	460 545 577	369 861 535	31.44	25.25
2044	462 079 730	371 301 437	31.58	25.37
2045	463 304 657	370 701 159	31.70	25.37
2046	467 147 984	371 143 832	32.02	25.44
2047	473 662 787	373 740 676	32.55	25.68
2048	478 004 651	373 491 276	32.94	25.74
2049	483 335 729	373 327 735	33.42	25.81
2050	488 824 897	372 950 827	33.90	25.87

资料来源：浙江大学人口大数据与政策仿真（工作坊）研究基地根据"七普"资料预测。

（二）老年人口失能状况预测

当前研究表明，社会经济发展以及卫生服务状况的提升有可能促进老年人健康水平的提升，从而降低其失能率。"七普"数据显示，60 岁及以上人口中失能老年人的比例约为 2.34%，相比"六普"下降了约 0.6 个百分点；65 岁及以上人口中失能老年人的比例约为 2.95%，相比"六普"下降了 1.02 个百分点。根据顾大男与曾毅（2006）的研究，1990 年代中国老年人口失能率呈现明显的降低趋势；V. A. Freedman, L. G. Martin, R. F. Schoeni（2002）表明老年人失能状态的变化除了会受到人口结构的影响,还会受到区域经济社会发展等诸多因素影响,这要求研究者在认识某一区域老年人口的失能转变趋势时,需要考虑到区域当前的人口结构、卫生状况、社会发展、公共政策与制度文化等多方面要素的综合作用。基于此,考虑到我国的现代化进程以及健康中国建设,可以预计中国老年人口失能水平会呈现下降的趋势。因此,本节假定未来我国老年人口失能率将在近期呈现下降趋势。然而,老年人口失能率很可能不是呈线性下降的。考虑到未来中国社会经济发展将进入平台期,社会经济因素对失能率下降的作用很可能会减弱,本节进一步假定未来老年人口失能率的下降速度会有所放缓。综上,本节在测算我国 60 岁及以上老年人在不同时间段内的失能人口规模时,考虑到根据"六普"和"七普"数据计算 2010—2020 年失能率年均下降率约为 2.3% 的现实状况,将失能率参数具体设定如下:假设 2021—2025 年失能率年均下降率为 2%,2026—2030 年失能率年均下降率为 1.5%,2031—2035 年失能率年均下降率为 1%。本节设定失能率保持 2020 年的水平不变的失能老年人口数量模型为模式 1,在失能率年均下降率模式下测算出的失能老年人口数量模型为模式 2,模式 2 中 2020—2035 年的我国 60 岁及以上老年人口失能率如表 1.8 所示。

表 1.8　2020—2035 年我国 60 岁及以上老年人口失能率

年份	2020	2025	2030	2035
失能率	2.34%	2.12%	1.96%	1.87%

资料来源:浙江大学人口大数据与政策仿真(工作坊)研究基地根据"六普""七普"资料预测。

在对"七普"数据的老年人失能率进行探究的基础之上,本课题组也选取 2015 年第四次中国城乡老年人口状况追踪调查(SSAPUR)结果作为数据基础，来探讨老年人口失能问题。① 数据显示，2015年我国老年人的失能率为4.03%，半失能率为9.74%。本课题组设定失能率、半失能率保持2015年第四次中国城乡老年人口状况追踪调查测算水平不变的失能、半失能老年人口数量模型为模式3。

未来我国60岁及以上老年失能人口规模变化趋势如图1.5所示。"七普"数据显示2020年我国60岁及以上老年失能人口约为618.71万人。根据模式1的预测结果，当前失能率保持不变的情况下2035年我国60岁及以上的失能老年人将增加到约1 020.99万人；而根据模式2的预测结果，在我国60岁及以上老年人的失能率以年均1%~2%的幅度下降时，2035年我国60岁及以上的失能老人将达到813.79万人，因此在未来15年我国60岁及以上的失能老年人将很大概率增加200万～400万人，长期护理保险和照护需求将快速增长。而根据模式3的测算结果，2020年60岁及以上的老年失能人口约为1 064.60万人，失能、半失能人口的总数为3 636.08万人。失能、半失能老年人口数量将呈现快速增长的趋势，2035年60岁及以上老年人口中失能、半失能人口将达到约6 000万人，其中失能人口数量为1 756.79万人。

从表1.9可以看出，当前客观失能的老年人口数量远超过主动报告失能状况的老年人口数量；除完全失能的老年群体外，半失能老年群体也占据相当大的比重，失能、半失能老年人口将在未来15~30年内持续快速增加，如何解决大规模增加的失能、半失能老年群体的养老和照护问题，满足失能、半失能老年人的日常生活和照料需求，是完善养老和社会保障体系的关键问题。

---

① 关于两种失能的说明："七普"数据针对的是主观失能。而中国城乡老年人口状况追踪调查数据定义的是客观失能，其判断标准是：日常生活活动能力（Activities of Daily Living，ADL）的6项中只要有1项无法完成即划归为失能，有1项及以上选择"有困难"则为半失能。

第一章 中国人口老龄化、高龄化的多健康态势预测、发展模式与发展愿景

图 1.5 2020—2035 年我国 60 岁及以上失能人口变化趋势

资料来源：浙江大学人口大数据与政策仿真（工作坊）研究基地根据"七普"资料预测。

表 1.9 2020—2050 年我国 60 岁及以上老年失能、半失能人口规模

年份	60 岁及以上人口	模式 1 失能人口	模式 3 失能人口	模式 3 失能、半失能人口
2020	264 018 218	6 187 103	10 645 953	36 360 787
2021	265 849 870	6 230 026	10 719 810	36 613 043
2022	276 099 044	6 470 209	11 133 086	38 024 567
2023	292 889 334	6 863 679	11 810 117	40 336 939
2024	305 952 178	7 169 799	12 336 848	42 135 963
2025	319 275 737	7 482 028	12 874 091	43 970 894
2026	332 808 892	7 799 169	13 419 785	45 834 690
2027	343 531 137	8 050 439	13 852 136	47 311 366
2028	358 835 302	8 409 082	14 469 243	49 419 067
2029	372 129 791	8 720 630	15 005 314	51 249 994
2030	386 591 765	9 059 538	15 588 461	53 241 708

续表

年份	60岁及以上人口	模式1失能人口	模式3失能人口	模式3失能、半失能人口
2031	399 183 232	9 354 611	16 096 184	54 975 814
2032	410 496 829	9 619 738	16 552 380	56 533 931
2033	420 682 675	9 858 437	16 963 102	57 936 733
2034	429 365 608	10 061 916	17 313 222	59 132 553
2035	435 681 966	10 209 936	17 567 915	60 002 447
2036	441 021 182	10 335 057	17 783 208	60 737 768
2037	443 977 472	10 404 336	17 902 413	61 144 910
2038	447 228 765	10 480 528	18 033 515	61 592 681
2039	450 751 557	10 563 082	18 175 564	62 077 842
2040	452 110 130	10 594 920	18 230 345	62 264 946
2041	454 474 770	10 650 334	18 325 694	62 590 606
2042	459 017 912	10 756 799	18 508 886	63 216 291
2043	460 545 577	10 792 599	18 570 486	63 426 682
2044	462 079 730	10 828 551	18 632 347	63 637 967
2045	463 304 657	10 857 257	18 681 740	63 806 665
2046	467 147 984	10 947 323	18 836 713	64 335 970
2047	473 662 787	11 099 993	19 099 408	65 233 194
2048	478 004 651	11 201 742	19 274 484	65 831 159
2049	483 335 729	11 326 672	19 489 448	66 565 359
2050	488 824 897	11 455 307	19 710 787	67 321 331

资料来源：浙江大学人口大数据与政策仿真（工作坊）研究基地根据"七普"资料预测。

第二节　面向多状态老年人护理需求的公共政策研究

根据养老服务的供给对象，我们可以把照护划分为由社会提供的具有专业资质的正式照护与由家庭成员提供的非正式照护。我国的正式照护服务体系下，社区居家养老服务与机构养老服务分别承接了不同健康状态的老年护理服务功能。"9064"的社会化养老服务框架下，多数老年人将在所居住的社区与家中接受养老服务，机构养老主要负责承接生活自理能力较差的老年人的照护服务。当前虽然我国已经开展了社区居家养老服务试点工作，但是社区居家养老服务供给能力有限，覆盖范围偏窄，这使得居住在家中的老年人主要接受由家庭成员提供的非正式照护。机构养老服务在我国"医养结合"建设思路下，护理服务质量有所提升，但是，由于价格偏高，当前机构养老服务的照护供给与多健康状态、多收入状况的老年人照护需求存在一定程度的错配问题。

为此，本节分别面向居家养老服务需求以及机构养老服务需求，结合前面我国多健康状态老年人的预测结果，对未来我国从事老年照护的家庭保姆需求和机构养老服务需求与财政预支状况进行分析，从而为我国"渐富快老"社会结构下的老年照护需求满足提供数据支持，为我国优化未来正式照护服务体系提供依据。

一、家庭保姆问题与制度研究

家庭保姆脱胎于封建社会的经济结构与阶层关系，历史久远。随着时代的变迁和择业观念的改变，因职业定位低、技术含量低、社会认可度低，家庭保姆逐渐成为年轻人不爱、中年人不屑，只有中老年人才肯从事的用工紧缺职业，由此引发一系列的行业乱象。

随着社会经济发展，生活节奏不断加快，人们对家庭生活质量的要求日益提高，其消费观念也在加速转型，家庭保姆迎来了社会化和职业化发展的新契机。从事家政研究、培训、经营、管理、服务的部门和机构如雨后春笋般出现。以家庭为主要服务对象，并以家庭事务处理和管理为职业的家政人员队伍也迅速壮大。2000 年，我国将"保姆"正式界定为"家政服务员"，作为国家劳动和社会保障部认定的正式职业，纳入国家职业资格证书制度管理，成为扩大就业的一个新领域。2006 年，为了进一步规范家政服务的职业与行业发展，我国制定并颁布了《家政服务员国家职业标准》，家庭保姆进入职业化、标准化的发展阶段。由此，家政服务完成了现代化转型，家庭保姆也不再是传统意义上的家务承担者，而是一个复杂、综合、具有专业化要求的高技能服务工种。有关统计资料显示，截至 2018 年，我国家政服务业的经营规模达 5 762 亿元，同比增长 27.9%，从业人员总量已超过 3 000 万人。随着家庭小型化、人口失能失智多健康状态老龄化的发展，加之以"一老一小"为重点完善人口服务体系的政策支持，我国的家政服务业迎来发展壮大的重要契机。

（一）中国多健康状态老年人居家照护需求量分析与预测

本节中我国多健康状态老年人家庭保姆需求量的计算，仅包括照护失能失智老人（60 周岁及以上）的非直系亲属的外请人员。其中，失能失智老人包括三类：重度失能老人、重度失智老人、重度失能且失智老人。为了测算我国多健康状态老年人家庭保姆需求量，本节基于以下思路进行测算：

（1）根据未来中国人口预测结果，计算老年城镇人口数量与老年乡村人口数量。本节结合2015年中国人口抽样调查的城镇化率数据，并假定2060年中国城镇化率将提升至75%，求得2021—2060年中国城乡老年人口数量。

（2）基于失能率与失智率数据，分别计算城镇、乡村失能、失智、失能或失智居家老年人口数量。其中，失能率与失智率数据根据SSAPUR 2015数据测算得出。失能率的测度方法与前文老年人口失能状况预测的模式3中的失能率测度方法一致，失智率则通过SSAPUR 2015数据中能够反映老年人认知状况的量表来进行测度。以下情况中，老年人有3项发生则定义为中度失智，有4项发生则定义为重度失智：突然对亲朋好友的面孔有陌生感；常常想不起亲朋好友的名字；出门后一时找不到自己的家门；经常忘记带钥匙；常常忘记灶上还煮着粥或烧着水。最后，由于本节重点关注家庭保姆需求，因此分别剔除历年居住在养老机构的各类老年人数量。其中，依据"9064"格局，我们假定2020年居住在机构的老年人占4%，并在2050年提升至15%。

（3）针对城镇与乡村老年人，计算无子女与有子女状态下照料家庭失能、失智、失能或失智老年人口数量。考虑到每个养老家庭保姆能够服务的失能失智老年人数量存在差异，本节设计了3个不同的方案：在中方案中，不与子女同住的失能失智老年人均需家庭保姆照料，与子女同住的城镇失能失智老年人有50%的比例需家庭保姆照料，与子女同住的乡村失能失智老年人有25%的比例需家庭保姆照料。在低方案中，不与子女同住的失能失智老年人均需家庭保姆照料，与子女同住的城镇失能失智老年人有25%的比例需家庭保姆照料，与子女同住的乡村失能失智老年人有12.5%的比例需家庭保姆照料。在高方案中，不与子女同住的失能失智老年人均需家庭保姆照料，与子女同住的城镇失能失智老年人有75%的比例需家庭保姆照料，与子女同住的乡村失能失智老年人有37.5%的比例需家庭保姆照料。

（4）汇总求和，计算年龄别分城乡失能、失智、失能或失智老年人所需的家庭保姆需求量。

基于第二节测算的中国未来老年人口数量，按照上述测算过程，本节得到了2020—2050年中国城镇与乡村失能、失智老年人口数量以及在三种不同方案下中国未来所需的家庭保姆规模，结果如图1.6与图1.7所示。可见，无论是城镇地区还是乡村地区，2050年老年人口失能或失智水平都显著高于2020年。在城镇地区，未来30年失能失智老年人口

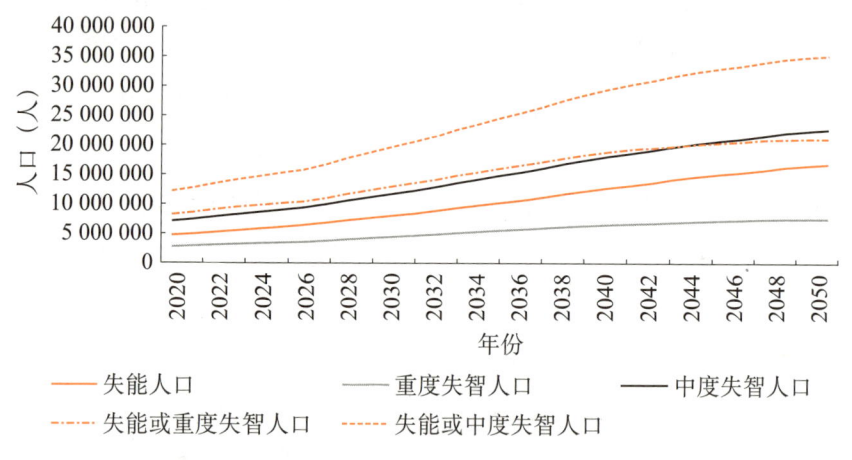

图1.6　中国城镇60岁及以上多状态老年人口预测结果（2020—2050年）

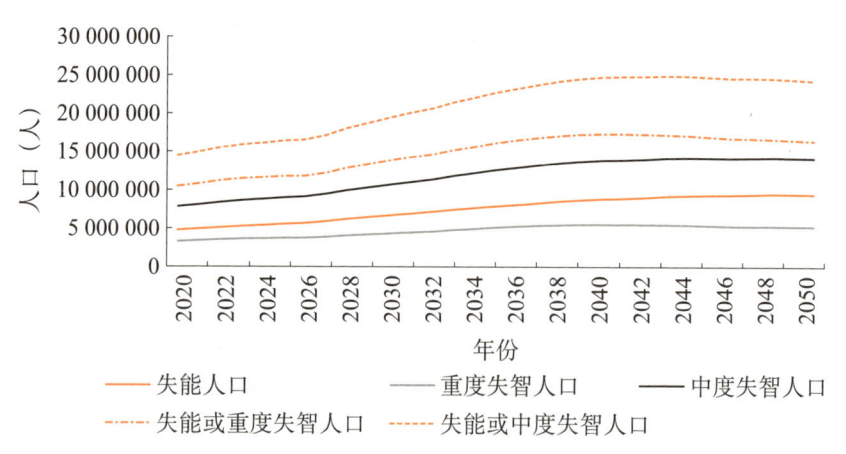

图1.7　中国乡村60岁及以上多状态老年人口预测结果（2020—2050年）

规模会呈现持续扩大的趋势。到2050年，重度失能或重度失智的老年人口数量会达到2 108万人。在乡村地区，未来30年失能失智老年人口规模会呈现先上升后下降的趋势。到2050年，重度失能或重度失智的老年人口数量会达到1 641万人。

考虑到未来中国接受居家照护服务的重度失能或重度失智老年人口将是家庭保姆的潜在需求者，我们基于此测算未来中国城乡家庭保姆需求量。如图1.8所示，在中方案下，中国城镇地区的老年家庭保姆需求量将从2020年的约600万人增加至2050年的约1 600万人，这意味着未来30年中国城镇将面临高达1 000万人的家庭保姆新增需求。如图1.9所示，在中方案下，中国乡村地区的老年家庭保姆需求量将从2020年的619万人增加至2039年的约929万人，随后缓慢下降至2050年的913万人。受到中国未来城镇化进程以及中国人口老龄化城乡差异的影响，未来中国乡村家庭保姆需求的增长幅度会小于城镇地区。2050年，中国老年家庭保姆的总需求量将增加至2 507万人。

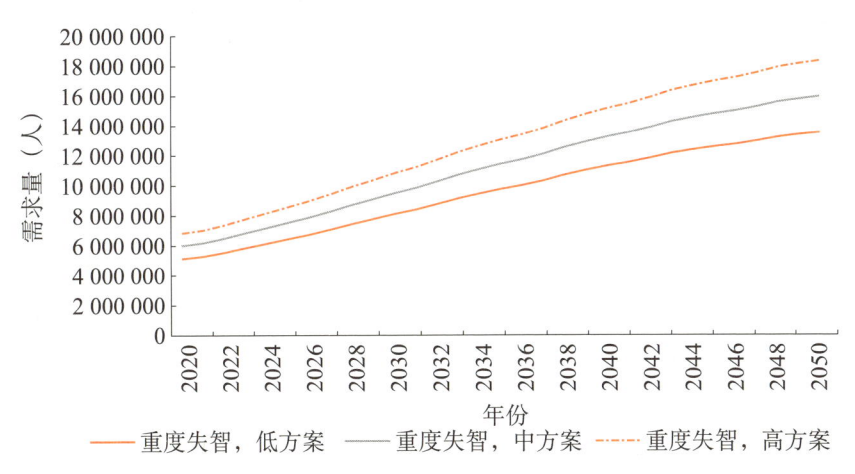

图1.8 中国城镇老年人口家庭保姆需求量预测结果（2020—2050年）

图 1.9　中国乡村老年人口家庭保姆需求量预测结果（2020—2050 年）

（二）家庭保姆存在的问题

《国家职业技能标准汇编》（2019 年版）将家政服务员即家庭保姆细分为三个工种——母婴护理员、家庭照护员和家务服务员，他们主要负责家务料理和"一老一小"居家照料等事务。目前，不同工种家庭保姆存在的问题较为普遍，矛盾突出。随着人口的加速老化与三孩政策的实施，"一老一小"两大群体将催生大量养老照护服务员、母婴照护服务员等家庭保姆的潜在需求，家政服务业大体量与高品质供给的压力将进一步加剧。

1. 老年照护矛盾加剧，"一老"成为供给短板

随着人口的加速老龄化、快速高龄化、失能失智多健康状态的长寿化发展，大体量的老年照护将成为突出短板。据民政部、国家卫健委等部门统计，2019 年我国有 2.49 亿老年人，占总人口的 18.1%，其中 4 000 万为失能、半失能老人，而养老护理从业人员仅有 30 万名。2020 年，民政部表示，我国养老护理员已达 50 万名。根据前文对家庭保姆需求量的预测，2025 年从事养老护理的家庭保姆需求量将达 1 462 万名，

2030年将达1 764万名,2035年将达2 047万名。家庭保姆的需求量呈现加速增长趋势,缺口数增长更快。

2. 家政服务供不应求、供不合求,乱象丛生

供给不足渐成家庭保姆乱象丛生的根源。因供给缺口大,家政服务的准入门槛一降再降,服务人员与服务机构良莠不齐,无证上岗、无证经营、无人监管的现象频现,"保姆好找,但好保姆难找"的供需矛盾日益突出。具体表现为两方面:一是家政机构在选人上"零要求",仅发挥中介作用,缺乏对从业人员的审查筛选、持续监管和教育培训;二是家庭用户在用人上"高要求",群众对家庭保姆的职业素质、专业技能、服务质量和道德水准要求较高,高诉求、高价格仅得到低服务水准的回应,导致群众满意度低、矛盾积累多,引发"毒保姆""恶保姆"等极端事件,影响整个行业的信誉和发展。

3. 行业发展无规可循、混乱无序,监管不足

长期以来,家政服务作为一种民间自发的市场行为而存在,并以中小微企业为主,"小散乱"成为其行业特点。因政府干预较少,家政服务资格认证缺乏权威,从业人员鱼龙混杂,流动性强,服务质量、服务规范良莠有别,信用状况、管理水平和收费标准参差不齐,市场混乱无序,抢人大战不断,家庭保姆价格攀比上升。

(三)制度应对与问题分析

自2000年我国将家庭保姆认定为正式职业以来,家政服务业供给侧结构性改革不断深化。为促进家政服务业的高质量发展,我国推行家政兴农行动计划,加大扩充服务供给数量,并重视服务质量保障、强化财税金融支持、加强企业运营监管,推动家政服务业的规范化、专业化与职业化。尽管这项工作的启动时间不长,治理成效还有待观察,但监管部门繁杂、职责分割过细、权责交叠不清容易造成"治理空白"(无

人负责)与"治理过度"(多头管理)等问题,削弱治理效果,许多政策措施亟待完善。

二、家庭保姆制度健全的政策建议

家庭保姆的问题治理是一项系统工程。一方面,只有让家政服务人员在物质上得到更多的激励与回报,在精神上得到更多的慰藉与支持,才能彻底解决家庭保姆招人难、留人难的问题。另一方面,需强化政府责任,完善监管督促机制,促进家政服务的健康发展。

第一,完善家庭保姆招人、用人和留人机制,增强行业吸引力与从业积极性。

补贴"引人"。在培训阶段,考试合格的学员给予每人1 500元补贴,合格率达90%的培训机构享受一定的税费抵扣。对于取得相应技术等级的,发放一次性技术津贴。入职时根据其学历和技能水平,发放一次性入职补贴。

薪资"留人"。建议借鉴日本、中国香港的经验,根据从业人员的技能等级、竞赛等级、学历水平,设置全国统一的家庭保姆工资指导线,并根据从业年限涨薪10%～15%;国家财政列支专项基金,用于涨薪部分的支出。

职业"留人"。建立一套褒扬制度,开展"最美护理员""十佳护理员""家政工匠""大师工匠""全国技术能手"等选拔,对其进行公开表彰,并与岗位晋升挂钩,增强职业荣誉感。

第二,建立家庭保姆培养与统一培训机制,加强质量保证。

素质教育、学历教育和技能教育并重。建议将家庭保姆相关的家务劳动、家政管理纳入高职教育。改变高校专业设置与产业发展不匹配的现状,加强高等院校家政学相关的学科建设,引领家政行业的高质量发展。着力加强和提升40岁及以上从业人员的成人教育水平,融入电器使用与维护、家庭医护、婴幼儿教育、营养喂养、茶艺、插花等课程的学习,提高农村富余劳动力家政服务转移就业的能力,失业保险基金结余在家政人员职业技能提升和学历教育提升方面予以支持。

建立岗前封闭式统一培训机制。建议借鉴菲律宾的菲佣管理经验,在家庭保姆首次上岗前,国家统一开展为期40天的封闭式培训,各级政府就业再就业资金给予支持,贯彻落实国家职业技能标准。

建立家政服务国家职业资格品牌培训基地。建议在粤港澳大湾区建立家庭保姆培训学校,借鉴香港对菲佣的培训管理模式,培育高职业技能和高素质水平的人才队伍。建议在试点城市适量引进综合素质较高且价格适度的菲佣(香港菲佣月工资为4 000港元左右),发挥其鲶鱼效应,带动行业的规范化与专业化发展。

第三,完善权益保护与服务监管机制,实现数字化监管、线上评估与"一站式"集成化服务。

制定全国性的服务规范、标准以及法律法规。建议整合地方经验,出台全国性的家政人员服务通则、家政服务培训通则、家政服务人员劳动保护条例,并借鉴香港菲佣《标准雇佣合同法》的管理经验,规定家庭保姆的最低工资和带薪休假的权利,补正家庭保姆社会保护的缺位。

加强家政服务市场监管和数字化建设。推出"家政通"App,提供劳动合同模板下载与法务审核功能,规范用工合同的签订;家庭保姆每日进行电子签到、签退,上传工作完成情况;引入第三方评估,监督家庭保姆服务质量,评估结果与家庭保姆的工作绩效挂钩;整合对接公共部门的服务,帮助雇主与家庭保姆一键维权,解决纠纷。

第四,引入时间银行,扩充家庭保姆人力资源队伍。

建议鼓励老人的家庭成员、亲戚朋友参与到非正规照护中。国家通过长期护理保险给付相当于市场价一半的补助,并建立时间银行制度,允许人们年老时从时间银行支取时间兑换服务，依靠非正规照料人员填补服务空缺。

三、未来中国长期护理保险制度支出状况分析

基于上文针对中国失能人口规模以及居家与机构照护需求的预测，本节对我国未来长期护理保险制度的支出水平进行预测分析。

本节构建长期护理保险支出模型对长期护理保险总费用进行测算。人口参数与本节家庭保姆研究中的相关设定相一致。对于待遇参数，本节参考《青岛市长期护理保险暂行办法》（青人社规〔2018〕4号）中对于参保职工以及一档居民 20 904 元/年的院护待遇标准作为 2020 年中国机构护理人均费用设定值，以青岛参保职工家护待遇标准 50 元/天（即 15 660 元/年）作为中国居家护理人均费用设定值。根据国家统计局公布的数据，2020 年全年，中国国内生产总值（GDP）为 1 013 567 亿元。我们设定未来中国 GDP 年均增长率为 5%，且长期护理保险费用支出增长率与 GDP 增长率相同。在仿真测算过程中，我们假定 2020 年起中国全国层面均开始执行长期护理保险政策，并试图探究长期护理保险费用占 GDP 的比重随多状态老年人规模变化而发生的变化。

本节针对长期护理保险费用的预测结果如表 1.10 所示。可以看出，伴随着中国人口老龄化、高龄化与失能失智健康状态的长寿化进程，中国未来重度失能失智老年人口数不断提升，与之对应的长期护理保险总费用也不断上升。以历年现价计算，中国长期护理保险总费用将从 2020 年的约 2 967 亿元提升至 2050 年的约 26 649 亿元。由长期护理保险总支出的相对数额可知，长期护理保险占 GDP 的比重将从 2020 年的 0.29% 持续提升至 2050 年的 0.61%，社会长期照护支出水平将显著提升。

表 1.10 中国长期护理保险总支出仿真结果

年份	重度失能失智老人数	长期护理保险总费用（元）	长期护理保险费用占 GDP 的比重
2020	18 697 023.33	296 717 272 895.77	0.29%
2021	19 418 302.41	323 964 032 599.20	0.30%
2022	20 289 332.36	355 850 707 604.07	0.32%
2023	20 989 331.64	387 001 451 357.66	0.33%
2024	21 426 277.25	415 311 520 258.67	0.34%
2025	21 907 300.30	446 404 703 279.12	0.35%
2026	22 179 429.53	475 118 875 274.04	0.35%
2027	23 149 495.47	521 320 528 578.97	0.37%
2028	24 587 189.94	582 080 365 551.46	0.39%
2029	25 673 210.28	638 946 306 232.46	0.41%
2030	26 763 606.34	700 226 152 589.14	0.42%
2031	27 799 108.72	764 598 517 250.18	0.44%
2032	28 699 191.66	829 813 524 465.34	0.46%
2033	30 001 177.99	911 920 118 307.20	0.48%
2034	31 034 001.50	991 661 137 122.32	0.49%
2035	32 144 861.63	1 079 800 411 294.72	0.51%
2036	33 071 724.60	1 167 870 172 315.18	0.53%
2037	33 952 913.65	1 260 433 551 680.52	0.54%
2038	34 873 130.28	1 360 938 213 910.41	0.56%
2039	35 611 690.64	1 460 979 184 680.42	0.57%
2040	36 169 048.32	1 559 882 438 142.10	0.58%
2041	36 622 799.40	1 660 386 019 068.09	0.59%
2042	36 825 990.37	1 755 149 446 635.65	0.59%
2043	37 066 039.09	1 857 108 925 487.18	0.60%
2044	37 281 440.49	1 963 608 079 934.30	0.60%
2045	37 312 960.13	2 065 961 178 108.53	0.60%
2046	37 379 409.53	2 175 677 971 243.21	0.60%
2047	37 619 473.99	2 301 834 118 404.74	0.61%
2048	37 622 678.68	2 419 967 570 841.95	0.61%
2049	37 593 856.48	2 541 994 719 221.46	0.61%
2050	37 490 384.75	2 664 863 691 180.58	0.61%

第三节　我国城镇职工基本养老保险收支缺口预测研究

一、问题导向的综合分析

随着人口老龄化程度加深，领取养老金的老年人口比例上升，社保缴费不足以应付养老金支出的情况开始出现，这极大地影响了基本养老保险系统的可持续性并加重了国家财政的压力（米红与王鼎添，2018）。存量缺口＋"统账结合"＋流量缺口，导致基金征缴收入与基金支出缺口持续扩大，制度对于财政补助资金的依赖程度不断提高（邓大松等，2018）。

现阶段，仅依靠养老保险体系自我调节来保持养老保险基金收支平衡十分困难，只有通过参数调整和结构调整两个途径，才能实现制度内精算平衡（杨一心与何文炯，2016；郑功成，2015）。党的十八大提出，要"建立更加公平可持续的社会保障制度""研究制定渐进式延迟退休年龄政策"。延迟退休不再是"要不要"的问题，而是"何时开展""如何开展"的问题。延迟退休由于涉及不同代际劳动者的养老利益调整（刘万，2020），影响劳动与闲暇的时间配置，受到社会广泛关注。基于此，本节假设2020年企业职工基本养老保险已实现全国统筹，假设全国企业男性、女性职工从"十四五"初期的2022年开始实施"每年延迟一岁，五年共延迟退休五岁"的渐进式延迟退休方案，基于对中国未来不同年份养老金缴费人数和领取人数的完整估计，结合对未来中国经济中速增长趋势和基本养老保险代际公平下养老金制度参数调整方面的判断，精算养老金收支缺口规模，并与不延迟退休的情况做比较。

二、中国未来企业职工参保人口预测

本研究在计算企业职工基本养老保险缴费人数与领取待遇人数时，假定2020年后城镇男女职工都从19岁开始就业并参保，未来参保率不断提高，参保缴费和退休管理日趋严格。受到我国1959—1961年三年困难时期的影响，此出生队列的退休职工数会少于相邻年份出生队列的退休职工数。1962年为我国第二次生育高峰的起始年，所以把握住2022年进行延迟退休的改革，可以最大化地缓解我国企业职工基本养老保险的制度运行压力。本节给出的渐进式延迟退休方案为，由2022年至2026年，每年达到原退休年龄（男性60岁，女性50岁）的职工分别延迟退休1~5年，最终2026年男性延迟至65岁退休、女性延迟至55岁退休。

（一）缴费人数预测

由图1.10可知，我们假定2020年企业职工缴费人数为2.38亿人，在不延迟退休的情况下，2050年将达到3.25亿人，增长36.55%；在延

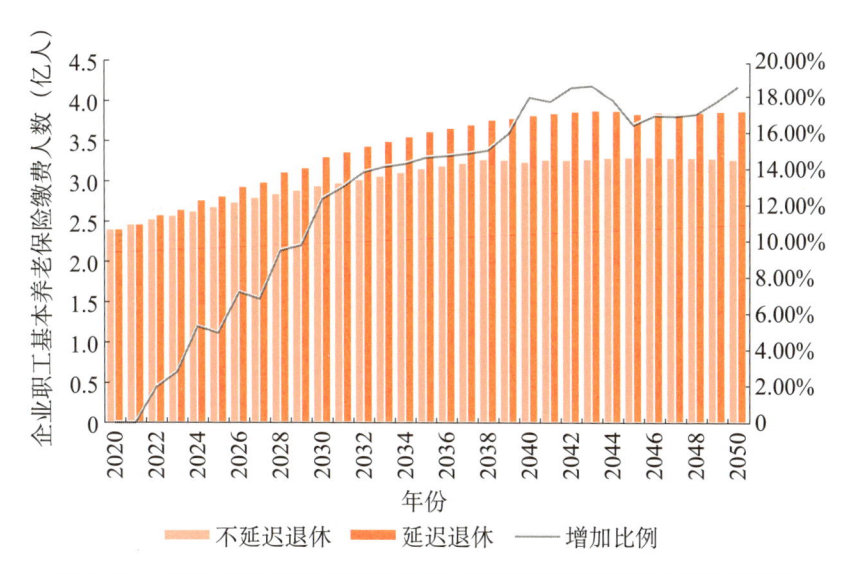

图1.10　2020—2050年不同情况下企业职工基本养老保险缴费人数变化

迟退休的情况下，2050 年将达到 3.85 亿人，增长 61.76%。2050 年延迟退休政策下的缴费人数将比不延迟退休情况下约增加 18.58%，可见延迟退休能够增加制度内缴费人数，从而增加征缴收入。

（二）待遇领取人数预测

我们假定 2020 年企业职工待遇领取人数为 1.07 亿人。在不延迟退休的情况下，2050 年待遇领取人数将达到 3.01 亿人；在延迟退休的情况下，2050 年待遇领取人数仅为 2.51 亿人。2050 年延迟退休政策下待遇领取人数比不延迟退休情况下减少了 16.61%。延迟退休能够较大幅度削减待遇领取人数，降低企业职工养老保险的待遇支出（见图 1.11）。

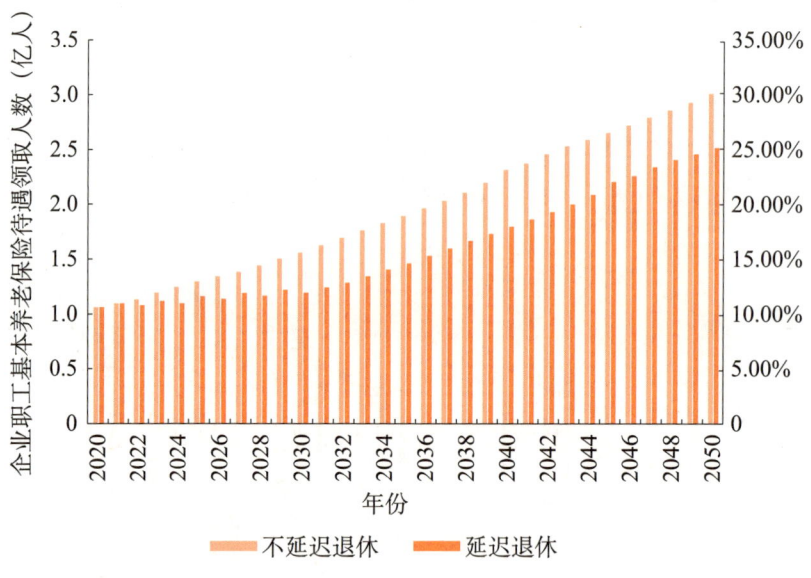

图 1.11　2020—2050 年不同情况下企业职工基本养老保险待遇领取人数变化

（三）制度赡养率测算

针对本节计算的历年企业职工缴费人数与领取待遇人数变动情况，本节计算了在不延迟退休与渐进式延迟退休两种情况下，2018—2050 年我国企业职工基本养老保险制度缴费赡养率[①]，其变动趋势如图1.12所示。

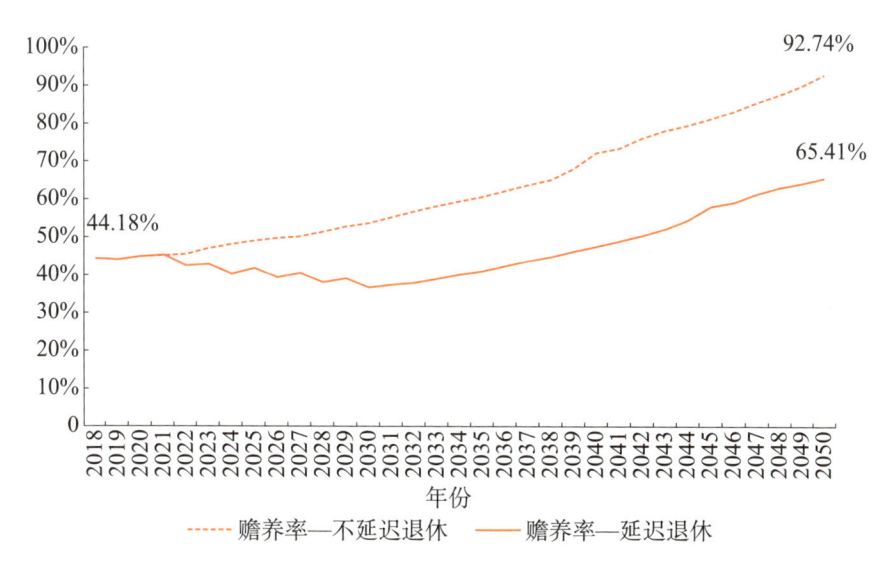

图1.12 企业职工基本养老保险制度缴费赡养率变化（2018—2050年）

2018年，我国企业职工基本养老保险制度缴费赡养率为44.18%，即1个劳动年龄职工赡养0.44个退休老年职工。在不延迟退休的情况下，随着我国老龄化程度的不断加深，我国企业职工基本养老保险制度缴费赡养率基本呈现逐年上升的趋势，到2050年会提升至92.74%。在渐进式延迟退休情况下，2050年我国企业职工基本养老保险制度缴费赡养率最终提升至65%。延迟退休与不延迟退休相比，2050年每个劳动年龄职工少抚养0.27个退休老年职工。

三、未来企业职工基本养老保险收支情况

在全国统筹参数假设下，企业职工基本养老保险当期征缴收入等于

---

① 本书定义企业职工基本养老保险制度缴费赡养率＝当年领取待遇企业职工数/实际缴费企业职工数。

实际缴费基数与缴费率和缴费人数的乘积，当期养老保险基金支出总额可以通过参保离退休人数和人均养老金计算获得。将相关参数代入公式中，得出 2020—2050 年城镇职工基本养老保险基金统筹账户的收入和支出规模。

（一）当前制度（不延迟退休）下养老金收支状况

2018 年企业职工基本养老保险基金各项收入 3.7 万亿元，支出 3.2 万亿元，在"大口径"下，2018 年底企业职工基本养老保险基金累计结余为 4.78 万亿元。经过测算，在不延迟退休条件下，2020 年企业职工基本养老保险的征缴收入为 30 683.38 亿元，基金支出为 39 785.19 亿元，当期净收入为负，当期缺口为 9 101.81 亿元，累计结余 34 776.19 亿元。2030—2050 年，养老金当期结余缺口规模快速扩大（见图 1.13）。由图 1.14 可以看出，在不考虑财政补贴因素时，如果不延迟退休，现有基金结余只能帮助制度维持到 2023 年，2024 年基金开始出现缺口，缺口规

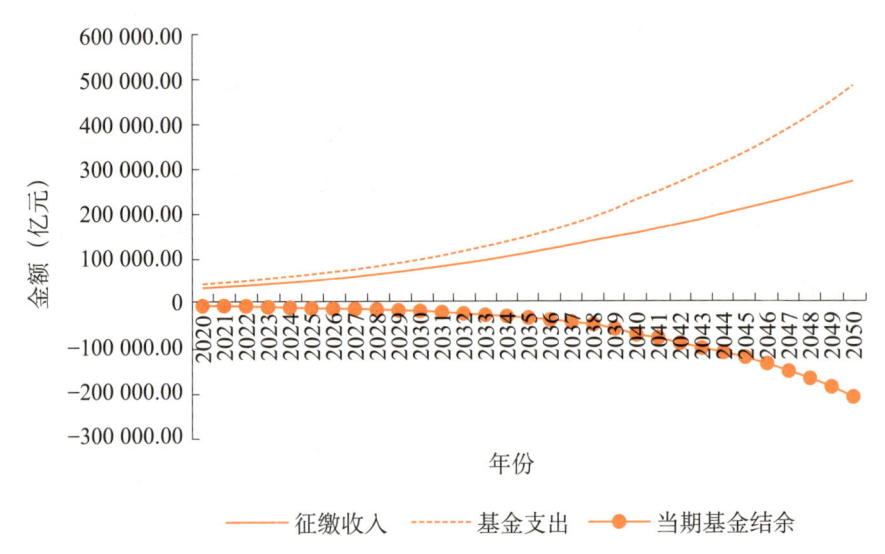

图 1.13　不延迟退休条件下企业职工基本养老保险基金当期收支平衡情况
（2020—2050 年）

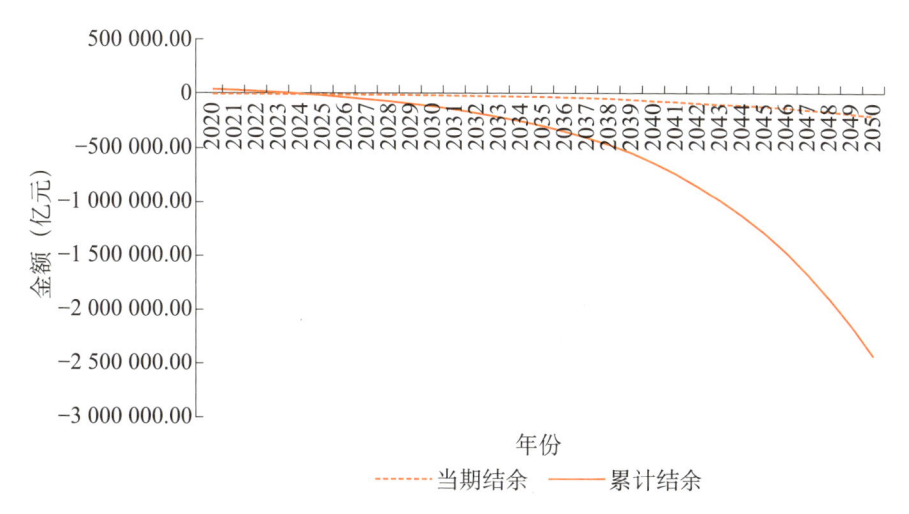

图 1.14　不延迟退休条件下企业职工基本养老保险基金收支结余情况
（2020—2050 年）

模为 8 272.99 亿元。基金一旦出现缺口，缺口规模将快速增大，越往后期，缺口规模越庞大。结果显示，到 2050 年，我国企业职工基本养老保险基金累计结余为 –244.21 万亿元。

（二）延迟退休条件下养老金收支状况

如果 2022 年起实行延迟退休政策，那么到 2028 年，延迟退休的政策效果将开始显现，企业职工基本养老保险基金当期结余将由 2027 年的 –2 855.14 亿元提升到 2 370.86 亿元，缺口消失。延迟退休的红利可以延续到 2040 年，2041 年企业职工基本养老保险当期结余重新为负（–3 736.75 亿元）。在仅考虑适度的财政补贴的情况下，通过实施延迟退休政策，企业职工养老保险基金累计结余一直到 2046 年才出现缺口，缺口规模为 20 742.40 亿元。由此可知，延迟退休政策能够为企业职工基本养老保险基金缺口的来临赢得 13 年的时间窗口，在一定程度上缓解养老保险资金缺口的规模，但不能根本解决养老保险资金缺口问题（见图 1.15、图 1.16）。

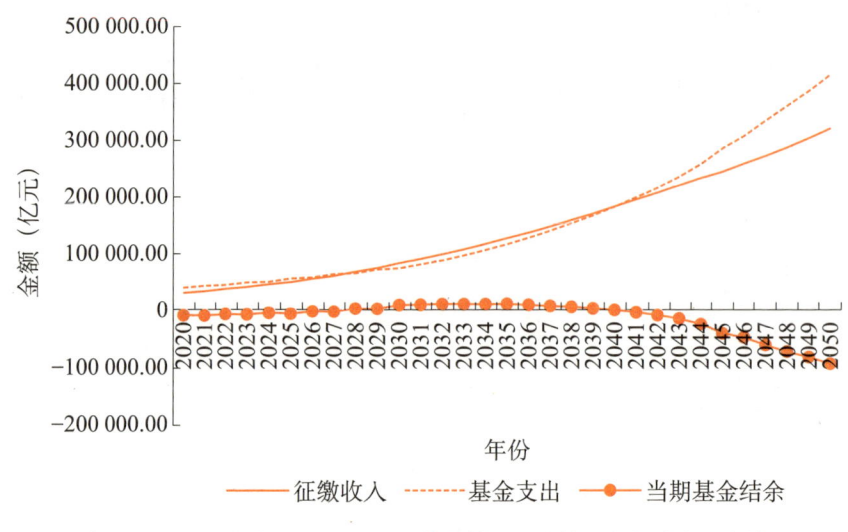

图 1.15 延迟退休条件下企业职工基本养老保险基金当期收支平衡情况
（2020—2050 年）

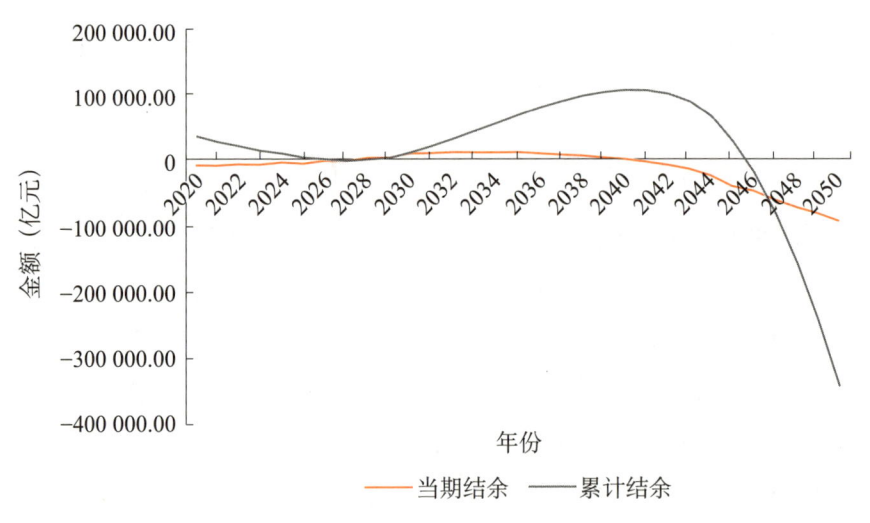

图 1.16 延迟退休条件下企业职工基本养老保险基金收支结余情况（2020—2050 年）

由图 1.17 可以看出，与不延迟退休相比，延迟退休使得 2022 年的养老金收支缺口减小了 28.27%，使得 2030 年的养老金收支缺口减小了 141.46%。在短中期内（约在 2050 年前），延迟退休政策有效阻止了企业职工基本养老保险当期收支缺口的产生；但在2040年后的远期，政策效果在减弱。

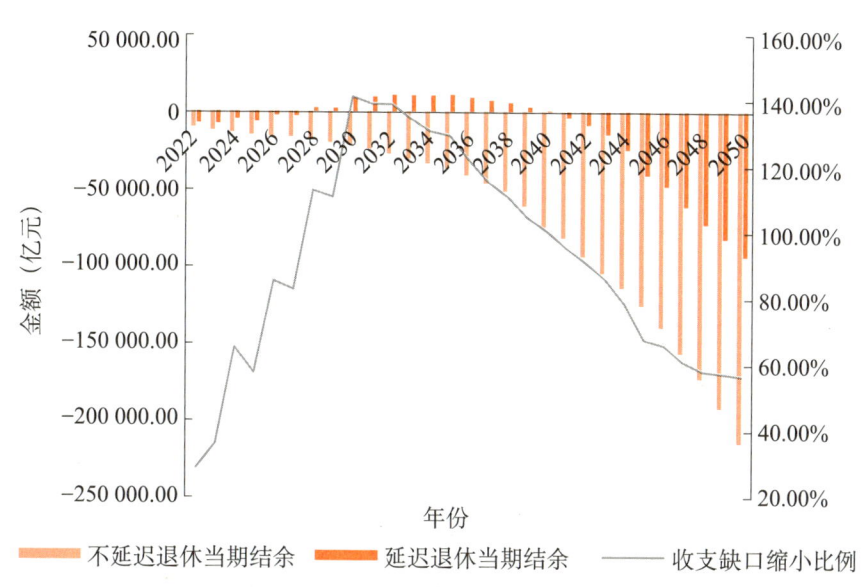

图1.17 延迟退休对企业职工基本养老保险当期收支缺口的影响（2022—2050年）

（三）未来综合补贴的压力

考虑到未来企业职工基本养老保险制度面临的收支缺口，通过政府行为补充制度的筹资，以财政补贴、国有资产划转等多渠道拓宽养老保险制度的筹资来源，是实现未来我国社会养老保险制度平稳运行与长期发展的必要举措（邓大松与张怡，2020；景鹏等，2020）。

2017年11月9日，《划转部分国有资本充实社保基金实施方案》出台，强调以弥补企业职工基本养老保险制度转轨时期因企业职工享受视同缴费年限政策形成的企业职工基本养老保险基金缺口为基本目标，划转企业国有股权的10%充实社保基金。《国务院关于2018年度国有资产管理情况的综合报告》显示，2018年全国国有企业资产总额为210.4万亿元，那么未来将有近21万亿元的国有股权划转充实社保基金。

经测算，实行延迟退休政策后，企业职工基本养老保险基金当期缺口在 2028 年消失，到 2041 年重新出现。如果未来财政是根据当期养老金收支缺口规模决定当年的补贴额，那么为达到养老保险基金当期收支平衡，2020—2050 年期间，国家需要通过各类途径综合补贴 50.47 万亿元。而在延迟退休条件下，到 2050 年，基金累计赤字仅为 34.91 万亿元，再加上国有资产划转的近 21 万亿元，可见 2050 年后国家对企业职工养老保险的综合补贴仍有 36.56 万亿元的余量。

四、结论、思考与政策建议

（一）结论

（1）在人口老龄化日益加深的背景下，渐进式延迟退休制度能使养老金制度赡养比下降 0.273，有效推迟养老压力高峰期。

（2）渐进式延迟退休政策会在短中期形成一定的基金积累，为缓解基金远期的巨大收支缺口发挥作用。在适度财政补贴的情况下，其能为社会保险基金赢得 13 年的时间窗口。但从长远来看，延迟退休的效果将逐步减弱。

（3）实行延迟退休政策后，为达到当期收支平衡，2020—2050 年期间，国家需要通过各类途径综合补贴企业职工基本养老保险 50.47 万亿元。鉴于到 2050 年基金累计赤字仅为 34.91 万亿元，再加上国有资产划转的近 21 万亿元，可见 2050 年后国家对企业职工养老保险的综合补贴仍有 36.56 万亿元的余量。

（二）思考

本研究还考虑了未来机关事业单位基本养老保险与企业职工基本养老保险的并轨问题。

本研究设定企业职工基本养老保险全国统筹后,在财政补贴与国有资本划转的待遇补充下,未来企业职工基本人均养老金年均增长率为5%。考虑到机关事业单位职工的平均工资水平要高于企业职工的平均工资水平,所以从收入分配的公平原则出发,假设未来机关事业单位基本养老金年均增长率为4%。根据测算,到2037—2038年间,我国企业职工人均养老金与机关事业单位人均养老金水平便可达到一致,即2037—2038年间,我国便已满足当前机关事业单位基本养老保险与企业职工基本养老保险双轨制的并轨条件。

(三)政策建议

(1)在"十四五"期间尽快实现城镇职工基本养老保险的全国统筹。在当前企业职工基本养老保险制度运行存在较大区域不平衡的背景下,通过对全国各地区养老基金实现全国统筹,能够发挥国家层面的制度统一性优势,减少区域间由于人口结构、经济发展水平差异给制度运行带来的影响,从而在全国层面使职工基本养老保险制度走向成熟、定型、稳定发展的新阶段。

(2)在"十四五"期间稳步推行实施渐进式延迟退休政策。在不延迟退休的情景下,企业职工基本养老保险便会面临累计赤字风险。延迟退休能够较为明显地缓解因为深度老龄化造成的养老金支出压力,化解当前基本养老保险基金收支困境。政府应早做准备,延迟退休年龄制度改革不应再被搁置,而应该尽快开始。

(3)开源节流,夯实养老保险基金可持续发展的基础。一方面,全面实施全民参保计划,扩大养老保险的覆盖面,提高遵缴率。另一方面,加强养老金财政补贴长期规划,减轻远期财政兜底压力。

(4)将保险精算纳入管理范畴,推进养老金精算报告制度的建设。建立养老金精算报告制度是监测养老金制度运行质量的技术工具,能够为社会保险制度顶层设计提供重要的科学依据。

第二章

从"未富先老"到"渐富快老"
——中国养老服务驱动机制与展望

人口加速老龄化、快速高龄化以及多健康状态的长寿化趋势是我国人口结构变动的重要特征。与西方发达国家相比，我国人口老龄化进程快于社会经济发展进程，这使得我国社会经济发展之间出现了不平衡、不协调的问题。伴随着中国现代化进程与人口结构转变进程，中国社会总收入高速增长，人口老龄化社会结构已从1990年代的"未富先老"结构发展为当今的"渐富快老"结构。快速发展的人口老龄化将对我国经济、政治、文化、社会等方面产生长远而深刻的影响。

因此，本章将通过梳理"渐富快老"的社会结构影响养老服务业的理论基础，对我国养老服务业发展状况进行分析，归纳我国养老服务业目前存在的主要问题，随后从理论上解析人口老龄化、（社会总）收入增长对养老服务业发展的综合作用机理，再实证分析人口老龄化、（社会总）收入增长对养老服务业发展的促进效应。在实证分析中，本章构建门槛回归模型，对模型中的变量进行检验，确保模型估计量的良好性质，再根据地区固定效应、双向固定效应下的线性回归模型结果，分析人口老龄化与收入增长对我国养老服务业发展的线性促进效应；通过门槛效应检验，构建双门槛面板回归模型，分析人口老龄化在收入门槛作用下，对我国养老服务业发展的非线性促进效应。

第一节　渐富快老：中国人口老龄化的社会经济特征

一、我国在经济尚不够发达的时候就面临较为严峻的人口老龄化发展趋势

2020年，以2015年不变价美元计算，美国GDP总量排名全球第一，

高达 19.38 万亿美元；中国 GDP 为 14.62 万亿美元，位列全球第二，已达美国的 3/4 水平；韩国 GDP 为 1.63 万亿美元，仅为美国的 8.41%，约为 1/12。但从人均 GDP 来看，美国人均 GDP 高达 58 452 美元，位列全球第五；因为人口众多，中国人均 GDP 不及美国的 1/5，仅为 10 358 美元；韩国人均 GDP 为 31 372 美元，约为美国的 1/2。[①] 若中国人均 GDP 要达到美国的发展水平，则中国 GDP 总量要达到 82.48 万亿美元，为 2020 年美国 GDP 的 4.26 倍；若中国人均 GDP 要达到韩国的发展水平，即美国的 1/2，则中国 GDP 总量要达到 44.27 万亿美元，为 2020 年美国 GDP 的 2.28 倍。较大的人均收入差距反映了在国民经济高速增长的过程中，当前中国居民收入状况和财富水平与发达国家仍存在较大差距的状况。

根据"七普"数据，2020 年我国 65 岁及以上人口占比已达到 13.52%，0～14 岁人口占比达 17.9%，人口老龄化程度持续加深。按照国际社会保障协会（ISSA）的标准，我国正处于"老龄化社会"（Aging Society）阶段，并且逼近"老年社会"（Aged Society）阶段，即 65 岁及以上人口占比达到 15%~20%，预计将于 2024 年前后进入该阶段。在 2032 年前后，我国将进入"超老年社会"阶段。未来我国的人口结构将呈高度压缩的加速老化态势，但目前我国的人均 GDP 才刚超过 1 万美元。

老龄化进程对经济发展的影响主要体现在三个方面：一是给劳动力供给带来负面影响。近年来，我国 16~59 岁劳动年龄人口比重逐年下降。二是造成居民储蓄率、资本积累和投资率的降低，以及全社会消费能力的下降，在影响社会资本形成的同时，也将导致需求不足，给我国经济发展带来隐患。三是加重政府的财政负担，带来社会保障支出大幅上升。

---

① 美国、中国、韩国的 GDP 与人均 GDP（2015 年美元不变价）数据来源于世界发展指标库（WDI）。

二、经济增长的压力与动力并存，需加快老年社会发展动能的培育

未来一段时期，我国将面临"增长与养老"的双重矛盾压力。应把全面快速扩张并不断升级的"一老一小"消费需求，转化为产业发展与经济增长的现实动力，并将满足其列为供给侧结构性改革的重要任务之一。一方面，人口结构的变化将会改变社会资源的配置方向，对经济增速产生影响。老年人和儿童在经济中属于"消费型"人口，并不创造产出。随着"一老一小"人口的增多，社会资源中用于消费的比重也会增加，并对资本积累产生"挤出效应"。随着资本积累能力的下降，经济增长动力将被削弱。

我国人口老龄化的规模之大史无前例。与其他已经进入老年社会的发达国家相比，我国的经济发展水平较低。"十四五"期间，我国将步入"老年社会"发展阶段（65岁及以上人口占比超过15%）。高收入国家在进入"老年社会"发展阶段时，人均GDP已达到3.70万美元，而我国2020年的人均GDP仅为10 358美元，老龄化阶段与经济发展阶段错位程度在人类历史上少有。我国已处于上中等收入国家行列，在"渐富快老"阶段必须保持一定的发展速度，以应对人口的加速老龄化。

但是，另一方面，人口因素也将在需求侧产生影响，并有望将其对经济社会发展的负面冲击降到最低。当前，我国的服务业和服务型消费占比较低，仍有较大的提升空间。2020年，我国服务业增加值占GDP的比重仅为54.5%，与阿根廷（54.3%）、孟加拉国（54.6%）、土耳其（54.6%）和马来西亚（54.8%）等国基本持平；与美国（77.3%）、英国（72.8%）、法国（71%）、日本（69.3%）和德国（63.6%）等发达国家相比，仍有较大差距，且以上发达国家服务业增加值占GDP的比重在2000年均已达到60%以上的水平，我国与其至少存在20年的发展差距。在新发展阶段，需要采取"以制度适应人口"而非"以人口适应制度"

的应对策略，在扩大"一老一小"养老托育服务中释放经济增长潜力。

第二节 我国养老服务业发展状况分析

受我国政治体制、经济结构、历史变迁与人口发展等诸多因素的影响，我国养老服务业发展体现出了鲜明的中国特色。在我国现有的社会经济发展水平下，我国养老服务业发展面临诸多机遇与挑战。所以，在分析人口老龄化、收入增长对我国养老服务业发展的促进效应之前，本节有必要先对我国养老服务业发展状况进行分析，以认清我国养老服务业服务对象状况、养老服务体系构建与制度保障状况，以及养老服务业现存的主要问题等。

一、我国需要赡养的老年人口状况

针对我国需要赡养的老年人口规模，从宏观视角来看，根据国家统计局数据，2020年中国65岁及以上人口占全国人口总数的13.52%，老年人口规模有所扩大。根据联合国人口司数据，在多生育条件下，我国老年人口抚养比均会继续大幅提升。其中，中等生育率条件为联合国人口司认为生育率最可能出现的情景。由于我国2016年起实施"全面二孩"生育政策，联合国人口司假定我国总和生育率（TFR）由1.60缓慢提升，至2085年达到1.80并保持稳定。低生育率条件假定总和生育率比中等生育率条件时减半，高生育率条件假定总和生育率比中等生育率条件时加倍。即时更替生育率条件假定总和生育率满足人口出生与死亡即时更替的假定，此时总和生育率在2.1的更替水平上下波动。不变生育率条件假设总和生育率恒定为2015年的1.60。

我国虽然目前已经进入老龄化社会，但是仍处在老龄化的前期。根据前面对我国人口老龄化程度的预测，我国2015年65岁及以上老年人口抚养比为13.32%，按照趋势来看，我国仍处在老年人口抚养比J形曲线的下端。到2040年左右，我国各种生育率条件下的老年人口抚养比会接近40%，接近2015年日本的老年人口抚养比（42.7%），我国需要赡养的老年人口数量相比当前会进一步增加。而到了2060年，我国在中等生育率条件下的老年人口抚养比会达到57%，并在本世纪保持稳定。站在长期视角考虑，我国实现高生育率条件的可能性随经济发展水平的提高正在降低，我国需要做好世纪中下叶达到57%老年人口抚养比的超老龄化社会的战略准备，养老服务战略部署便是重要方面。

从老年人口的健康状态来看，我国有65%的老年人口患有慢性疾病，总量达到了1.5亿人，失去自理能力的失能老人与半失能老人达到了4 400万人[①]，他们相对于健康状态良好的老年人来说，有更加刚性的养老服务需求，急需长期养老护理。由表2.1可见，"六普"数据显示我国60岁及以上老年人口中有约16.8%处于不健康状态，且有约2.9%处于生活不能自理的状态。若以此定义失能率，则意味着我国有52万老年人为失能老人。此数据为"六普"长表调查数据，有一定的主观性，会低估我国失能老年人口状况，在一定程度上反映为我国严重失能老年人口占比。由表2.1还可看出，我国老年女性失能率略高于男性，这可能与阿尔茨海默病等与性别有关的失智性病症有关。此外，乡村老年人口失能率高于城镇。这要求我国养老服务能满足失能、失智老年人，特别是乡村失能、失智老年人的照护需求，为我国养老服务业发展指出了前进方向。此外，老年人失能率随着年龄的增长而不断提高（见图2.1）。根据"六普"与2015年人口抽样调查数据，90岁老年人的失能

---

① http://www.cncaprc.gov.cn/contents/2/188609.html。

率已经上升到了 15%。伴随着我国老龄化程度的加深，潜在的数量庞大的失能老年群体的养老服务需求同样需要重视。

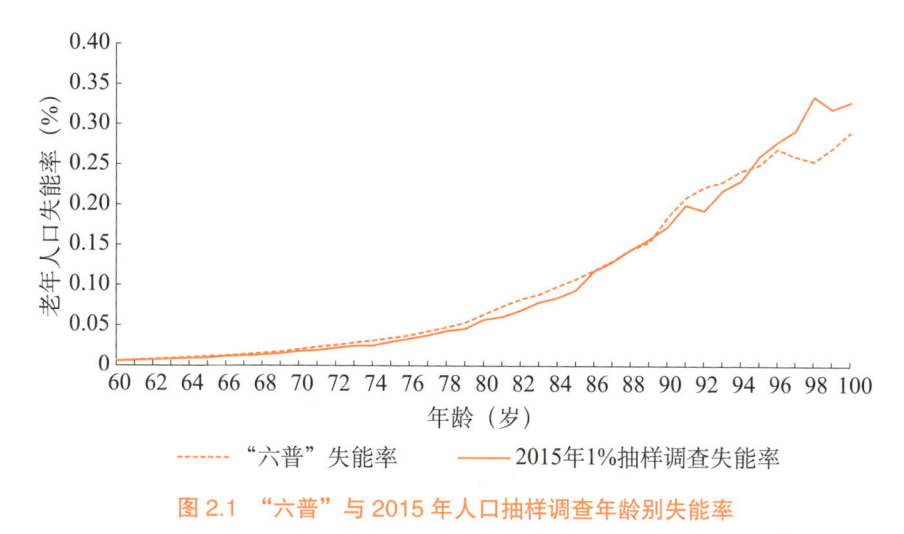

图 2.1 "六普"与 2015 年人口抽样调查年龄别失能率

资料来源：中国第六次人口普查长表调查数据与 2015 年中国 1% 人口抽样调查数据。

从人口家庭结构来看，受计划生育政策影响，2010 年我国农村有 55.3 万 49 岁以上的失独父母，城镇有 26.8 万 49 岁以上的失独父母；2030 年农村 49 岁以上失独父母规模会达到 85.1 万人，城镇则会达到 57.2 万人（周伟、米红，2013）。失独老人由于没有子女照看，也是需要赡养的老年人口。养老服务业的发展同样需要满足失独老人的养老服务需求。

二、养老服务业供给体系

当前我国养老服务业供给体系为以政府为主导，包含市场与社会组织等多种社会力量共同参与的"以居家为基础、社区为依托、机构为支撑"的三位一体式养老服务业供给体系。这种养老服务业供给体系是随着我国社会经济发展逐步形成的。

新中国成立以来，我国人口年龄结构一度呈现年轻化特征，全国城

表 2.1 "六普"中我国 60 岁及以上老年人口分城乡分性别健康状态比例

区域	健康			基本健康			不健康，但生活能自理			生活不能自理		
	总体	男	女	总体	男	女	总体	男	女	总体	男	女
全国	0.438 2	0.482 2	0.396 4	0.393 3	0.369 0	0.416 4	0.139 0	0.123 7	0.153 6	0.029 5	0.025 2	0.033 5
城镇	0.483 5	0.522 5	0.444 7 3	0.393 3	0.368 6	0.416 3	0.098 6	0.086 9	0.109 5	0.024 5	0.022 0	0.026 9
乡村	0.404 2	0.452 5	0.357 5	0.393 3	0.369 2	0.416 5	0.169 4	0.150 8	0.187 4	0.033 2	0.027 5	0.038 6

资料来源：根据中国第六次人口普查长表调查数据测算。

第二章 从"未富先老"到"渐富快老"——中国养老服务驱动机制与展望

镇化水平较低,社会总收入水平也较低。我国城镇养老服务主要由所在单位提供,农村老年人的养老服务由家庭自主提供,养老院仅收养"三无"老人,养老服务体系以单位养老与家庭养老为主(韩艳,2015)。改革开放初期,政府通过推进社会福利社会化(民政部,1984),主张在社区层面发展养老服务,但我国养老服务供给体系仍以家庭养老与个人养老为主。1990年以来,伴随着计划生育政策与集体单位的福利制度改革,我国养老服务需求激增,这要求政府建立公共养老服务体系(林卡与朱浩,2014)。《中国老龄工作七年发展纲要(1994—2000)》提出了建立"家庭养老与社会养老相结合"的社会化养老服务体系,并且树立"保基本、广覆盖、可持续"的原则,将社会化养老服务对象从特殊老年群体扩大到一般老年群体。伴随着21世纪我国"渐富快老"的人口老龄化形势,我国养老服务供求矛盾日益凸显。2000年,民政部等在《关于加快实现社会福利社会化的意见》中首次提出"以家庭养老为基础、社区服务为依托、社会养老为补充"的养老服务体系。

伴随着我国养老服务业的发展,我国居家养老、社区养老、嵌入式养老、互助式养老、候鸟式养老等新型养老服务供给模式不断涌现,民营资本逐渐进入养老服务业,优化了我国养老服务业供给结构,满足了老年人口多样化养老服务需求。根据《国务院关于加快发展养老服务业的若干意见》(国发〔2013〕35号,下称"2013年《意见》")精神,我国正建立与完善以政府为主导,包含市场与社会组织等多种社会力量共同参与的"以居家为基础、社区为依托、机构为支撑"的三位一体式养老服务供给体系(见图2.2)。其中,居家养老不同于家庭养老,是社会化养老服务在家庭中的具体表现。居家养老服务的实现依托在社区建立的居家养老服务站,老年人可以在家中享受上门送餐、紧急呼叫等服务。社区养老的概念相对较新,它是以老年人不离开所居住的社区为目的,由政府或企业在社区设立老年人日间照料中心、老年活动室等老年设施,常与居家养老、机构养老相结合,为老年人提供有益身心健康的养老服务。社区养老实现了养老空间范围的缩小，提高了养老服务供给质量。针对不同养老服务，当前我国社区养老服务供给主体主要有政府、市场企业、社区与非营利组织四类（董春晓，2011）。此外，有学者提出要充分理解社区作为养老服务供给主体的依托性（唐钧，2016），即社区仅是居家养老服务与机构养老服务的地理空间概念，本质上没有超出前两者的范畴。机构养老也不简单等同于养老机构提供的服务，而是指为老年人，特别是为失能、失智老年人提供的长期护理服务。机构养老的补充作用体现在服务供给数量上，机构养老的支撑作用体现在服务供给功能上（桂世勋，2017）。机构养老的供给主体以政府与市场企业为主。

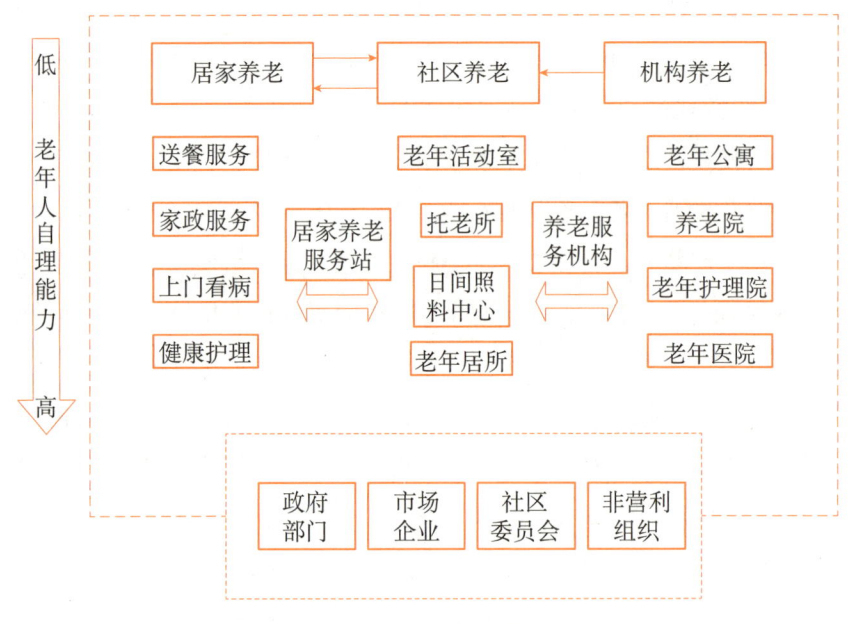

图 2.2 我国养老服务供给体系示意图

三、养老服务业制度保障

为了维护尊老、爱老的经济社会环境，我国政府部门在行业立法监

第二章 从"未富先老"到"渐富快老"——中国养老服务驱动机制与展望

管、养老服务融资与补贴等方面确立了一系列制度,保障我国养老服务业良性发展。

在行业监管与立法方面,整体来看,政府部门采取了多项举措细化行业标准,加强对养老服务业的监管。立法方面,我国在第十三届全国人大七次会议上通过了《老年人权益保障法》修正版,取消了养老机构许可证制度,为鼓励社会资本进入养老服务业提供了立法保障。各地区颁布的《养老服务条例》规定了养老服务发展的具体要求,保障发展质量。关于多政府部门的监管问题,2019年《国务院办公厅关于推进养老服务发展的意见》提出,我国要建立养老服务综合监管制度,加强对于事中事后过程的监管,加大对于养老服务违规行为的惩戒力度,保证了我国养老服务业发展的良好外部环境。我国养老服务业的发展由多个政府部门各司其职,协调工作,其中涉及我国民政部、发改委、人社部、卫健委、老龄办、残联与各级地方政府等多个部门,很难保证多方能及时沟通,并不出现管理上的冲突与缺位。2019年,国务院建立由民政部牵头的"养老服务部际联席会议制度",保证了多方管理的有效性,提高了政府工作效率,提升了养老服务业制度保障水平。针对养老服务水平的监管问题,我国颁布了一系列规范性文件对养老服务质量予以保障。例如2019年初,民政部养老服务司养老服务监管处参与制定了《养老机构服务质量基本规范》《养老机构等级划分与评定》两份规范性文件,依照综合养老服务水平将养老机构分为五种等级,其评级直接与养老单位的补贴挂钩,为严格要求并激励养老机构服务质量提供了制度保障。

在养老服务融资与补贴方面,由于各地区人口老龄化状况不同、经济发展水平不同,关于养老服务融资与补贴的制度安排有所差异,但是均体现为鼓励养老服务业高速度、高质量发展。在全国层面,养老服务企业可以按照小微企业待遇,享受财税减免扶持政策;养老服务企业的水电、暖气费用享受居民价格;彩票公益金中高于55%的比例,针对接收失能老人、经济困难的高龄老人的养老服务企业进行运营补贴与入住老年人养老服务补贴。[①] 在地区层面，养老服务发展水平国内领先的青岛市2019年对接收失能老人的居家养老服务机构给予不超过150 000元的补贴，并对新建立养老机构床位给予12 000元补贴。[②] 此外，南京市2019年鼓励建设护理型床位，对新增护理型床位给予15 000元/床的补贴。[③] 北京市侧重对养老机构中老年人实际入住进行运营补贴。2019年北京市养老服务补贴数额取决于养老机构星级、过去的信用状态与老年人健康状态。[④] 通过融资与补贴制度保障，养老服务企业运营负担有所减轻，扩大了社会高质量养老服务供给。同时，老年人口的养老服务支付压力也由于养老服务补贴得以缓解，有利于养老服务业不断满足老年人口的实际需求，实现可持续发展。

四、我国养老服务业发展存在的问题

虽然我国老龄化程度引致了大量养老服务需求，养老服务供给体系与制度保障也正在形成并完善，但是我国养老服务业仍有很多问题亟待解决。本节认为，主要问题包括养老服务供给不足、养老服务业"医养结合"与"互联网+"水平不高和老年人养老服务支付观念淡薄等。

（一）养老服务供给不足

1. 有效供给不足

养老服务有效供给不足是指在规模上，养老服务现有供给无法满足

[①] http：//www.gov.cn/zhengce/content/2019-04/16/content_5383270.htm.
[②] https://www.mca.gov.cn/n152/n168/c80568/content.html.
[③] http://mzj.nanjing.gov.cn/njsmzj/mtgz/201901/t20190115_1375318.html.
[④] http://www.bjchp.gov.cn/cpqzf/315734/tzgg27/cp5471820/index.html.

养老服务实际需求。我国当前养老服务供需存在错配，这不利于我国养老服务业可持续发展。总体而言，当前我国老年人人均拥有养老服务量仍低于国际标准。从养老服务供给结构出发，针对机构养老服务而言，虽然养老服务设施数量不断增多，但是其中满足老年人实际需求的有效供给数量占比有限，使得我国养老机构入住率偏低，存在大量的闲置床位。这使得我国机构养老服务总体上呈现总量供给上升，而有效供给不足的状况（见图2.3）。

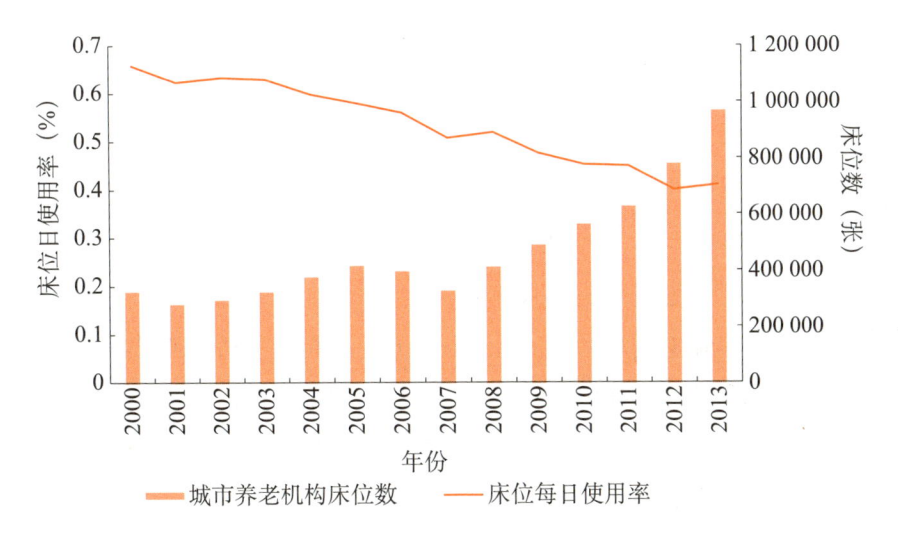

图2.3 我国城市养老机构床位数量与床位使用率对比图（2000—2013年）

说明：由于相关数据自2013年后《中国民政统计年鉴》不再更新，因此统计截至2013年。
资料来源：根据历年中国民政统计年鉴测算。

本节利用城市养老机构的人天数计算出了机构床位日使用率（如图2.3所示）。虽然城市养老机构床位数在不断增加，但是其使用率呈现明显的下降趋势。这意味着虽然我国养老机构服务供给数量在增加，但有效供给不足使得对机构养老服务的实际需求并未被满足。乔晓春（2019）甚至指出，北京市有20%的养老机构入住率不足 20%。① 从不同所有权类型的养老机构来看：公办养老服务机构的数量较少，一床难求；私营养老服务机构入住率低，服务的可持续性面临很大压力。公办养老服务机构由于有政府信用担保，成为老年人接受养老服务的第一选择。而私营养老服务机构由于面临来自我国老年人的信任危机（景军等，2017），老年人在选择时难免存在偏见。相比公办养老服务，我国私营养老服务有效供给不足现象更严重。

目前我国社区居家养老服务内容仍然比较单一，其以"六助"基础服务为主且供给相对过剩。但"六助"服务作为基础服务，不能满足老年群体多样化的身心娱乐、健康护理需求。我国社区居家养老服务中心的配套设施仍显匮乏，社区居家养老服务的有效供给仍严重不足。

2. 服务水平较低

养老服务水平较低是造成养老服务有效供给不足的重要原因。虽然在国家政策层面的高度重视下，养老服务供给数量正在连年上涨，但是养老服务质量仍然较低，难以满足伴随社会经济发展老年群体实际存在的高质量养老服务需求。当前，我国多政府部门已经从制度层面将养老服务提质增效作为养老服务的发展目标。从老年群体社会需求结构出发进行分析，目前我国健康老人、半失能老人与失能老人的养老服务水平均较低，多健康状态老年人口的实际需求均难以满足。健康老人生活可以自理，其需要的是有陪伴、有尊严、有保障的养老服务，而根据相关政务公开与民政统计信息，当今我国存在综合环境差、监狱式管理、护工服务态度差等问题的养老院仍不在少数；半失能、失能老人需要专业的护理员工进行全天候的照护服务，而当前我国护理型床位、高素质养老护工数量严重不足，使得老人长期护理需求难以得到满足。无论从社区居家养老服务来看还是从机构养老服务来看，目前我国养老护工整体

---

① 乔晓春于2019清华老龄产业高端论坛的演讲.https：//www.linkolder.com/article/9415302.

素质仍然较低。我国养老护工整体受教育程度不高，且缺乏系统的护理理论培训，职业技能水平较低，工作强度很大而工资低，这些因素共同造成养老护工职业认同感低的问题（甄炳亮与刘建华，2014）。而我国养老服务业人才引进也十分困难。护工队伍的综合素质较低也决定了我国养老服务水平较低。

此外，不同所有权类型的养老服务单位供给的养老服务水平存在差异。公办养老服务质量普遍偏高，而且价格偏低；高质量的私营养老服务价格高昂，平民百姓难以承受；而平价的私营养老服务又存在事实上或公众认知上的养老服务水平较低的问题。造成上述现象的主要原因在于我国整体养老服务水平偏低，高素质养老服务资源稀缺，其造成的服务水平与价格间的结构性错配严重影响了社会老年人口享受养老服务的公平性，不利于养老服务业的良性发展。

（二）养老服务业"医养结合"与"互联网+"水平不高

促进"医养结合"与"互联网+"发展养老服务业与当前我国养老服务体系建设存在内在关联。"医养结合"是指在持续性养老服务理念下，将医院的医疗急诊职能与养老机构的长期照护职能相结合，形成先医后养、养中能医的养老服务资源整合。我国在2013年《意见》中将"医养结合"纳入养老服务业发展任务，近年来也出台了多项配套政策。但是，由于我国医疗体制与医护人员素质等问题，我国"医养结合"中的"医"仍存在实现难度。目前，我国养老机构基本要求配备卫生室、医疗设备与医护人员，但是受制于经营规模与人力资本匮乏，配备急诊病房与全面的医疗科室的养老机构数量仍然非常少。我国当前失能与半失能老年人口数量达到4 400万，然而我国的护士总量只有400万，存在巨大的供需差距。这使得"医养结合"发展养老服务业的过程中，养老服务业的医护水平仍然无法保障，"医养结合"的实际效能偏低。

"互联网+"发展养老服务业是指将信息科学技术应用于养老服务

业，构建养老服务信息平台，并使其有机覆盖养老服务体系，提供智慧健康养老服务。2017年，我国三部委下发《智慧健康养老产业发展行动计划（2017—2020年）》，鼓励智慧养老项目落地。① 国务院也于2018年印发了《关于促进"互联网+医疗健康"发展的意见》，鼓励网络技术应用于养老服务业。② 但是，目前我国"互联网+"养老服务业发展还处于初级阶段，信息技术仍无法广泛落实在养老服务实践中（张丽雅与宋晓阳，2015），智慧养老发展水平较低。针对不同类型的养老服务，由于老年人对外界新鲜事物的接受度低，其对于居家养老服务中的一些健康信息采集、紧急呼叫设备与社区中提供的一些智能养老设备使用兴趣不高。此外，"医养结合"发展程度低，也使得养老机构在使用远程专家就诊、远程医疗指导等智慧养老服务功能时存在困难。

（三）老年人养老服务支付观念淡薄

老年人养老服务接受意愿与老年人健康状态、经济状况和家庭状况等诸多因素有关。总体而言，我国老年人接受养老服务的意愿较低，支付观念淡薄。针对北京市西城区的调研指出，老年人接受机构养老服务倾向低于三成（张文娟与魏蒙，2014）。针对甘肃农村老年人的调研指出，其接受机构与村组养老服务倾向低于25%（王振军，2016）。此外，七成的江苏农村老年人不愿意自费支付政府提供的居家养老服务（张国平，2014）。多项调研结果指出，受到"养儿防老"等观念的影响，老年人对于社会化养老的接受度不及家庭养老，这使得老年人在自身条件允许的情况下，不愿意在社会化养老服务方面进行过多支付。

此外，老年人养老服务支付观念淡薄也受潜在风险的影响。老年人受到治病费用等预期费用的影响，储蓄率较高，多为风险规避型消费者

---

① http：//www.gov.cn/xinwen/2017-02/20/content_5169385.htm#1.
② http：//www.gov.cn/zhengce/content/2018-04/28/content_5286645.htm.

与投资者。近年来，以养老服务名义开展的针对老年人的金融诈骗事件时有发生。伴随着我国养老机构准入门槛再次降低，老年人考虑规避监管不力带来的资金风险，也会降低其养老服务支付意愿。

第三节 "渐富快老"社会结构对我国养老服务业发展的作用机理分析

邬沧萍与姜向群（1996）曾在评论我国养老服务业发展不力的问题时指出，我国老年人口增加是造成保障健康的需求上升的关键因素，此外，我国必要经济积累的缺乏使得我国养老服务业面临的问题更加突出。基于此，本节将针对"渐富快老"社会结构中人口老龄化与收入增长两个因素，对养老服务业发展的作用机理进行梳理分析，为后面的实证分析提供理论支撑。

一、人口老龄化对我国养老服务业发展的作用机理分析

（一）老年人口规模扩张机制

我国自1971年开始推行计划生育政策以来，妇女总和生育率急速下降，我国人口高速增长势头放缓。根据我国"五普""六普"年龄别生育率数据，我国妇女生育旺盛期主要为20~39岁，这意味着目前我国第一批独生子女父母平均年龄已经超过60岁，成为老年人口。因此，我国低年龄组人口占比有所降低，老龄化进程呈现明显的加快趋势。在我国14亿多的人口基数下，人口老龄化直接造成了我国老年人口规模

的扩张。老年人口的扩张会使多健康状态老年人口数量增加：健康老年人数量增加会提升社会对于老年娱乐设施、老年康养设施的需求；失能、五保老年人数量增加则对社会提供长期护理服务的能力提出了更高的要求。

此外，老年人口扩张会使得养老服务问题成为经济社会发展过程中政府部门必须面对与解决的问题，这有利于政府部门加强对老年群体的关照与支持力度，有利于和谐老龄社会的构建，为养老服务业的发展提供了良好的社会环境。人口老龄化会通过老年人口规模扩张机制，直接形成大量的养老服务需求与尊老、爱老的社会环境，这些因素会倒逼养老服务业的发展。

（二）结构转型机制

人口老龄化作为人口年龄结构的转型过程，会通过经济社会系统中一系列结构转型，推动养老服务业的发展水平提升。结构转型机制包括家庭人口结构转型机制、产业结构转型机制与养老服务供给结构转型机制三个部分。

人口老龄化伴随着家庭人口结构转型，促进了养老服务业发展。由于我国计划生育时期先批次的父母已经成为老年人口，在全面放开二孩政策前，我国家庭人口结构由曾经的大家庭、高家庭内潜在支持比（PSR）模式逐渐转向四位老人、两位独生子女、一个孩子的"4-2-1"模式。独生子女由于同时承受工作压力、育儿压力与养老压力，已经很难给予老人家庭人口结构转变前的家庭陪伴与照料。同时引发的还有子女外出工作时的"空巢老人"问题（徐俊等，2011）。此时，社会化养老服务作为承接家庭养老的唯一环节，使得老年人的社会化养老服务需求顺接提升，进而促进养老服务业的整体发展。

从经济系统视角来看，人口老龄化会通过促进产业结构升级，促进养老服务业发展。首先，人口老龄化会通过促进消费需求、人力资本积累、提升资本劳动替代率等途径，促进产业结构升级（汪伟等，2015）。人口老龄化对产业结构升级的影响程度还会随着人均可支配收入的不断提升而加深（王屿等，2018）。其次，产业结构升级会通过推动丰富资源供给、提升从业人员素质与降低信息成本等方面促进养老服务业的发展。由于养老服务业属于第三产业，产业结构升级会为养老服务业带来更多的发展资源。依据配第-克拉克定律，第三产业的发展会使劳动力向第三产业转移，从而使得养老服务业从业人员数量与质量提升，进而促进养老服务业发展。产业结构升级会促使信息服务业快速发展，从而提升社会网络化水平，这会降低养老服务业信息沟通与交易成本，促进养老服务业的发展。

人口老龄化还会使得政府部门与市场不断调整养老服务供给结构，进而促进养老服务业的发展。人口老龄化使现有养老服务业供需结构矛盾不断加深。为了调节矛盾，各主体会协调调整养老服务供给的种类与数量结构，满足多层次、多样化的养老服务需求，优化养老服务业发展。人口老龄化使得政府部门难以独自提供养老服务，从而使我国由国营养老服务供给，向公办养老服务与以社会资本投资养老服务、"公办私营"为形式的私营养老服务并举的供给转变。此外，人口老龄化催生的养老服务需求使得市场配置养老资源的功能优势不断显现，我国由政府部门推动养老事业向养老事业与养老产业共同发展转变。人口老龄化也会推动养老服务供给模式从单一的低水平机构养老服务供给向多方式、成体系、高质量的养老服务供给转变。

二、收入增长对我国养老服务业发展的作用机理分析

收入增长对我国养老服务业发展的作用机理过程可以被分为先后两个作用阶段，分别为再分配机制与消费增长机制。收入增长也可直接通过消费增长机制来影响我国养老服务业发展。

（一）再分配机制

受法定退休年龄与健康状况的影响，老年人口主要收入来源已经不再是工资或劳务所得，而是子女支持与退休金、企业年金与养老金等。根据"六普"中老年人口首要收入统计，随着健康状态的下降，劳动收入越来越无法作为老年人口的首要收入。在联合国"多支柱"养老金视角下，代表着"第一支柱"的最低生活保障金、"第二支柱"与"第三支柱"的离退休金养老金、"第四支柱"的家庭其他成员供养已成为全国近七成60岁及以上老年人口的主要收入来源，且此比例随着老年人口健康状态下降明显提高（见表2.2）。所以，收入增长对养老服务业发展的作用机理第一阶段，可通过再分配机制实现老年人口收入增长。再分配机制分为代际转移支付机制与财政支出机制两部分。

表2.2　我国60岁及以上不同健康状态老年人口首要收入来源比例表

收入来源	总体	健康	基本健康	不健康能自理	生活不能自理
劳动收入	0.290 7	0.419 5	0.247 5	0.066 4	0.011 6
离退休金养老金	0.241 2	0.280 0	0.244 5	0.125 8	0.163 2
最低生活保障金	0.038 9	0.016 9	0.038 0	0.098 4	0.098 8
财产性收入	0.003 7	0.004 2	0.003 6	0.002 7	0.002 0
家庭其他成员供养	0.407 2	0.264 9	0.446 7	0.681 2	0.703 3
其他	0.018 3	0.014 6	0.019 7	0.025 5	0.021 1

资料来源：根据中国第六次人口普查长表调查数据测算。

其中，代际转移支付机制又可分为代际社会转移支付机制与代际私人转移支付机制两部分。代际社会转移支付是指社会收入通过转移支付的方式在不同代际之间实现平衡分配，以实现可持续发展与社会稳定的过程，具体方式以包含公共养老保险金、企业年金与个人养老保险金的

"三支柱"养老金为主。收入增长使社会整体财富得以积累。在现收现付制（pay-as-you-go）的养老金制度下，当代人的收入增长会使养老金账户资金充裕，社会财富通过老年人养老金账户转移给老年人口，以通过上调养老金等方式实现老年人口收入增长。

代际私人转移支付是指家庭成员结构内的财富在不同代际（辈分）成员之间的私人转移过程，与2005年世界银行提出的"第四支柱"养老金形式对应。代际私人转移支付主要由子女向父母辈转移，其维度与子代和父代的人口特征、健康状态、社会经济地位等因素均有关。其中，子女为父辈提供的直接经济支持占到了私人转移支付形式的80%（黄庆波等，2018），这也直接促进了老年人收入增长。此外，代际私人转移支付机制受到中国传统孝道文化的影响，使得其对于老年人口收入增长的作用十分稳定。尽孝在平辈与晚辈之间均存在示范效应（张海峰等，2018），这使得敬老、尽孝的文化氛围发挥正外部效应，有利于老年人口的收入增长。

财政支出机制是指政府部门通过财政扶持与补贴的形式，促进老年人口收入增长与养老支出负担减轻的过程。对于老年人口而言，当收入增长时，国家财政收入也随之增长，财政支出机制会通过世界银行提出的"零支柱"（zero pillar）养老金构想，以财政出资的方式为贫困老年人口与无法正常获取基本养老金的老年人口提供资金扶持，来实现老年贫困人口收入增长。针对养老服务企业而言，财政支出机制体现在为养老服务机构建设与运营提供各类财政补贴。养老服务机构的成本降低后，其服务定价也会趋于合理，这会使得老年人的养老支出负担减轻。

（二）消费增长机制

在分析了收入增长促进老年人口收入增长的作用机理后，本节将分析在第二作用阶段，老年人口收入增长通过消费增长机制支持养老服务业发展的作用过程。收入增长时，消费增长机制会通过提升老年人口的支付能力、提升老年人口的支付意愿与预期收入效应三个途径来支持养老服务业发展。

部分老年人由于健康状态原因，具有客观而迫切的养老服务需求，但是具有较大的养老服务支出负担。而收入增长会使他们的支付能力提升，使他们得以负担曾经难以负担而又有切实需求的基本养老服务，这便在一定程度上解决了这部分老年人"养不起老"的问题，促进了养老服务业消费增长。部分老年人虽然不存在基本养老服务需求，但是随着他们的收入不断增长，根据马斯洛需求层次理论，在满足了基本需求后，他们会为了实现自身更高层次的需求满足而产生新的需求。这使得这部分老年人会对利于他们身心健康的高端养老服务产生新的需求，即收入增长提升了这部分老年人的养老服务支付意愿，从而促进了养老服务消费增长。此外，老年人口为了应对可能发生的疾病等突发性支出情况，会倾向于储蓄而抑制当期消费。当老年人口实现持续稳定的收入增长时，预期收入效应使老年人口能够安心地进行当期的消费支出，这也打消了老年人口的养老服务消费顾虑，促进了养老服务消费增长，进而支持了养老服务业发展。

三、人口老龄化、收入增长对我国养老服务业发展的综合作用机理分析

根据上文的作用机理分析，人口老龄化会通过老年人口扩张机制与结构转型机制，促进我国养老服务业发展；收入增长会通过再分配机制与消费增长机制，支持我国养老服务业发展。从养老服务业供需动态平衡视角分析人口老龄化、收入增长对养老服务业发展的综合作用机理时，上述机制可概括为养老服务业供需协调增长机制与养老服务业供需增长支持机制（如图 2.4 所示）。

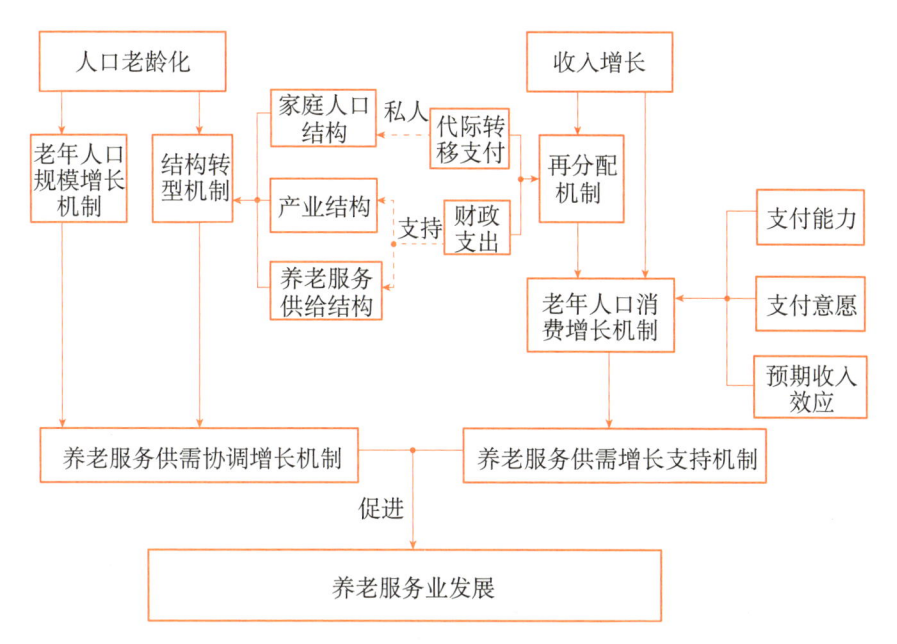

图 2.4 "渐富快老"社会结构对我国养老服务业发展的综合作用机理

在人口老龄化、收入增长的综合作用下,人口老龄化会提升养老服务业的需求,并倒逼养老服务业供给结构转型与服务水平提高,使养老服务业供需协调增长,促进养老服务业发展;收入增长会提升老年人口收入水平并减轻养老服务企业建设与运营负担,进而促进老年人口养老服务消费水平提升,其为养老服务业需求与供给协调增长提供资金来源,支持养老服务业发展,推动我国养老服务业发展规模与发展水平的提升。具体而言,代际社会转移支付为由社会老年人口规模增长产生的养老服务需求提供了社会消费支持;代际私人转移支付为由家庭人口结构调整产生的养老服务需求提供了家庭内消费支持;财政支出为产业结构调整与养老服务供给结构调整推动养老服务供给提升提供了政府资金支持。

第四节 "渐富快老"社会结构促进我国养老服务业发展的实证分析

一、模型构建

为了分析人口老龄化在收入增长支持作用下对于我国养老服务业发展的促进效应到底有多强,本节将基于第三章的作用机理,利用我国除港澳台外的31个省、直辖市与自治区2006—2016年间的省际面板数据,通过构建B.E.Hansen(1999)提出的静态内生门槛回归模型来进行实证分析。本书先构建如下的单门槛回归模型:

$$dev_{it} = \beta_1 depr_{it} \times I(incgdp_{it} \leqslant \gamma) + \beta_2 depr_{it} \times I(incgdp_{it} > \gamma) + X'\delta + u_i + D_t + \varepsilon_{it} \quad (2\text{-}1)$$

式(2-1)中的 dev_{it} 代表第 t 年地区 i 的养老服务业发展状况;$depr_{it}$ 代表第 t 年地区 i 的人口老龄化程度;$I(\cdot)$ 为示性函数,当括号内的条件成立时,其值为1,否则为0。式(2-1)在意义上等价于式(2-2):

$$\begin{cases} dev_{it} = \beta_1 depr_{it} + X'\delta + u_i + D_t + \varepsilon_{it}, & incgdp_{it} \leqslant \gamma \\ dev_{it} = \beta_2 depr_{it} + X'\delta + u_i + D_t + \varepsilon_{it}, & incgdp_{it} > \gamma \end{cases} \quad (2\text{-}2)$$

单门槛模型示性函数反映了人均收入水平变量 $incgdp_{it}$ 作为门槛变量的条件,其中 γ 为门槛值。式(2-1)中,X' 为控制变量矩阵,u_i 为不随时间变化的不可观测的地区效应,D_t 为潜在的年份效应,ε_{it} 为随机扰动项。静态门槛回归模型的估计过程与固定效应模型分析思路相同,首先将门槛变量写为以下形式:

$$depr_{it}(\gamma) = (depr_{it} \times I(incgdp_{it} \leq \gamma), depr_{it} \times I(incgdp_{it} > \gamma))^T \quad (2-3)$$

此外，令 $\beta = (\beta_1, \beta_2)^T$，$\alpha = (\beta^T, \delta, 1)^T$，$V_{it}(\gamma) = (depr(\gamma)^T, X', D_t)$，则式（2-1）可以写为如下矩阵形式：

$$dev_{it} = V_{it}(\gamma)'\alpha + u_i + \varepsilon_{it} \quad (2-4)$$

在给定任意门槛值 γ_0 的前提下，运用一阶差分法消除地区固定效应：

$$dev_{it} - \overline{dev_{it}} = (V_{it}(\gamma) - \overline{V_{it}(\gamma)})\alpha + (\varepsilon_{it} - \overline{\varepsilon_{it}}) \quad (2-5)$$

将式（2-5）写成式（2-6）的离差形式后，通过 OLS 原理得到的一阶差分估计量 $\hat{\alpha}$ 如式（2-7）所示，回归的残差平方和 $SSR(\gamma)$ 表达式如式（2-8）所示：

$$dev_{it}^* = V_{it}^*(\gamma)\alpha + \varepsilon_{it}^* \quad (2-6)$$

$$\hat{\alpha} = (V_{it}^*(\gamma)^T \cdot V_{it}^*(\gamma))^{-1} V_{it}^*(\gamma)^T dev_{it}^* \quad (2-7)$$

$$SSR(\gamma) = (dev_{it} - V_{it}^*(\gamma)\hat{\alpha})^T \cdot (dev_{it} - V_{it}^*(\gamma)\hat{\alpha}) \quad (2-8)$$

运用残差平方和 $SSR(\gamma)$ 最小的原理，可以估计出门槛值 $\hat{\gamma} = \mathrm{argmin}\, SSE(\gamma)$。此外，门槛回归模型可能会存在多个门槛，此时估计门槛值的原理便成了最小化 $SSE(\gamma_1, \gamma_2, \cdots, \gamma_n)$。本节将通过对一阶差分估计量 $\hat{\alpha}$ 与门槛估计值 $\hat{\gamma}$ 的计算，实证分析我国人口老龄化、收入增长对我国养老服务业发展的促进效应。

二、变量说明与数据来源

（一）变量说明

本节选择养老服务业发展水平作为被解释变量，选择人口老龄化与人均收入水平作为核心解释变量，选择人力资本水平、城镇化水平、信息化水平与财政支出水平作为模型研究的控制变量，引入门槛回归模型。模型中各变量的基本信息如表 2.3 所示，各变量的描述性统计信息如表 2.4 所示。

表 2.3 变量信息汇总表

变量名称	变量代称	预期符号	指标选择
养老服务业发展水平	dev		养老机构床位数（万张）*
人口老龄化程度	depr	+	65 岁及以上老年人口抚养比（%）
人均收入水平	incgdp	+	人均地区生产总值（万元）
人力资本水平	humanc	+	65 岁及以上人口高中及以上学历占比（%）
城镇化水平	urban	+	城镇化率（%）
信息化水平	infor	+	互联网上网人数（万人）
财政支出水平	finanp	+	地方财政支出/地区生产总值（%）

* 本节将养老机构床位数定义为城市养老机构与农村养老机构（农村五保养老服务机构）床位数的总和。从 2013 年起，调整到社区服务机构中的社区养老机构床位数也算入养老机构床位数。

表 2.4 模型中变量描述性统计信息表

变量	样本量	均值	样本标准差	最小值	最大值
dev	341	10.792 9	10.461 4	0.155 9	49.288 6
depr	341	12.630 2	2.593 5	6.710 0	20.040 0
incgdp	341	3.811 2	2.257 6	0.575 0	11.819 8
urban	341	52.013 4	14.527 5	21.052 6	89.606 6
finanp	341	8.193 0	4.271 6	1.325 9	20.708 9
infor	341	6.914 2	1.052 6	2.772 6	8.991 0
humanc	341	22.527 5	7.603 3	3.822 7	49.850 4

针对模型中的被解释变量，即我国养老服务业发展状况，现有研究主要有以下指标选取方法：李欣（2015）从 GDP 核算角度出发，忽略

老年进出口，使用老年消费与老年投资的总额来反映养老服务业发展规模。但本节认为此算法将老年人的全部消费全部算入养老服务业产值，不适用于本节对狭义养老服务业的研究。曹献雨（2019）将65岁及以上老年人口数量作为养老服务业发展状况的代理变量，但本节认为此做法也会高估当前我国养老服务业的发展，而且针对本研究，此做法会使得养老服务业发展状况与人口老龄化变量因数据问题产生内生性问题。梁玉柱（2017）采用每万人社会服务机构床位数来反映地区养老服务水平，但是其包括了智障人士、精神残疾人士与儿童服务的床位数，在反映养老服务时存在一定的偏差。综合现有研究基础，考虑到养老服务业发展状况中具有如护工工作态度等难以量化的因素，本节使用养老服务机构床位数作为养老服务业发展状况的代理变量。使用养老服务机构床位数作为代理变量，相比使用社会服务机构床位数，能够更好地反映我国养老服务业的发展状况，也可以规避使用老年人口数量引发的内生性问题。

基于第三节人口老龄化、收入增长对我国养老服务业发展的作用机理分析，本节将人口老龄化程度、衡量社会总收入水平的人均收入水平作为核心解释变量引入模型。针对核心解释变量的指标选取，人口老龄化程度常用老年人口抚养比与人口老龄化系数两个变量作为衡量标准。本节选用老年人口抚养比代表人口老龄化程度，并在后文使用老龄化系数对模型的稳健性进行检验。针对人均收入水平变量的指标选取，由于人均可支配收入在2013年前为分城乡统计，为了契合本节省域面板模型的需要，本节使用人均地区生产总值反映人均收入水平，来分析收入增长对养老服务业发展的影响。

本节通过梳理影响养老服务业发展的因素，确定了如下四个控制变量：

（1）人力资本水平。由于专业护工、社会工作师等人力资本水平的高低影响地区养老服务业的发展（温海红等，2018），且受教育程度与养老护理工的核心能力具有显著的正相关性（夏雅雄与苏吉儿，2019），老年人养老服务意愿与其受教育程度正相关（王琼，2016；王永梅，2018），本节将人力资本作为控制变量，且使用65岁及以上人口高中及以上学历占比这一教育人力资本指标作为衡量人力资本水平变量的指标。

（2）城镇化水平。由于城镇化进程会促进产业结构升级（汪伟等，2015），进而推动养老服务业发展（武赫，2017），所以，本节将城镇化水平作为控制变量纳入模型，并用城镇化率作为反映城镇化水平的指标。

（3）信息化水平。信息技术的发展与应用会促进"互联网+"养老服务水平提升，进而推动养老服务业发展（曹献雨，2019）。所以，本节将信息化水平作为一个控制变量，并以互联网上网人数代表地区的信息化水平。

（4）财政支出水平。政府投资是养老服务业发展的重要资金来源（胡祖铨，2015）。根据第二节中的财政支出机制分析，财政支出在养老服务业发展中具有重要支持作用。所以，本节将财政支出水平作为控制变量纳入模型，并以地方财政支出与地区生产总值之比反映财政支出水平。

（二）数据来源

本节运用2006—2016年全国除港澳台外的31个省、直辖市与自治区的面板数据进行实证分析。其中，各地区养老服务业发展水平数据来源于2007—2017年《中国民政统计年鉴》，各地区人口老龄化状况数据与人力资本水平数据来源于2007—2017年《中国人口和就业统计年鉴》，各地区人均收入水平数据、信息化水平数据与财政支出水平数据来源于2007—2017年《中国统计年鉴》。

三、实证检验与分析

（一）多重共线性与平稳性检验

在进行面板回归分析之前，本节先对模型中的变量进行多重共线性检验与平稳性检验，以确保回归的真实性与回归系数估计的有效性。

短面板回归变量的非平稳性不会引起长面板估计时严重的伪回归问题，本节出于严谨考虑进行了平稳性检验。LLC 检验设定考虑时间趋势，最大滞后项为 2，并根据 AIC 准则确定滞后项。由表 2.5 可知，模型中所有变量 LLC 检验的 P 值均在 0.05 以内[①]，这表明研究变量通过面板平稳性检验。此外，由于模型中解释变量较多，部分变量还有较强的相关性，所以本节为了规避多重共线性问题对回归结果的影响，对核心解释变量与控制变量进行了方差膨胀因子检验。从表 2.5 可以看出，各变量的 VIF 值均在 10 以内，均值 VIF 在 5 以内，模型不存在严重的多重共线性问题。此外，为了规避回归时出现的异方差与自相关问题，本节在估计时全部采用异方差稳健标准误法来消除模型存在的异方差性与自相关性。

表 2.5　变量平稳性检验与方差膨胀因子汇总表

变量	LLC 统计量	P 值	VIF	1/VIF
$urban$	−2.246	0.012 4	8.07	0.123 8
$incgdp$	−10.512	0.000 0	7.82	0.127 9
$humanc$	−9.506 4	0.000 0	6.37	0.157 1
$infor$	−8.314 6	0.000 0	4.57	0.218 6
$finanp$	−9.531 2	0.000 0	1.59	0.629 6
$depr$	−4.864	0.000 0	1.53	0.655 6
均值 VIF			4.92	0.318 8

（二）门槛回归模型的内生性说明

由于计量模型的内生性问题会使得 OLS 估计量不再满足一致性，多项检验不再有效，所以，本节专门对潜在的内生性问题进行探讨。内生性问题产生的原因主要分为三类：互为因果、遗漏变量与数据偏误。

---

① 养老服务业发展水平变量在 0.01 的显著性水平上通过平稳性检验。

人均收入水平变量是养老服务业系统中的内生变量，因为养老服务业产值上升会使得人均收入水平提升，从而造成互为因果的内生性问题。但是，在本节构建的内生门槛回归模型中，由于人均收入水平这一内生变量被当作了门槛变量，作为示性函数的门槛条件，其未作为解释变量参与回归系数估计过程，所以，在内生门槛回归模型中，上述互为因果产生的内生性问题不再存在。对于第二类内生性问题，即遗漏变量问题，在研究过程中，被遗漏的变量多为代表了被解释变量的个性与能力，却不易被量化的变量。本模型的遗漏变量即各地区养老服务业发展的个性特征，如尊老爱老的社会氛围、较高的社会化养老接受程度等。而这些因素往往由地区的历史文化因素决定，与本节中包括城镇化水平、人力资本水平、财政支出水平、信息化水平在内的控制变量并无明显的同期相关关系，仅可能与人口老龄化程度有一定的同期相关性。而本节运用面板构建的地区固定效应模型，可以很好地控制不随时间发生变化的遗漏变量内生性问题；构建的双向固定效应模型，可以同时控制不随时间变化与随时间变化的遗漏变量内生性问题。在计量模型的弱外生性假定满足时，回归仍可以得到一致估计量。数据偏误造成的潜在内生性问题难以避免。综上分析，从模型构建与变量选取来看，本节实证模型的潜在内生性问题可以得到一定程度的控制。

（三）线性面板回归结果分析

本节运用Stata14软件进行实证分析。在进行门槛回归之前，本节先构建如式（2-9）所示的线性面板回归基础模型，分析核心解释变量的回归结果，结果呈现在表2.6中。结果（1）呈现大样本OLS回归结果。结果（2）呈现地区固定效应模型回归结果。结果（3）呈现双向固定效应模型回归结果，其可以控制如"医养结合"政策改革等随时间而变化的政策效应。结果（4）呈现随机效应模型回归结果。由于Hausman检验在0.05的显著性水平上通过，本节主要以固定效应模型的回归结果为主进行分析。结果（1）（4）仅作对照参考。

$$dev_{it} = \beta_1 depr_{it} + \beta_2 incgdp_{it} + \beta_3 humanc + \beta_4 urban + \beta_5 infor$$
$$+ \beta_6 finanp + u_i + D_t + \varepsilon_{it} \tag{2-9}$$

表2.6 线性面板回归结果汇总表

	（1）	（2）	（3）	（4）
	大样本OLS	FE	FE	RE
$depr$	1.095 2***	0.575 6**	0.465 1	0.712 9***
	（0.146 2）	（0.251 3）	（0.318 1）	（0.244 8）
$incgdp$	3.436 9***	2.205 7**	2.588 6**	2.252 0**
	（0.625 9）	（0.990 0）	（1.233 4）	（1.045 2）
$humanc$	-0.217 8***	0.068 9	0.143 1	-0.011 4
	（0.074 6）	（0.120 6）	（0.143 0）	（0.118 1）
$urban$	-0.065 2	0.345 6	0.439 3*	0.103 1
	（0.051 4）	（0.206 1）	（0.223 9）	（0.112 6）
$infor$	-11.306 3**	-14.938 0	-1.907 0	-10.400 7
	（4.451 4）	（9.274 0）	（12.968 2）	（8.385 2）
$finanp$	1.322 5***	1.028 9***	1.364 5***	1.362 8***
	（0.097 9）	（0.310 9）	（0.354 8）	（0.287 4）
截距项	-13.945 7***	-27.699 1***	-36.902 8***	-19.304 6***
	（1.769 6）	（9.545 3）	（12.291 5）	（5.665 9）
地区效应	有	有	有	有
年份效应	无	无	有	无
年份效应是否显著			否	
Hausman检验			$\chi^2(6) = 15.20$**	
N	341	341	341	341
r^2	0.607 8	0.612 2	0.628 6	
F	85.206 3	15.685 5	11.442 1	

说明：括号内为异方差稳健标准误。* $p<0.1$，** $p<0.05$，*** $p<0.01$。

在地区固定效应回归结果中，人口老龄化程度估计系数在 0.05 的显著性水平上显著为正。我国人口老龄化加深 1%，会使得我国养老服务业发展水平提升 0.575 6 个单位。在控制年份效应后，人口老龄化程度估计系数为正，估计值为 0.465 1，但是未从统计意义上在 0.1 的显著性水平上显著。但由于双向固定效应模型中，历年年份效应均不显著，应接受固定效应模型的回归结果（2）。本节认为，造成上述人口老龄化状况估计系数的显著性差异的原因，可能是人口老龄化程度变量对养老服务业发展的影响并非线性关系。后文会对人口老龄化对于养老服务业的影响进一步进行深化分析。

人均收入水平估计系数在 0.05 的显著性水平上显著为正。在地区固定效应模型中，人均收入增长 1 万元，养老服务业发展水平会提升 2.205 7 个单位。在双向固定效应模型中，人均收入增长 1 万元，养老服务业发展水平会提升 2.588 6 个单位。本节线性面板回归结果均显示收入增长对养老服务业发展具有显著的线性促进效应。此外，基于第三节的机理分析，人口老龄化对养老服务业发展的促进作用会受到收入增长的支持作用的影响，所以，本节将于后文探讨人口老龄化与收入增长两个因素对养老服务业发展的非线性综合促进效应。

针对线性回归模型中的控制变量，人力资本水平的估计系数为正。但在固定效应模型中，人力资本水平并不在统计意义上显著；根据双向固定效应模型回归结果，城镇化水平估计系数在 0.1 的显著性水平上显著为正，城镇化水平每提升 1%，养老服务业发展水平会提升 0.439 3 个单位。在地区固定效应模型中，城镇化水平估计系数为正，但未在统计上显著；财政支出水平的估计系数在 0.01 的显著性水平上显著为正，在地区固定效应模型估计下，财政支出水平每提升 1%，养老服务业发展水平会提升 1.028 9 个单位。在控制年份效应后，财政支出水平每提升 1%，养老服务业发展水平会提升 1.364 5 个单位。上述控制变量的估计结果的作用方向均符合本节预期。此外，信息化水平的估计系数为负。

在所有线性模型回归结果下,信息化水平与养老服务业发展水平之间的影响关系均不显著,且呈现统计数据上的反向关系,与本节的预期不符。分析其原因,可能是当前我国的养老服务业"互联网+"发展还处于起步探索阶段,面临养老产业发展不成熟、现代信息技术应用不足等阻碍(张丽雅与宋晓阳,2015),这些因素会共同抑制养老服务业的发展。即虽然信息化水平提高,但是由于缺乏高效的统一信息协同平台,当前养老服务业存在着利用信息技术的障碍,这使得信息化水平越高,养老服务市场的碎片化越剧烈,呈现统计上的负向关系。本节的研究期为2006—2016年,综上分析,研究期内信息化水平提高对养老服务业发展的估计结果具有合理性。

(四)门槛效应检验

为了实证检验人口老龄化是否受收入增长的支持作用影响,对养老服务业发展具有非线性促进效应,本节运用栅格搜索法(Grid Search)来进行门槛值的估计,并运用 B. E. Hansen(1999)提出的自抽样法(Bootstrap)来模拟似然比检验的渐进分布,进行门槛效应的检验。本节将样本分成400个栅格来进行估计,并设定每个门槛自抽样次数为500次,分组子样本异常值剔除比例为1%。在表2.7中,双门槛假设下的门槛估计值按照搜索结果顺序进行排列。可以看出,在单门槛模型设定下,人均收入水平的门槛估计值为7.206 4万元。在双门槛模型设定下,人均收入水平被重新搜索出了一个低门槛估计值,双门槛估计值分别为5.850 2万元、7.206 4万元。

表2.7 单门槛与双门槛模型门槛估计值(置信度95%)

模型	门槛值	区间上限	区间下限
单门槛	7.206 4	6.995 3	7.299 4
双门槛—1	7.206 4	7.013 3	7.299 4
双门槛—2	5.850 2	5.492 8	5.865 6

针对门槛效应的检验分为门槛存在性检验与真实性检验两部分。门槛存在性检验通过构造 Sup-wald 统计量来进行 F 检验：

$$F = \frac{(SSE_0 - SSE_1(\hat{\gamma}))/1}{SSE_1(\hat{\gamma})/n(T-1)} \quad (2\text{-}10)$$

若 F 检验通过，则拒绝模型不存在门槛的原假设，模型具有门槛效应。表 2.8 展示了门槛估计过程中的上述门槛效应检验信息。可以看出，检验结果依次拒绝了模型不存在门槛效应、模型仅存在单门槛效应的零假设，即所构建门槛回归模型的双门槛显著存在，人口老龄化对养老服务业发展具有统计意义上的双门槛非线性促进作用。此外，经过检验，模型不存在显著的三重门槛效应。所以，本节将通过构建双门槛回归模型进行非线性效应的实证分析。

表 2.8　门槛效应检验（依次自抽样 500 次）

门槛量	RSS	MSE	Fstat	Prob	Crit10	Crit5	Crit1
单门槛	3 412.802 4	10.341 8	62.92	0.000 0	28.060 9	33.416 9	45.688 9
双门槛	3 171.992 5	9.612 1	25.05	0.062 0	22.666 7	27.239 7	37.622 2

门槛真实性检验是指通过构建如式（2-11）所示的 LR 统计量来进行似然比检验（Hansen，B. E.，1999）。若 $LR_1(\gamma)$ 估计结果小于其临界值，则不能拒绝门槛估计值等于门槛实际值的原假设，门槛值估计状况真实。

$$LR_1(\gamma) = \frac{(SSE(\gamma) - SSE(\hat{\gamma}))/1}{SSE(\hat{\gamma})/n(T-1)} \quad (2\text{-}11)$$

门槛真实性检验结果显示，双门槛回归模型中，一重门槛与二重门槛的似然比估计量均在相应的人均 GDP 对数水平下低于似然比检验的临界值（见图 2.5），这意味着门槛回归模型的两个门槛均接受门槛估计值等于门槛实际值的零假设，模型的门槛效应估计准确。

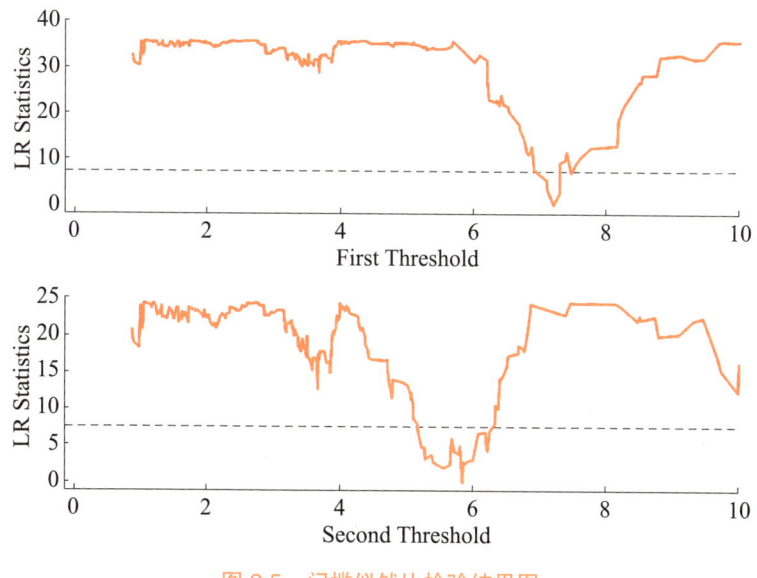

图 2.5 门槛似然比检验结果图

（五）门槛回归结果分析

根据门槛效应检验结果，本节构建如式（2-12）所示的双门槛回归模型，双门槛回归模型的估计结果如表 2.9 所示。结果（5）为地区固定效应门槛回归结果，结果（6）为稳健性检验结果，结果（7）为双向固定效应门槛回归结果。由表 2.9 可知，双门槛回归方程均具有较强的拟合优度与显著性，双向固定效应门槛回归估计结果中历年的年份效应不显著，所以在分析时，本节以结果（5）的估计系数值为主。

$$dev_{it} = \beta_1 depr_{it} \times I(incgdp_{it} \leqslant \gamma_1) + \beta_2 depr_{it} \times I(\gamma_1 < incgdp_{it} \leqslant \gamma_2) \\ + \beta_3 depr_{it} \times I(incgdp_{it} > \gamma_2) + X'\delta + u_i + D_t + \varepsilon_{it}$$

（2-12）

针对核心解释变量的门槛地区固定效应回归结果（5）与上面的双门槛估计值进行分析，当人均收入水平低于 5.850 2 万元时，人口老龄化程度估计系数在 0.05 的显著性水平上为正，此时人口老龄化程度上升 1%，养老服务业发展水平会提升 0.586 8 个单位；当收入水平介于

5.850 2 万元与 7.206 4 万元之间时,人口老龄化程度估计系数在 0.01 的显著性水平上为正,此时人口老龄化程度上升 1%,养老服务业发展水平会提升 0.881 6 个单位;当收入水平高于 7.206 4 万元时,人口老龄化程度估计系数在 0.01 的显著性水平上显著为正,此时人口老龄化程度上升 1%,养老服务业发展水平会提升 1.287 5 个单位。综上门槛地区固定效应模型回归结果分析,人口老龄化程度伴随着人均收入增长越过不同的人均收入门槛,对养老服务业的促进效应不断提升,呈现显著的非线性促进效应。根据门槛双向固定效应模型回归结果(7),虽然核心解释变量的估计系数数值及显著性水平与结果(5)有所差异,但是其估计系数的符号相同,都呈现为促进效应;而且不同人均收入区间内,人口老龄化程度对养老服务业发展水平的作用变化趋势相同,仍然体现出显著的非线性促进效应。各门槛模型的回归结果均显示,人口老龄化程度在不同人均收入水平上,对养老服务业发展水平产生了非线性促进效应,且随着人均收入水平不断提升,跨过更高的收入门槛达到更高水平的区间时,人口老龄化程度加深对养老服务业发展水平提升的影响显著增强。此结果从经验上印证了本节构建的人口老龄化、收入增长对养老服务业发展的综合作用机理,体现了人口老龄化对我国养老服务业发展的促进作用及收入增长对我国养老服务业发展的支持作用。

表 2.9 门槛回归模型结果汇总表

	(5)	(6)	(7)
	Th1	Th2	Th3
humanc	0.159 7*	0.154 2*	0.207 9
	(0.091 8)	(0.088 0)	(0.124 4)
urban	0.491 8**	0.504 7***	0.513 9***
	(0.182 5)	(0.180 2)	(0.186 3)
infor	−5.797 3	−6.596 1	0.519 2

续表

	(5) Th1	(6) Th2	(7) Th3
	(4.580 9)	(4.543 1)	(12.520 2)
$finanp$	0.877 3***	0.890 5***	1.053 5***
	(0.304 8)	(0.310 8)	(0.308 1)
$depr*I(incgdp \leq \gamma_1)$	0.586 8**		0.526 0*
	(0.227 2)		(0.286 1)
$depr*I(\gamma_1 < incgdp \leq \gamma_2)$	0.881 6***		0.790 6**
	(0.246 8)		(0.315 5)
$depr*I(incgdp > \gamma_2)$	1.287 5***		1.222 5***
	(0.294 4)		(0.363 0)
$aging*I(incgdp \leq \gamma_1')$		0.875 0**	
		(32.567 0)	
$aging*I(\gamma_1' < incgdp \leq \gamma_2')$		1.266 5***	
		(35.161 8)	
$aging*I(incgdp > \gamma_2')$		1.813 2***	
		(42.450 9)	
截距项	−32.562 4***	−33.683 6***	−36.031 1***
	(8.526 2)	(8.643 7)	(9.038 7)
地区效应	有	有	有
年份效应	无	无	有
年份效应是否显著			否
N	341	341	341
r^2	0.661 6	0.659 1	0.669 1
F	15.998 5	15.263 4	19.450 3

说明：括号内为异方差稳健标准误。* $p<0.1$，** $p<0.05$，*** $p<0.01$。

针对双门槛回归模型中的控制变量，人力资本水平估计系数在 0.1

的显著性水平上为正。在地区固定效应门槛模型中，人力资本水平每提升1%，养老服务业发展水平会提升0.159 7个单位。在双向固定效应门槛模型中，人力资本水平对养老服务业发展水平的影响在统计上不显著。与线性回归模型结果相比，双门槛回归模型更显著地呈现了人力资本对养老服务业的重要影响。城镇化水平估计系数在控制地区固定效应时，在5%的显著性水平上为正；城镇化水平每提升1%，我国养老服务业发展水平会提升0.491 8个单位。在继续控制年份效应后，城镇化水平估计系数在1%的显著性水平上为正，估计值提升到0.513 9，但不在统计意义上显著。财政支出水平系数在控制地区固定效应时，在1%的显著性水平上显著；财政支出水平每提升1%，我国养老服务业发展水平会提升0.877 3个单位。当继续控制年份效应时，人口老龄化估计系数依旧显著，且系数估计值升高为1.222 5。上述估计结果说明在门槛回归模型中，人力资本水平、城镇化水平与财政支出水平的提升会显著地促进我国养老服务业发展。信息化水平在控制地区固定效应时，其估计系数为负，但不在统计意义上显著。在继续控制年份效应后，信息化水平估计系数为正，仍不在统计意义上显著。本节认为，当前我国信息化水平提升并没有显著地促进我国养老服务业发展。

（六）门槛回归模型稳健性检验

为了保证实证分析结果的稳健性，本节采用老龄化系数（aging）代替老年人口抚养比，作为人口老龄化程度的代理指标纳入双门槛回归模型，进行计量结果的稳健性检验。老龄化系数为老年人口占总人口的百分比。经过门槛效应检验，运用老龄化系数构建的门槛回归模型仍具有显著的双门槛效应，其门槛估计值与表2.8所示结果一致。稳健性检验结果如表2.9中结果（6）所示。可见，当人均收入低于5.850 2万元时，以老龄化系数为代表的人口老龄化程度估计系数在0.05的显著性水平上为正，此时老龄化系数上升1%，养老服务业发展水平会提升0.875 0

个单位；当人均收入介于 5.850 2 万元与 7.206 4 万元之间时，以老龄化系数为代表的人口老龄化程度估计系数在 0.01 的显著性水平上为正，此时人口老龄化程度上升 1%，养老服务业发展水平会提升 1.266 5 个单位；当人均收入高于 7.206 4 万元时，以老龄化系数为代表的人口老龄化程度估计系数在 0.01 的显著性水平上显著为正，此时人口老龄化程度上升 1%，养老服务业发展水平会提升 1.813 2 个单位。综上稳健性检验结果，以老龄化系数为代表的人口老龄化程度上升仍会显著促进养老服务业的发展，而且随着人均收入提升至更高区间，人口老龄化对养老服务业发展的促进效应也不断增强。稳健性检验结果与上面实证结果一致，再次印证了人口老龄化、收入增长促进我国养老服务业发展的实证结论。

四、结论与政策建议

（一）研究结论

本节通过梳理人口老龄化、收入增长影响养老服务业发展的理论基础，分析我国养老服务业发展的状况与存在的问题，阐释人口老龄化、收入增长两个因素对我国养老服务业发展的作用机理，运用 2006—2016 年除港澳台外的 31 个省、直辖市与自治区的省域面板数据构建门槛回归模型，实证分析人口老龄化、收入增长对我国养老服务业发展的促进效应，得到了以下三个结论。

（1）我国当前已经进入老龄化社会。未来 40 年，我国人口老龄化程度会不断加深，并随着我国人均收入的提高，呈现"渐富快老"趋势。人口老龄化会形成大量养老服务需求与良好的养老社会环境，提升养老服务从业人员数量与质量，降低养老服务业信息沟通与交易成本，从而促进我国养老服务业发展。社会总收入增长会实现老年人口收入增长与养老服务企业建设运营成本降低，促进老年人口的养老服务消费增长，支持我国养老服务业发展。

（2）人口老龄化程度加深与人均收入增长会促进我国养老服务业发展水平提升。人口老龄化程度在不同人均收入水平下，对养老服务业发展水平产生了非线性促进效应，而且随着人均收入水平不断提升，跨过更高的收入门槛，达到更高水平的收入区间，人口老龄化程度加深对养老服务业发展水平提升的影响显著增强。

（3）我国人力资本水平、城镇化水平、财政支出水平与信息化水平对我国养老服务业发展水平的作用方向与贡献水平不尽相同。人力资本水平、城镇化水平、财政支出水平提升会促进我国养老服务业发展，信息化水平提升目前尚未对我国养老服务业发展产生显著影响。

（二）政策建议

基于上述研究结论，针对我国养老服务业发展中存在的待改进领域与问题，提出以下五项政策建议。

（1）顺应我国人口老龄化趋势，积极完善养老服务供给体系，推动养老服务业高质量发展，以应对我国未来超老龄化阶段庞大的养老服务实际需求，让老年人群"老有所养"，能够在晚年享受满足自身异质性需求的舒适的养老服务。我国应继续推进新型城镇化进程，缩小城乡间收入差距与养老服务水平差距，促进产业结构升级，提高城乡养老服务整体水平，并妥善解决农村空巢老人与失能老人的照护问题。

（2）建立可持续的老年人口收入增长机制，提升老年人口养老服务支付能力，引导提升老年人口养老服务支付意愿。政府部门需完善保障以"三支柱"养老金为基础的养老金体系，建立完善"零支柱"养老金机制以保障贫困老年人口的基本收入，倡导"第四支柱"养老金在养老金体系中的重要地位，提升养老服务消费水平。此外，居民应做好全生命周期的转移支付规划，积极缴纳基本养老保险金，必要时购买商业养老保险以保障养老服务支出。年轻一代应积极赡养家中老人，为老人提供必要的生活开销，保障家中老人所需的养老服务消费。

（3）继续提升养老服务领域的财政支出水平，为养老服务业发展提供重要的资金来源与政策保障。地方政府在支持养老服务业发展时，需精准评估地区当前与未来的养老服务需求，合理规划与布局地区养老服务建设，使其与地区社会总收入水平相适应，避免养老服务无效供给。除了完善社会再分配机制外，政府还可以通过有效益的生产性老龄化（productive aging）倡议，积累并做大社会总收入财富蛋糕，实现收入增长，奠定"幸福老龄化"构想的物质和财富基础（穆光宗与张团，2011）。

（4）通过加强"医养结合"与"互联网+"养老服务业发展，提升养老服务业发展质量。我国需加快护理型养老床位供给，并且加快护士队伍规模建设，以满足"医养结合"型养老服务业发展的资本与劳动力要素需求。我国需推动建立长期护理保险制度，以保障半失能、失能老年人口接受长期护理服务的支付能力。此外，我国需加快提升信息技术与养老服务的融合水平，发挥我国信息技术产业的发展优势，利用信息化技术解决养老服务业中如线上急诊、家庭医生、紧急救助、智能体检等切合老年人群需求的实际问题，促进养老服务业高质量发展。

（5）加强养老服务业人才储备，提升人力资本水平。加强养老服务从业人员专业知识与技能培训，提升养老护工的综合素质。此外，我国应注重对养老服务从业人员的职业认同感培养，提升养老服务从业人员的工资水平，保证养老服务护工以高度的责任心与工作热情对待需要赡养的老年人，以提升我国社会化养老服务水平，促进我国养老服务业高质量发展。

第三章

应对"渐富快老"社会结构的公共政策研究——以浙江省为例

第一节　浙江省人口老龄化发展研究

准确把握"十四五"时期及之后的长时期浙江省人口变动所面临的主要问题，并制定合适的人口发展战略，对促进浙江省社会经济可持续发展，确保浙江省人民安居乐业意义重大。本节基于复杂人口要素分析法，针对浙江省常住人口在2021—2080年间的变动状况进行科学预测和判断，分析未来浙江省人口数量变动特征以及人口结构变动趋势，并以此为基础，对能够促进浙江省人口发展的生育政策、人口流动迁移政策、教育政策与健康促进干预政策效果进行动态仿真与优化分析，为浙江省"十四五"及其中长期人口发展战略的制定提供动态的定量依据和基础。

一、引言

2021年是我国"十四五"规划的开局之年。在全面建成小康社会，社会主义现代化建设全面推进的时代背景下，浙江省的人口变动与人口发展呈现出新的特点。"十四五"时期将是浙江省人口发展特征转变的过渡期。在2021—2025年间，我国数量型人口红利的窗口期将逐渐关闭，人口老龄化程度将加速提升。因此，准确预测和判断"十四五"时期及以后浙江省人口结构变动的主要特征，将会对浙江省合理应对人口变动引起的各类社会经济问题，采取适当的人口政策与社会经济政策来优化人口结构，促进人口与社会经济均衡发展具有重要意义。

"渐富快老"已逐渐成为近年来浙江省人口老龄化的显著特点（米红与冯广刚，2016）。随着浙江省人口老龄化进程不断深入，浙江省的老年人口占比不断提升，未来会呈现人口"超老龄化"的社会经济特征

（米红与刘悦，2018），并可能影响经济社会发展的原有路径。本节将针对浙江省"十四五"规划时期及未来长期内人口变动的基本特征，发掘浙江省"十四五"人口发展规划应着重解决的重要问题，为浙江省未来应对人口超老龄化提供人口学仿真分析支撑。通过预测2021—2080年间浙江省常住人口数量与结构变动的长期趋势与特征，并以此为基础来对可能实施的生育政策、人口流动迁移政策、教育政策与健康促进干预政策进行动态仿真，从而判断各类政策对浙江省人口发展的长期影响，为浙江省制定"十四五"时期的人口发展战略以及与之相配套的一系列社会经济政策提供定量依据。

二、浙江省常住人口变动预测模型与方法

（一）数据来源

本节所使用的 2000 年、2010 年、2020 年浙江省年龄别分城乡常住人口数据来源于浙江省第五次与第六次人口普查资料。本节使用的 2010 年分性别年龄别人口死亡数据也来源于浙江省"六普"资料。2010—2017 年浙江省常住人口与户籍人口数据来源为历年《中国人口和就业统计年鉴》，妇女年龄别生育率数据来源于历年《全国1‰人口抽样调查》，总和生育率数据来源于本课题组根据法国人均 GDP 与总和生育率间的关系的估算。浙江省人均 GDP 数据来源于《浙江省国民经济和社会发展统计公报》。本节所使用的 1977—2017 年法国的人均 GDP 与总和生育率数据来源于世界银行数据库（WDI）。浙江省 2010 年的人口平均预期寿命数据来源于国家统计局宏观数据库。在本节第三部分，用于计算受教育年限的数据来源以及回归方程中各个解释变量的数据来源均为历年《中国统计年鉴》。

（二）浙江省常住人口预测模型设定

在进行浙江省 2021—2080 年超长期人口变动预测之前，需先解释人口预测模型核心参数设定的重要意义。本节旨在研究浙江省常住人口在"十四五"时期及以后一个长时期跨度内的变动情况，该期间浙江省的经济社会发展状况可能会有当期无法预知的变化，进而引起人口学存量的改变。比如，当我国在 2050 年建成社会主义现代化强国后，浙江省的城乡二元经济发展模式可能会发生较大的转变。随着浙江省的经济发展，浙江省对于跨省流动人口的吸引力在不断变化，这也间接影响了浙江省的人口净流迁率。所以，浙江省的人口预测一定也必须是基于开放人口型的预测和科学判断。本节将基于复杂人口分析要素法对 2021—2080 年浙江省常住人口进行预测。相关参数斟酌设定及其相关依据如下：

根据国家统计局的统计公报，浙江省 2010 年男性 0 岁组平均预期寿命为 75.58 岁，女性 0 岁组平均预期寿命为 80.21 岁。针对平均预期寿命的预测，由于我国的医疗卫生水平在未来会逐步提高，并且本节考虑浙江省 0 岁组平均预期寿命的增长受基因因素、社会经济发展因素和公共卫生中新发病毒引发烈性传染病等的多方面影响，具有增长的门槛效应，因此，本节假定浙江省 0 岁组平均预期寿命依照非线性增长模式变化，至 2035 年，男性平均预期寿命达到 85 岁，女性平均预期寿命达到 90 岁；至 2050 年，男性平均预期寿命达到 90 岁，女性平均预期寿命达到 95 岁。2051—2080 年间男性与女性的平均预期寿命保持不变。

鉴于浙江与法国的人口总量相当，两地人口持续流动和迁入增长的长期变化与经济、资源和环境的发展有许多相似性，因此，在总和生育率（TFR）方面，我们可以借鉴法国的人口生育与经济发展的模式对浙江的情况进行分析。本节根据 1977—2017 年 40 年间法国总和生育率对人均 GDP 进行线性回归，得出了法国总和生育率与人均 GDP 间的线性相关关系,参数如表3.1所示,相关关系散点图如图3.1所示。

表3.1 法国总和生育率与人均GDP相关关系

TFR	Coef.	Robust Std. Err.	t-statistics	P-value	[95% 置信区间]	
pergdp	0.046 2	0.008 5	5.400 0	0.000 0	0.028 9	0.063 5
_cons	1.758 2	0.027 5	63.900 0	0.000 0	1.702 6	1.813 9

资料来源:根据浙江大学人口大数据与政策仿真(工作坊)研究基地建模计算。

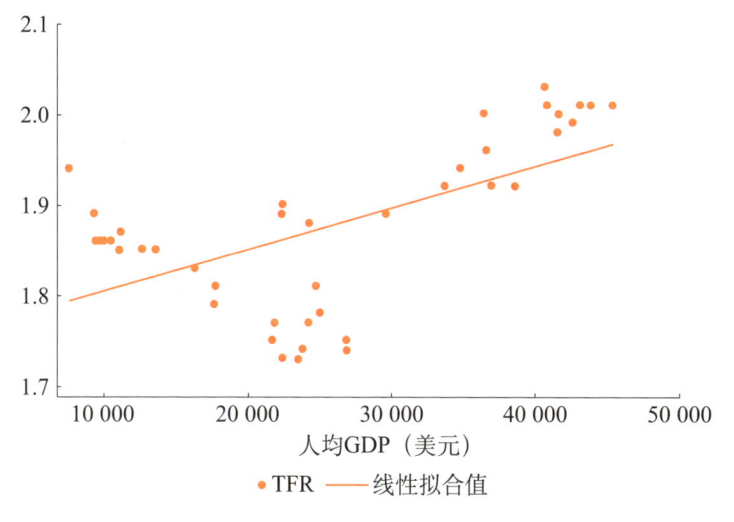

图3.1 1977—2017年法国总和生育率与人均GDP关系

由《2018年浙江省国民经济和社会发展统计公报》[①]可知,浙江省2018年人均GDP为98 643元。本节以此为起点,设定人均GDP的年增长率为6.5%,设定直接标价法下美元兑人民币汇率为1美元 = 6.9元人民币,对浙江省未来的人均GDP进行预测,并根据法国总和生育率

---

① http://www.zj.gov.cn/art/2020/1/16/art_1544773_31010882.html。

与人均GDP数量之间的稳定关联值[①]，对浙江省未来的总和生育率进行预测。根据计算结果，到2035年，浙江省人均GDP接近法国2018年的人均GDP，对应回归方程中的总和生育率预测值为1.95。因此，本节假定2035年后，浙江省总和生育率保持在1.95不变。由于我国历次人口普查均存在新生儿漏报的情况（米红与刘悦，2018），这使得人口普查数据中直接汇总得出的总和生育率会低估当年的生育水平。

由于2016年后我国采取"全面二孩"的生育政策，所以本节设定2020年浙江省标准化年龄别生育率与2017年全国1‰人口抽样调查所得的全国层面标准化年龄别生育率相同；2018—2080年浙江省生育模式由基准值逐步向"宽峰型"生育模式转变。具体而言，本节设定的2080年女性平均生育年龄为30.5岁。"全面二孩"后浙江省标准化年龄别生育率设定如图3.2所示。

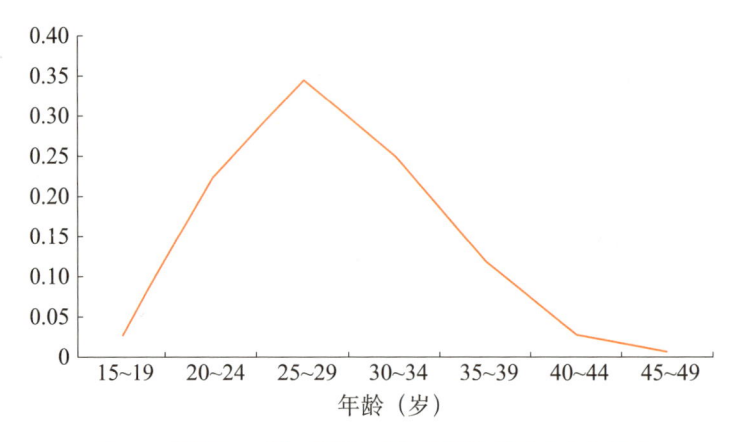

图3.2 "全面二孩"后浙江省标准化年龄别生育率设定

此外，本节设定了高、中、低三个生育条件来分析不同生育前提下

[①] 图3.1中法国人均GDP在2.1万～2.6万美元的10年里的TFR数值恰好处于法国生育政策调整期与1990年代世界三次金融危机的经济波动期，因此，不能将该时期作为未来浙江发展的对照时期。特此说明。

浙江省的人口变动。在中方案中，本节设定浙江省总和生育率随浙江省人均GDP增长而提升，至2035年，总和生育率的预测值为1.95，随后不再发生变化。在低方案中，本节设定浙江省总和生育率随浙江省人均GDP增长而提升，在2030年达到1.90，随后便不再变化。本节预测的浙江省2029年人均GDP和总和生育率与法国2003年的经济水平和生育水平接近，此时法国还处于经济与生育水平同步提高时期，可以作为浙江省总和生育率低方案的参照。在高方案中，本节设定浙江省总和生育率随浙江省人均GDP增长而提升，至2045年达到2.12，随后便不再变化。此时，浙江省总和生育率刚刚超过更替水平。研究设定的三种总和生育率方案如图3.3所示。

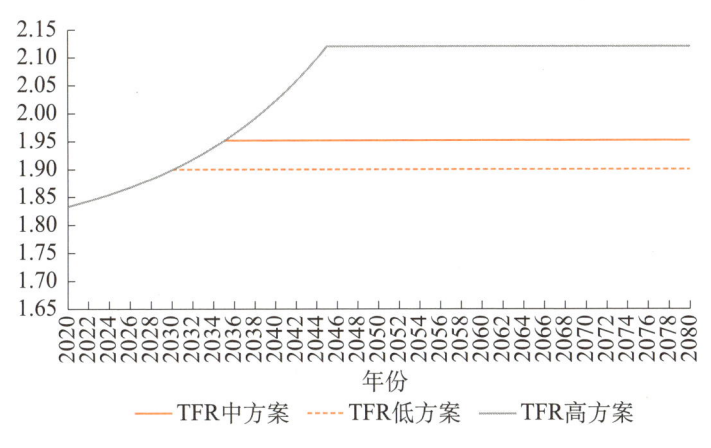

图3.3 浙江省高、中、低三种总和生育率变化值（2020—2080年）

人口流迁率是在开放状态下研究浙江省人口变动时需设定的最重要的参数。浙江省人口跨省流动强度很大。在2010年的浙江省人口普查中，跨省流入人口达到11 823 977人，占比超过浙江省常住人口的20%。本节通过综合考虑"五普""六普"的分年龄人口数量与死亡人口数量来判断浙江省人口年龄别流迁模式，计算思路如式（3-1）至式（3-5）所示：

$$_{x+5}N^{2010}{}_x = {}_{x-5}N^{2000}{}_{x-10} + 10 \times \overline{NI} - 10 \times \overline{D} \qquad (3-1)$$

$$\overline{D} = \frac{({}_{x+5}N^{2000}{}_x + {}_{x+5}N^{2010}{}_x) \times {}_{x+5}M_x}{2} \qquad (3-2)$$

$$_{x+5}M_x = \frac{{}_{x+5}B_x}{{}_{x+5}P_x} \qquad (3-3)$$

$$_{x+5}NIR_x = \frac{\overline{NI}}{{}_{x+5}N^{2010}{}_x} \qquad (3-4)$$

$$NIR^{2010} = \sum_{x=0}^{100} {}_{x+5}NIR_x \times \frac{{}_{x+5}N^{2010}{}_x}{\sum_{x=0}^{100} {}_{x+5}N^{2010}{}_x} \qquad (3-5)$$

此计算方法假定2000—2010年间，人口数量呈线性变动，死亡人口数据也呈线性变动，且2000年人口普查数据与2010年人口普查数据没有测量误差。此算法不需要从经济社会因素出发来估算2010年浙江省人口的年龄别流迁模式，而是仅仅从人口系统内部，考虑各个年龄组出生队列的死亡与迁移两种增减模式来实现计算。由于浙江省目前的人口流入已经处于较高水平，考虑到浙江省的人口落户吸引力以及未来中国的人口增长放缓的趋势，本节假定浙江省常住人口未来的流迁年龄模式均维持2010年的流迁年龄模式不变，但是人口流迁强度会逐年变动。本节计算的浙江省常住人口的年龄别流迁模式如图3.4所示。在计算流迁模式时，考虑到低龄组和老龄组的漏报问题，按联合国生命表的一般地区年龄别迁移模式对浙江人口15岁以下低龄组、少儿组以及85岁及以上的高龄组的年龄别迁移模式进行了修正。

根据式（3-5），本节计算的2000—2010年间浙江省平均净流迁率为1.2%，人口流动水平较高。考虑到2000—2010年是流动人口增长最快的时期（乔晓春，2019），这一测算结果相对合理。第七次人口普查数据显示，浙江常住人口中，流动人口达到了2 555.75万人，其中省外流入1 618.65万人，占常住人口的25.0%。第六次人口普查数据显示，浙江全省常住人口中的省外流入人口为1 182万人，占全部常住

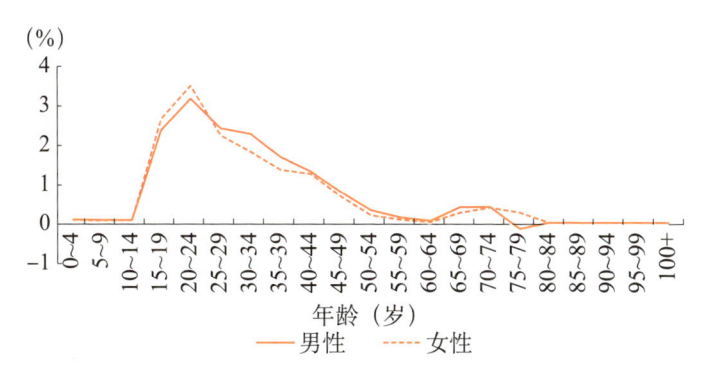

第三章 应对"渐富快老"社会结构的公共政策研究——以浙江省为例

图 3.4 浙江省常住人口 2021—2080 年流迁模式

人口的 21.7%。据此，我们可以计算十年间浙江省人口净流入的数量，但仍没有考虑人口净迁移数量，即十年间落户浙江省的人口数量与户口从浙江省移出数量的差值。我们根据"七普"统计的常住人口数量的结果，基于人口流迁模式的年龄移算思想，在考虑十年间人口净流入的前提下，估计了在没有人口迁移的情况下，2010—2020 年浙江省人口净流迁情况，并基于未考虑迁移的人口总量与"七普"显示实际常住人口数量的差，估算十年间的净迁移人口。测算结果显示，浙江省在此十年间每年平均净流迁入人口数量达到 82.44 万人。考虑到浙江省以阿里巴巴为代表的互联网产业崛起并高速发展为浙江省人口跨省流迁入提供了新的拉力和动能，这一测算结果具有一定的现实客观性。

据此，本节以 2010—2020 年间人口净流迁率为基础，对浙江省 2020—2080 年的人口净流迁率进行了预测。本节以测算的 2020 年浙江省净流迁率为预测起点，并设定 2021—2045 年间浙江省人口净流迁率从起点值线性下降为流迁平衡状态。原因是在 2050 年左右，浙江省社会经济已经十分发达，不再需要很强的人口流入以补充经济社会发展所需的劳动力，此时浙江省将为流动人口居留落户设置更高门槛，人口净流迁率会有一个缓慢的回落。此外，由于未来中国人口面临的潜在负增长趋势，可以流向浙江省的外省人口规模也在逐渐缩小。

浙江省 2010 年的出生性别比为 118.36。在出生性别比这一参数的设定上，本节假定在未来长期内，浙江省的人口性别比会逐渐趋于正常平衡值 105，并假定这一过程呈现线性变化。此外，在年龄别死亡率这一参数的设定上，参考先前研究，本节应用联合国模型生命表中的西区死亡模式，结合本节设定的平均预期寿命，计算历年浙江省年龄别死亡概率。

（三）研究方法

本节利用 2020 年浙江省第七次人口普查所公布的最新的人口数据作为人口底数，基于队列要素分析法对 2021—2080 年浙江省常住人口进行动态预测。本节还运用比较静态分析方法分析不同人口、经济、社会政策条件下，浙江省人口发展变动情况与人口结构情况，从而实现公共政策动态仿真，确定利于浙江省人口长期发展、优化人口结构的最优公共政策组合。

三、浙江省人口发展的政策仿真与动态阐述

（一）浙江省 2021—2080 年人口变动特点分析——基于中方案的分析

本节通过分析 2021—2080 年浙江省年龄别常住人口的变化趋势来归纳浙江省常住人口变动的数量特点，并通过人口金字塔、劳动力适龄人口与老年人口抚养比的变化趋势来分析 2021—2080 年浙江省人口年龄结构变化趋势，系统阐释浙江省 2021—2080 年人口变动的结构特点，整体把握浙江省未来以超老龄化为主要特征的人口变动过程。

通过对在生育率中方案下浙江省 2021—2080 年的人口数量的动态预测（见图 3.5）可知，从人口数量变动的角度出发，从"十四五"时

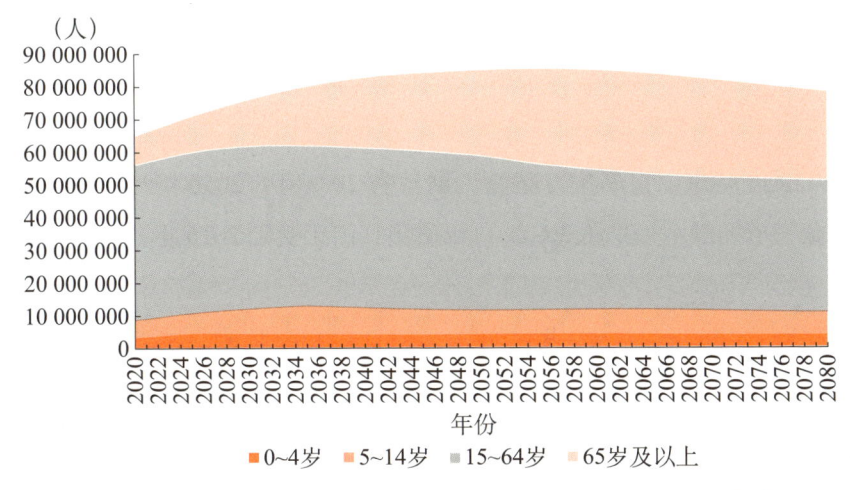

图 3.5 浙江省年龄别常住人口数量动态预测图（2020—2080 年）

期到 2080 年间，浙江省的常住人口数量基本呈现先增长后下降趋势。针对人口规模的持续变动，Keyfitz（1971）首次提出人口惯性（the momentum of population growth）概念，其描述了当生育率下降后，人口粗出生率仍将由于育龄女性的较大规模而保持较高水平的现象。Coale（1982）在分析人口增长与人口政策时，提出了人口增长动量的相关原理，之后国内人口学界将其转译为"人口增长惯性"，并一直沿用至今。查瑞传（1982）与茅倬彦等（2018）指出，人口惯性除了当前表现出的人口增长的惯性，随着人口负增长的进程还会出现人口减少的惯性。对浙江省而言，人口规模先持续提升、后持续下降的变动趋势也体现了浙江人口正从由生育高峰带来的正惯性向由人口政策与社会经济发展带来的负惯性转变。具体而言，在人口增长阶段，浙江省主要存在因流动人口迁入与总和生育率提升呈现的增长趋势。从年龄结构出发，0～4岁组、5～14岁组人口数量的提升代表了出生人口数量的提升，而15～64岁组人口数量的提升同时受到人口流入与出生水平的影响，65岁及以上年龄组人口数量的提升则与劳动适龄人口存量的不断累积和平均预期寿命的提升有关。而在人口下降阶段，浙江省因为人口年龄结构改变、人口政策生育水平较低而累积的人口减少的惯性开始发挥作用，使得即使恢复较高的生育水平，浙江省也将面临0～59岁人口规模和总人口规模的持续下降。

通过对在生育率中方案下，浙江省2035年、2050年与2080年人口金字塔的展示（见图3.6），可以看出：由于受到2016年"全面二孩"

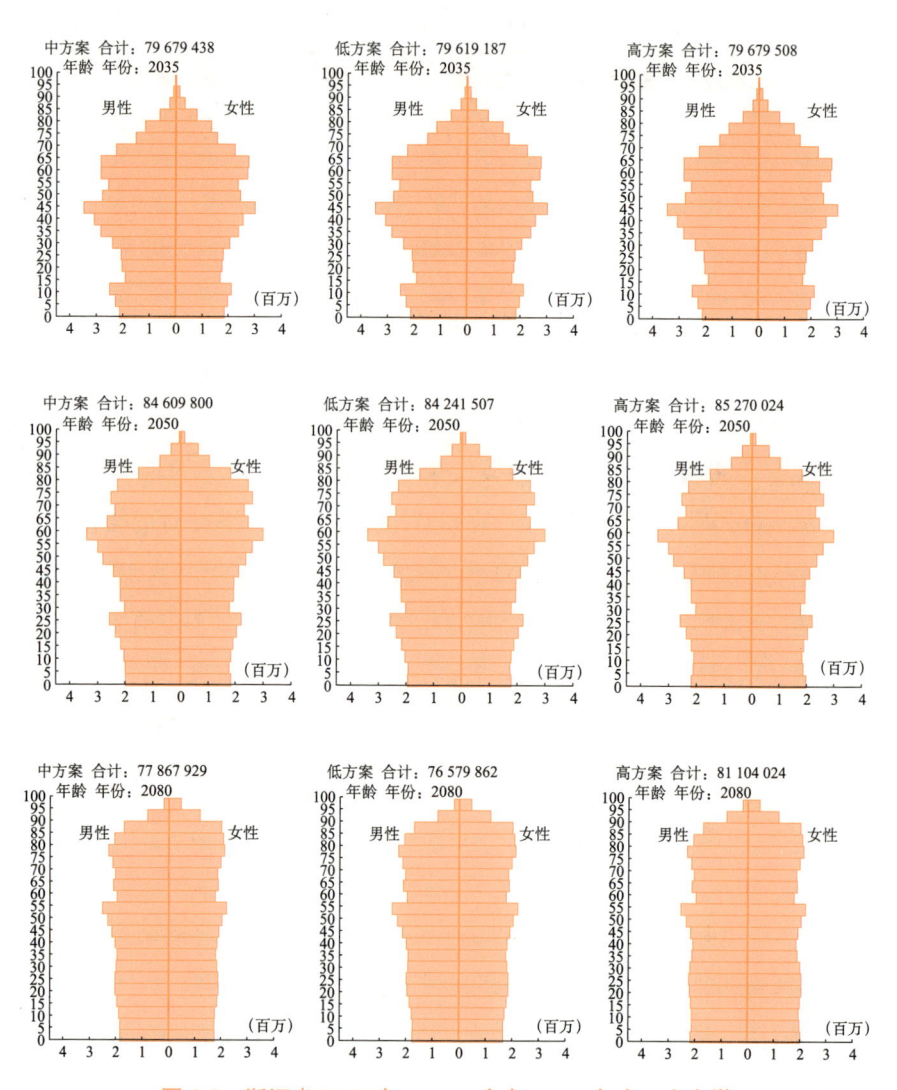

图3.6 浙江省2035年、2050年与2080年人口金字塔

政策实施以及2021年"全面三孩"政策实施的影响，在2035年，浙江省的人口金字塔在5岁以下的低龄组中的比例呈现了一定的扩张趋势，但10～30岁年龄组人口占比仍然较低。人口金字塔呈现中低部"瘦腰"的形态。到2035年，随着浙江省经济发展水平的提升，总和生育率也逐步回升，人口金字塔的"瘦腰"状态得到一定程度的缓解。到2050年，中高龄组的人口占比明显提升，人口金字塔的头部宽大，塔尖部分向80岁及以上高龄组传递。此时，浙江省的超老龄化程度接近峰值，整个浙江省50～70岁组的中老年人口占全年龄段人口的比重较高。到了2080年，随着社会高龄组老年人口的不断退出以及放宽生育政策的持续影响，人口金字塔呈现纺锤形，各个年龄组的分布相对均衡，金字塔底部相比2050年有所变宽，浙江省的人口结构与2050年相比趋于相对年轻化，人口超老龄化程度相比2050年有所缓解。

图3.7展示了在生育率中方案下，80岁及以上老年人口占比、65岁及以上老年人口占比、60岁及以上老年人口占比以及65岁及以上老年人口抚养比的变动趋势。65岁及以上老年人口抚养比的定义为65岁及以上老年人口占劳动适龄人口的比重。可以看出，浙江省65岁及以上老年人口抚养比在2021年后会呈上升趋势，至2066年达到峰值，2066年后从74.1%缓慢下降到67.4%；浙江省65岁及以上老年人口占比的变动趋势与老年人口抚养比基本同步，其在2066年达到峰值36.60%；浙江省60岁及以上老年人口占比的变动趋势与65岁及以上老年人口占比类似，其在2062年便先达到峰值42.0%。浙江省80岁及以上高龄人口占比会在2079年达到峰值19.2%，并于2080年开始缓慢下降。总体而言，浙江省自"十四五"时期以后的30～35年内，仍然会处于一个持续的老龄化阶段，其中在2050年之前处于一个快速老龄化的阶段，在2051—2065年间老龄化速度有所放缓，但老龄化进程仍在持续，最终在2066年达到浙江省人口老龄化的顶峰。在2066—2080年间，浙江省的人口老龄化程度会有所缓解。人口高龄化现象也伴随着人口老龄化

进程同步显现，并随着预期寿命的提高在未来呈现越来越明显的高龄化趋势。

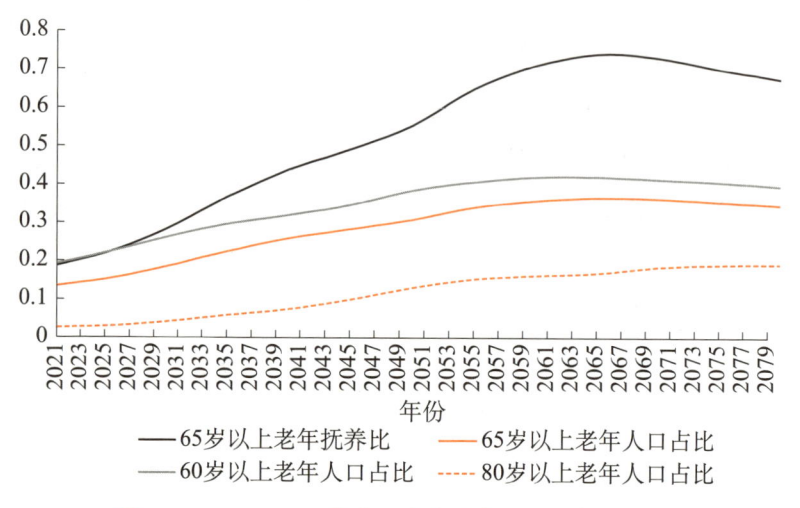

图 3.7　2021—2079 年浙江省常住人口老龄化进程趋势

按照联合国的定义，当一国或地区 65 岁及以上人口数量占总人口比例超过 20% 时，该国或地区即进入超老龄化社会①。从图 3.7 中可以看出，2032 年后，浙江省将持续处于超老龄化阶段。这说明在"十四五"时期及之后的长期中，人口超老龄化是浙江省人口变动的最大特点。为了应对浙江省人口超老龄化带来的具体问题，浙江省需在"十四五"时期着眼未来 40 年的持续的人口老龄化进程，为浙江省社会经济的可持续发展做好相关的政策规划铺垫。

本节在对浙江省的超老龄化进程的人口变动仿真中发现，浙江省在老龄化程度不断加深的长期进程中，劳动年龄人口规模将呈现先上升后下降的过程。由图 3.8 中的浙江省劳动适龄人口数量变动趋势可知，伴随着人口年龄结构的推移，在 2030 年之前，浙江省的老龄化进程与劳

---

① http://world.people.com.cn/n/2015/0721/c1002-27334237.html.

动适龄人口的储备过程并存。在 2030 年后，随着历史生育率水平的改变，浙江省劳动年龄人口存量会呈现分阶段的下降趋势。在 2035—2050 年间，由于生育政策改变引起的规模扩大的出生队列步入劳动年龄，劳动年龄人口存量的下降幅度有所减小。而且伴随着 1970—1980 年代出生队列进入老年，劳动年龄人口规模下降速度呈现加速趋势。2055 年后，浙江省劳动年龄人口规模的下降速度会因进入老年队列的人口数量下降而减缓。虽然劳动年龄人口规模在未来将呈现下降趋势，但是浙江省在中长期内并不会出现劳动力数量短缺的问题。首先，在生育率中方案下，2050 年，浙江省劳动年龄人口在 4 700 万人以上，规模仍然庞大。其次，随着浙江省乃至全国范围的技能偏向型技术进步与人工智能技术的发展，劳动生产率会再度提升，这意味着浙江省在未来的 60 年中不仅不会出现劳动力这一要素短缺的问题，还会因劳动力技能提升促成的人力资本存量提升，助力经济高质量发展。

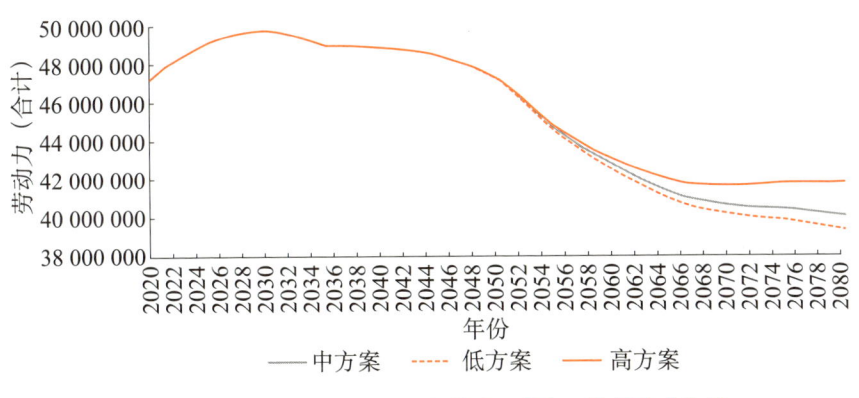

图 3.8 2020—2080 年浙江省劳动适龄人口数量变动趋势

（二）浙江省 2021—2080 年人口发展系列政策仿真

在对浙江省 2021—2080 年人口变动趋势与特点进行分析归纳后，本节对于促进浙江省未来长期内人口发展的一系列人口政策、社会经济政策与健康干预政策效果进行动态仿真,以便为浙江省"十四五"时期的人口发展战略规划提供经验遵循。

1. 生育率变化的预测和政策仿真研究

生育率是影响人口发展的最重要的人口参数,对生育率变化的预测对于动态分析浙江省人口发展意义重大。本节依照前文关于浙江省妇女总和生育率与年龄别生育率的高、中、低三种方案的设定,对浙江省未来的生育率变化进行预测和政策仿真研究。

当前,中国处于"全面三孩"的生育政策框架下,妇女的多孩生育率较之前获得了有效提高。积极的生育政策,如全面放开生育,会使得生育条件达到人口模型设定的高方案要求,即浙江省总和生育率在2046年会达到高于自然更替水平的2.12。较为稳定的生育政策,如分阶段、分条件地放开生育,会使得生育条件达到人口模型设定的中方案要求,即本课题组预设的一般方案,在2035年总和生育率达到1.95。较为保守的生育政策,如未来长期内仍保持"全面三孩"政策,会使得生育条件达到人口模型设定的低方案要求。图3.9展示了高、中、低三种生育方案设定下的浙江省未来的人口出生数量变动情况,图3.10展示了浙江省常住人口粗出生率(CBR)、粗死亡率(CDR)与人口自然增长率(RNI)变动,从中可以直观地看出不同的生育政策对未来浙江省人口发展的直接影响。具体如下:

受到粗生育率与粗死亡率变动的综合影响,浙江省的人口自然增长率会在2021—2080年间长期呈现下降态势。在高生育方案下,浙江省人口自然增长率会于2061年由正转负。在中生育方案下,浙江省人口自然增长率会于2058年由正转负。在低生育方案下,浙江省人口自然增长率会于2057年由正转负。

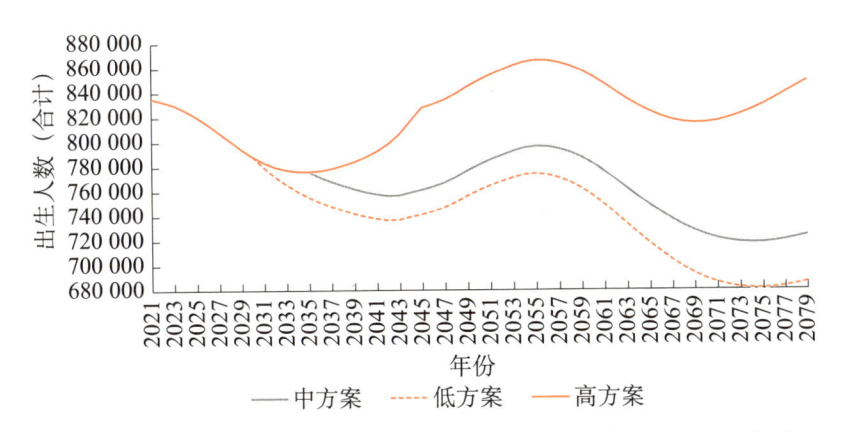

第三章 应对"渐富快老"社会结构的公共政策研究——以浙江省为例

图 3.9 多种生育率变化模式下浙江省出生人数对比（2021—2079 年）

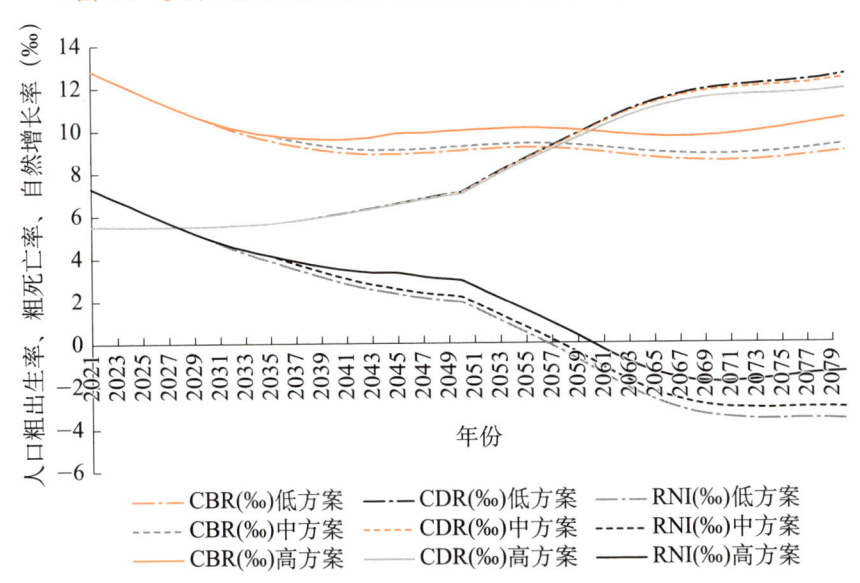

图 3.10 多种生育率变化模式下浙江省常住人口粗出生率、粗死亡率、自然增长率预测（2021—2079 年）

生育政策会影响浙江省的人口自然增长率，进而影响浙江省常住人口数量。在高、中、低三种方案的生育率设定下，浙江省常住人口变动趋势如图 3.11 所示。可以看出：2035 年，在三种生育方案下，浙江省常住人口总量为 7 962 万人至 7 968 万人。2050 年，在三种生育方案下，浙江省常住人口总量会达到 8 424 万人至 8 527 万人。2080 年，基于高生育率方案，浙江省

· 105 ·

常住人口会回落到 8 110 万人；基于中生育率方案，浙江省常住人口会回落到 7 787 万人；基于低生育率方案，浙江省常住人口会回落到 7 658 万人。

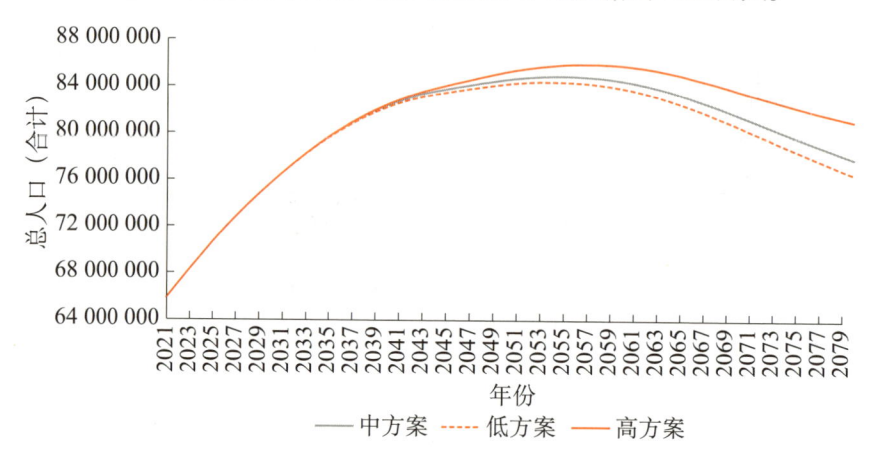

图 3.11　多种生育条件下浙江省常住人口变动趋势（2021—2079 年）

生育政策也会间接影响地区的老龄化程度。由图 3.12 可以看出：在 2050 年之前，不同生育政策对浙江省老年人口抚养比的影响变化不大，这是由于人口老龄化的惯性造成的。在 2050 年以后，随着出生人口的累积效应不断显现，三种不同水平的生育条件会对浙江省的人口老龄化率产生显著影响。在 2080 年，高生育方案下浙江省 65 岁及以上老年人口抚养比与低生育方案相比，会降低 4 个百分点左右。

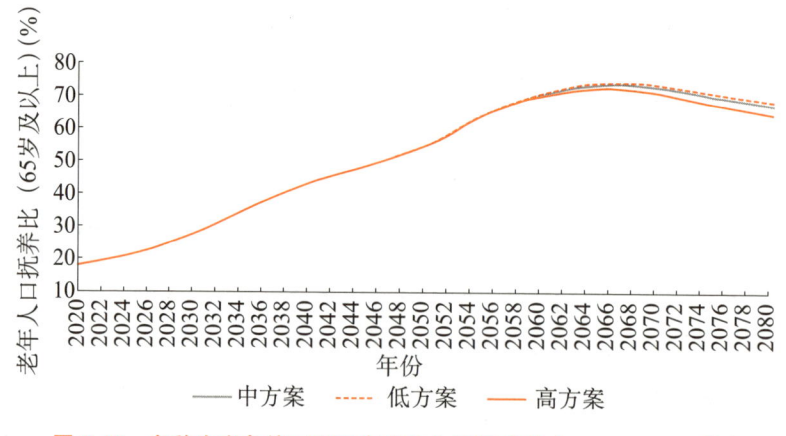

图 3.12　多种生育条件下浙江省老年人口抚养比（2020—2080 年）

第三章 应对"渐富快老"社会结构的公共政策研究——以浙江省为例

人口年龄中位数相比老年人口抚养比，可以更好地帮助识别浙江省人口的整体性年龄结构变化。由图 3.13 可以看出：在 2035 年之前，不同生育政策对浙江省人口年龄中位数的影响变化不大；在 2050 年，低生育方案下浙江省人口年龄中位数在 50.12 岁，中生育方案下浙江省人口年龄中位数在 49.94 岁，高生育方案下浙江省人口年龄中位数在 49.62 岁；在 2080 年，低生育方案下浙江省人口年龄中位数在 50.82 岁，中生育方案下浙江省人口年龄中位数在 50.07 岁，高生育方案下浙江省人口年龄中位数为 48.15 岁。总体而言，更高的生育水平有利于浙江省人口年龄结构年轻化，缓解人口老龄化的压力。

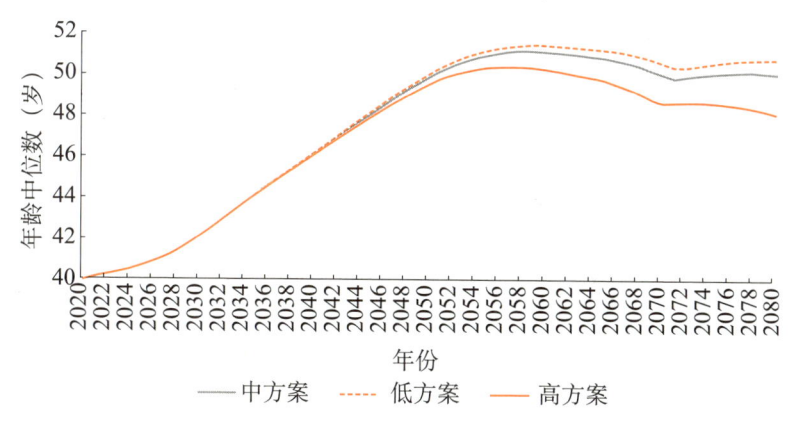

图 3.13 多种生育条件下浙江省常住人口年龄中位数（2020—2080 年）

除了老年人口抚养比，少儿抚养比同样可以反映劳动适龄人口的抚养压力。由图 3.14 可以看出，与低生育方案相比：2035 年高生育方案下浙江省少儿抚养比没有明显变化；2050 年高生育方案下浙江省少儿抚养比会高出 2 个百分点；2080 年高生育方案下浙江省少儿抚养比会高出 3 到 4 个百分点。较高的生育水平一定程度上也增加了社会对于儿童抚养的相关压力。

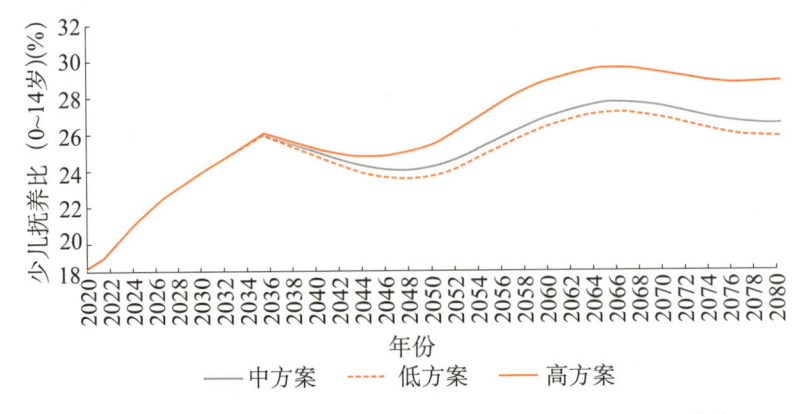

图 3.14　多种生育条件下浙江省少儿抚养比（2020—2080 年）

综合上述生育政策动态仿真结果可以看出，高水平的生育率可以有效提升浙江省的人口出生数量与人口自然增长率，增加浙江省的常住人口数量，有效缓解 2035 年以后浙江省超老龄化程度，促进劳动适龄人口数量提升。

2. 净流迁率变化的预测和政策仿真研究

基于对人口净流迁的参数设定，本节实现了浙江省人口净流迁率变化的预测和迁移政策的动态仿真。在全国范围内未来人口老龄化、人口增速放缓的大趋势下，浙江省需要从"十四五"时期实施更为强有力的人口迁移政策，以维持目前相对高水平的浙江省人口机械增长。图 3.15 展示了现有开放人口假定条件下，浙江省人口净流迁入数量。可见，在现有的设定下，浙江省在未来 40 年中的人口净流迁入基本保持稳定的下降态势，2044 年及之后人口净流迁入速率下降为 0。2035 年，浙江省净流入人口下降为 34.47 万人。

为了能够凸显浙江省未来人口迁移政策的总体效果，本节基于比较静态分析思想，同时预测了在"封闭人口"的假定下，浙江省人口变动的主要特点规律，以对比分析迁移政策对于浙江省人口变动的显著影响。从图 3.16 中可以看出，若浙江省没有外来人口流入，则浙江省常住

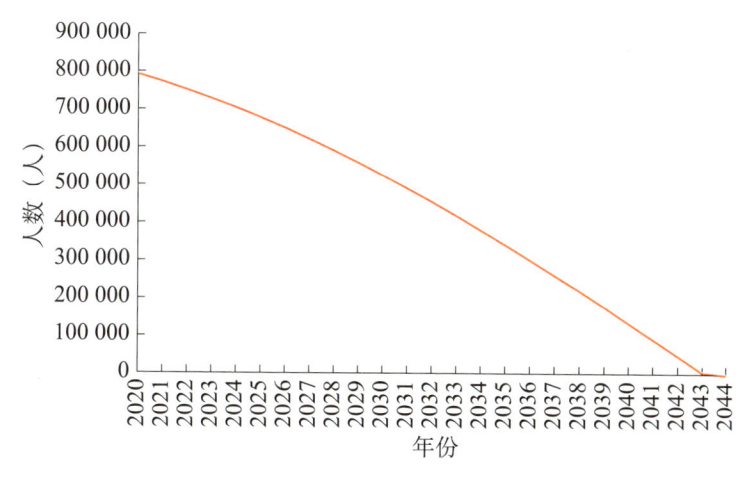

图 3.15　开放人口条件下浙江省人口净流迁入数量（2020—2044 年）

人口数量会在 2050 年之前缓慢增加，但是在 2050 年以后，浙江省会出现人口负增长状况，在 2050—2080 年间浙江省常住人口规模会减少约 1 000 万人。

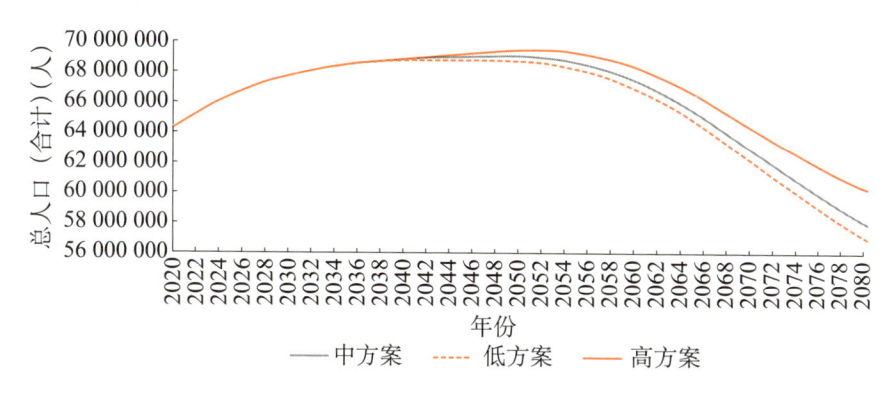

图 3.16　封闭人口条件下浙江省常住人口数量变动趋势（2020—2080 年）

总体来看，在采取迁移政策的假定条件与封闭人口的假定条件对比下，到了 2080 年，浙江省的总人口数量前者会是后者的 2 倍以上。外省人口的流入仍然是未来浙江省人口增长的重要动力之一。

除了人口总量，浙江省的人口结构也会因人口流入得到极大的改善。封闭人口条件下浙江省的老年人口抚养比变动趋势如图 3.17 所示。在封闭人口条件下，浙江省常住人口的老年人口抚养比会在 2060 年达到约 93%，这说明若浙江省没有人口流入，那么到 21 世纪中叶，浙江省 65 岁及以上的老年人口会与浙江省 15～64 岁的劳动适龄人口数量几近持平，全省将呈现极度的人口老龄化状态。而人口居留落户鼓励政策会使得浙江省未来的人口流动强度提升，浙江省的超老龄化现象与人口结构明显得到优化，浙江省全省常住人口的老年人口抚养比峰值仅在74.1% 左右。所以，浙江省应着力于保持现有的居留落户鼓励政策强度与外来人口吸引力，实施积极的人口流动迁移政策，吸引其他省份的人口流入，保证较高的人口净流迁水平。

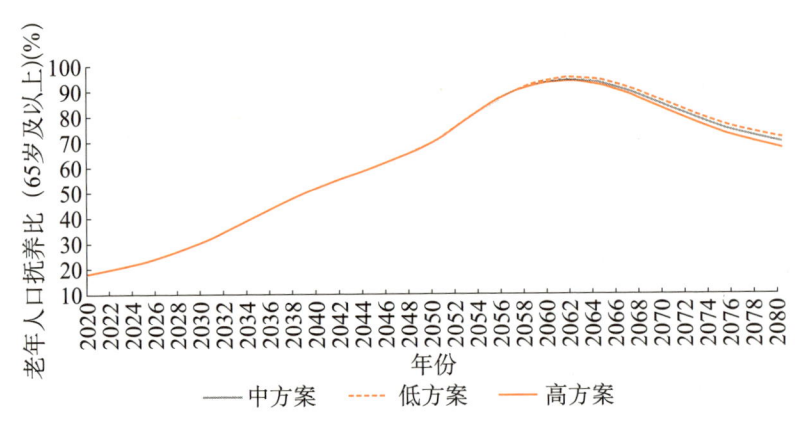

图 3.17　封闭人口条件下浙江省老年人口抚养比变动趋势（2020—2080 年）

3. 教育政策

通过前面的分析可知，在保证现有人口迁移模式的情况下，浙江省在未来 60 年内仍然可以挖掘利用数量型人口红利。但是，教育政策可以助力浙江省进一步提升人力资本存量，发掘质量型人口红利。本节考虑从 D. Baerlocher, S. L. Parente, E. Rios-Neto（2019）的理论模型出发进行分析——其通过包含资本与劳动两个生产要素的柯布-道格拉斯生产函数，将包含全要素生产率 A、资本 K 与劳动力 L 三者投入要素内生化，形成了包含人口数量、人口结构与人口质量因素的内生增长模型，来分析人口红利对经济增长的影响。理论模型推导如下：

$$Y_{it} = A_{it} K_{it}^{\alpha} H_{it}^{1-\alpha} \tag{3-6}$$

$$h_{it} = e^{\theta s_{it}} \tag{3-7}$$

$$\tilde{y}_{it} = A_{it} k_{it}^{\alpha} h_{it}^{1-\alpha} \tag{3-8}$$

$$y_{it} = \tilde{y}_{it} \frac{L_{it}}{N_{it}} = A_{it} k_{it}^{\alpha} h_{it}^{1-\alpha} \frac{L_{it}}{N_{it}} \tag{3-9}$$

$$\frac{\dot{y}_{it}}{y_{it}} = \frac{\dot{A}_{it}}{A_{it}} + \alpha \frac{\dot{k}_{it}}{k_{it}} + (1-\alpha)\Delta s_{it} + \frac{\dot{L}_{it}}{L_{it}} - \frac{\dot{N}_{it}}{N_{it}} \tag{3-10}$$

$$\frac{\dot{A}_{it}}{A_{it}} = \delta + \rho s_{i,t-1} + \mu y_{i,t-1} - \mu \ln wa_{i,t-1} - \mu \ln p_{i,t-1} \tag{3-11}$$

$$\frac{\dot{y}_{it}}{y_{it}} = \delta + \rho s_{i,t-1} + \mu y_{i,t-1} - \mu \ln wa_{i,t-1} - \mu \ln p_{i,t-1}$$
$$+ \alpha \frac{\dot{k}_{it}}{k_{it}} + (1-\alpha)\Delta s_{it} + \frac{\dot{L}_{it}}{L_{it}} - \frac{\dot{N}_{it}}{N_{it}} \tag{3-12}$$

本节考虑运用此理论模型，来计算浙江省未来采取的教育政策对浙江省经济增长的贡献度，即提升浙江省未来人均受教育年限与人力资本存量，发掘质量型人口红利的经济贡献度。

根据钟水映等（2016）运用广义矩估计模型（GMM）针对此理论模型的参数估计结果，在给定受教育程度绝对与相对水平下，人口数量每降低 1%，人均 GDP 增速下降的相关弹性表现为：

$$Ep = 2.971 - 0.107 \times \Delta s_{it} - 0.295 \times s_{i,t-1} \tag{3-13}$$

式（3-13）形象地表明了质量型人口红利对于数量型人口红利的替代作用，并且展示了质量型人口红利的经济贡献度。根据浙江省统计年鉴测算，2016 年浙江省人均受教育年限为 9.19 年。假定浙江省人均受教育年限每年以 logistic 变动模式增长（如图 3.18 所示），至 2050 年人均受教育年限将达到 12.0 年。根据预测结果，至 2080 年浙江省人均受教育年限会缓慢上升至 13.0 年。人均受教育年限越长，浙江省质量型人口红利对数量型人口红利的替代作用便越强。

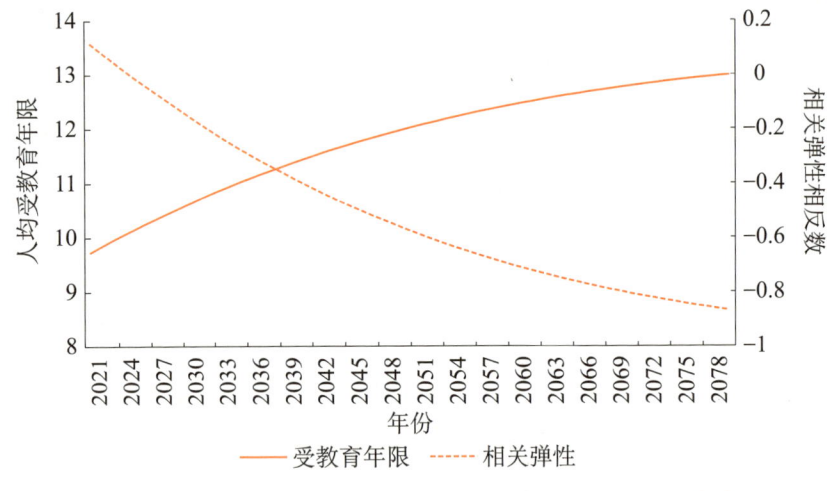

图 3.18 浙江省质量型人口红利动态仿真（2021—2078 年）

经过计算，到 2025 年，由于教育水平的相对量与绝对量的提高，浙江省的质量型人口红利将表现出比数量型人口红利对经济增长更强的贡献。到 2080 年，因为技术进步以及社会文明程度的高度提升，质量型人口红利对于经济增长的贡献度将达到 2035 年的 3.2 倍。根据对浙江省人口受教育程度的预测，2025 年浙江省人均受教育年限可达到 10.15 年，2035 年浙江省人均受教育年限可达到 11.03 年。此外，根据 2021—2080 年的人口数量动态仿真结果，2021—2080 年间浙江省常住人口数量仍一直处于上升态势。这意味着，在"十四五"时期，虽然浙江省将面对经济增长动力的转变，但是浙江省质量型人口红利与数量型人口红利这两类经济增长的动力仍然并存。2080 年浙江省的常住人口将为 2021 年的 2.47 倍。而若浙江省的受教育程度按照本节所述的教育提升政策仿真设定与计算，到 2050 年浙江省常住人口人均可以达到高中毕业的受教育程度，到 2080 年浙江省常住人口将基本能够达到大专普及的受教育程度，此时浙江省的质量型人口红利作为经济增长的最重要的动力，将与数量型人口红利共同作用，推动浙江省未来的经济社会发展。

4. 健康促进干预政策

除了教育水平，健康水平也是衡量人口质量发展的另一个重要维度。《"健康中国 2030"规划纲要》为浙江省"十四五"时期到 2030 年间的人民健康发展提出了明确的要求。[①] 本节将通过对浙江省未来采取的健康促进干预政策进行动态仿真，来推算 2021—2080 年浙江省人口健康状况的变动趋势。

由于具体的健康促进干预政策形式十分丰富，所以本节在进行政策仿真时，仅针对政策执行的效果进行动态仿真。本节假定在一系列健康干预政策影响下，平均预期寿命依照非线性增长模式变化，至 2035 年，男性人均预期寿命达到 85 岁，女性人均预期寿命达到 90 岁；至 2050 年，男性人均预期寿命达到 90 岁，女性人均预期寿命达到 95 岁。从健康维度出发，我们选取 ADL 量表作为衡量浙江省老年人健康水平的标准，设定 ADL 量表中有一项做起来有困难的为半失能状态，有一项做不了的为失能状态。根据国家老龄委 SSAPUR 2015 数据，浙江省 60 岁及以上老年人口（半）失能率为 5.37%。考虑到随着年龄老化，人口的粗失能率有提升趋势，本节设定在健康促进干预下，浙江省老年人口（半）失能率能够在 2020—2080 年间维持在 5.37% 的水平上。在此条件下，本节对浙江省 60 岁及以上老年人口数量与失能老人数量进行了动态仿真。

由图 3.19 可见，虽然浙江省的老龄化程度在未来长期内会出现先上

---

① http://www.xinhuanet.com/politics/2016-10/25/c_1119785867.htm.

升后下降的趋势，但是由于人口基数的增大与预期寿命的提高，60 岁及以上老年人口的数量总体呈现上升趋势。而失能老年人数量伴随着健康干预政策的实施，也会呈现先上升后下降的变化趋势，失能老年人数量会从"十四五"时期之初的 68.1 万人增加至 2061 年的 190.0 万人，随后在 2080 年下降到 160.0 万人。

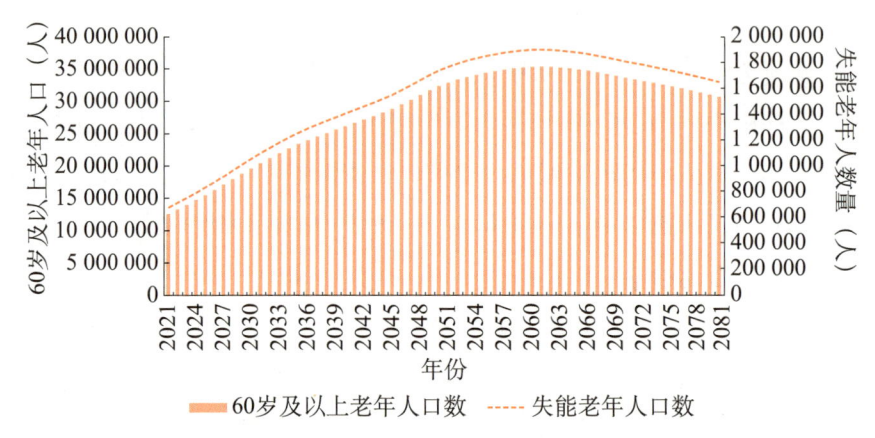

图 3.19　浙江省 60 岁及以上老年人口数量与失能老年人数量变动趋势
（2021—2081 年）

四、结论、讨论与政策建议

（一）结论与讨论

（1）根据对影响浙江省人口发展要素变化情况的分析，总体而言，浙江省人口自然增长率在 2050 年前缓慢上升，在 2050—2080 年间呈现先升后降的变动趋势。

根据本节所述，到 2025 年，浙江省当年新生人口数将达到 82.04 万人，人口粗出生率将达到 11.71‰，人口粗死亡率为 5.49‰，人口自然增长率将达到 6.22‰，当年人口净流迁规模为 70.78 万人。

到 2035 年，浙江省当年新生人口数在高生育条件与中生育条件下将达到77.59万人，在低生育条件下将达到75.52万人。人口粗出生率在高生育条件与中生育条件下将达到9.78‰，在低生育条件下将达到9.53‰。人口自然增长率在高生育条件与中生育条件下将达到4.14‰，在低生育条件下将达到3.89‰。人口粗死亡率将达到5.64‰。当年人口净流迁规模为38.37万人。

到2050年，浙江省当年新生人口数在高生育条件下将达到84.92万人，在中生育条件下将达到78.15万人，在低生育条件下将达到76.05万人。此外，浙江省人口粗出生率将处于9.03‰至9.97‰区间，人口粗死亡率将处于7.01‰至7.09‰区间，人口自然增长率将处于1.94‰至2.96‰区间，当年人口净流迁实现平衡。

到2080年，浙江省当年新生人口数在高生育条件下将达到85.26万人，在中生育条件下将达到72.62万人，在低生育条件下将达到68.74万人。此外，浙江省人口粗出生率将处于8.95‰至10.50‰区间，人口粗死亡率将处于11.88‰至12.56‰区间，人口自然增长率将处于-3.61‰至-1.38‰区间。

（2）受浙江省生育水平、迁移水平与平均预期寿命的影响，2021—2080年间浙江省常住人口规模将呈现先升后降的趋势。

根据本节所述，从"十四五"时期到2080年间，浙江省的常住人口基本呈现先增长后下降的趋势，其中既存在因流动人口迁入呈现的增长趋势，又存在因总和生育率提升呈现的增长趋势。到2025年，浙江省常住人口数量将达到7 061万人。到2035年，浙江省常住人口数量在高生育条件与中生育条件下将达到7 968万人，在低生育条件下将达到7 962万人。随着育龄妇女数量的增加，到2050年，浙江省常住人口数量在高生育条件下将达到8 527万人，在中生育条件下将达到8 461万人，在低生育条件下将达到8 424万人；到2080年，浙江省常住人口数量在高生育条件下将达到8 110万人，在中生育条件下将达到7 787万人，在低生育条件下将达到7 658万人。

（3）针对浙江省人口年龄结构特征分析，2021—2080年间，浙江省老年人口抚养比会呈现先上升后下降的趋势，劳动年龄人口占比将呈现先下降后上升的趋势。

在2050年之前，不同生育政策对浙江省65岁及以上老年人口抚养比的影响变化不大，这是由于人口老龄化的惯性造成的。浙江省65岁及以上老年人口抚养比在2025年将为31.91%，2035年为36.55%，2050年为55.17%。在2050年以后，随着出生人口的累积效应不断显现，三种不同水平的生育条件会对浙江省的老年人口抚养比产生显著影响。2066年是浙江省65岁及以上老年人口抚养比的拐点，将达到74.06%的峰值。到2080年，浙江省老年人口抚养比为67.35%。

从总量上看，浙江省15～64岁劳动年龄人口总量在2025年为4 916万人，2035年下降至4 889万人，2050年继续下降至4 711万人，2080年下降至4 006万人。就总量而言，浙江省劳动适龄人口规模虽然在未来有所下降，但仍处于相对较高的水平，规模仍然庞大。从结构上看，浙江省劳动年龄人口占比在2021—2068年间将呈现持续下降趋势，在2069—2080年间呈现小幅度的回升趋势。

（4）针对浙江省人口老龄化、高龄化和不同健康水平的长寿化问题，浙江省在"十四五"时期及未来长期内仍将面临人口老龄化问题，并且将长期存在超老龄化现象。在人口健康质量变动方面，浙江省未来长期内失能人口数量会呈现先上升后降低的趋势，浙江省人口健康预期寿命较"十四五"初期也会显著提升。

总体而言，浙江省低龄与高龄老年人口占比均呈现先上升后下降的趋势。浙江省60岁及以上老年人口占比在2062年先达到峰值42.01%，65岁及以上老年人口占比在2066年达到峰值36.59%，80岁及以上老年人口占比在2079年达到峰值19.18%。

浙江省失能老年人口规模会呈现先上升后下降的变动趋势。到2025年，浙江省失能老年人口规模为83.53万人，这一数量到2035年上升至

126.07万人，到2050年上升至173.97万人。2061年，浙江省失能老年人口规模上升至190.05万人的峰值后开始逐步下降。到2080年，浙江省失能老年人口规模下降到164.98万人。

（5）在"十四五"时期，虽然浙江省将面临经济增长动力的转变，但是浙江省质量型人口红利与数量型人口红利这两类经济增长的动力仍然并存。在未来浙江省教育政策的影响下，浙江省的质量型人口红利作为经济增长的重要动力，势必会推动浙江省社会经济发展。

在2025年，由于教育水平的相对量与绝对量的提高，浙江省的质量型人口红利将体现出比数量型人口红利对经济增长的更强贡献。在2080年，因为技术进步以及社会文明程度的高度提升，此时质量型人口红利对于经济增长的贡献度将达到2035年的3.2倍。根据对浙江省人口受教育程度的预测，2025年浙江省人均受教育年限可达到10.15年，2035年浙江省人均受教育年限可达到11.03年。到2050年，浙江省常住人口人均可以达到高中毕业的受教育程度。到2080年，浙江省常住人口基本能够达到大专普及的受教育程度。

（二）政策建议

综合本研究得到的上述主要结论，本节对于浙江省"十四五"时期的人口发展规划提出以下五项政策建议。

（1）逐步全面放开生育，提升未来浙江省的人口自然增长率，进一步提供浙江省的人口增长动力，减缓浙江省未来的人口老龄化程度。"全面三孩"政策实施已经释放了一部分家庭的生育潜力，但是目前浙江省的总和生育率仍处于较低水平，有待进一步挖掘提升。建议浙江省从"十四五"时期开始，逐步实施生育友好型社会政策，进一步降低浙江省家庭的生育养育成本，直至浙江省的生育潜能得以逐步释放。

（2）继续大力鼓励人口跨省流入，有条件地放松浙江省的落户政策，完善浙江省的人才引进政策，吸引高技能劳动适龄人口流入或迁入浙江省发展，通过实现浙江省人口的机械增长来带动浙江省常住人口的增长，降低浙江省人口老龄化给经济社会带来的影响。

（3）提升教育水平，增加人力资本存量，充分挖掘浙江省质量型人口红利。不断提高基础教育教学质量，进一步提升浙江省内高等教育覆盖率，逐步提升浙江省人口平均受教育年限，提升浙江省人口平均教育水平、文明程度与核心竞争力，提升浙江省的综合人口素质，从质量上保证浙江省未来长期内的人口安全，为浙江省的经济社会可持续发展提供人才这一第一动力。

（4）随着未来浙江省平均预期寿命的提升，应该对老年人口的年龄标准进行重新定义，改变对于老年人口的固有认识。将现有的60岁作为老年人口的年龄起点适当延后，拓展老年人口的生活空间与选择，鼓励低龄老年人口在健康状况可及的前提下实现"再就业"，并逐步规划延迟不同行业的退休年龄，以充分挖掘浙江省内老年人力资本，降低浙江省老年人口抚养比，在促进老年人口自我价值实现的同时，缓解人口老龄化带来的社会经济压力。

（5）积极响应"健康中国2030"目标，在"十四五"时期提出适合浙江省的更高水平的人口健康的具体举措，并做好未来长期内提升居民健康水平的长期目标设置与规划，着力提升浙江省人口的平均预期寿命与健康预期寿命，降低浙江省老年人口的失能率与伤残患病率，提升医疗技术水平，以应对未来即将进入的人口老龄化社会。要优先并重点解决未来浙江省内失能老年人口的照护问题，推动浙江省长期护理服务水平的提升，提前为未来30年失能老年人口规模逐步扩大所带来的老年照护压力做好规划与准备，满足失能老年人口在生命最后阶段的基本需求。

第二节　浙江省高质量发展路径研究——基于人才驱动视角

一、引言

习近平总书记在十九大报告中做出"我国经济已由高速增长阶段转向高质量发展阶段"的重要论断，高质量发展成为当前乃至未来中国区域建设的主题。浙江省作为中国沿海地区的经济强省以及"绿水青山就是金山银山"生态文明理念的发源地，其经济增长方式已然从数量型增长转向质量效益型增长。为了促进未来浙江省实现更高质量的发展，需要深刻把握人才要素在"转变发展方式、优化经济结构、转换增长动力"过程中发挥的重要动力作用。宁吉喆（2020）指出，伴随未来中国劳动年龄人口数量下降、资源环境约束强化，迫切需要从"规模扩张"转向"质量提升"、从"要素驱动"转向"创新驱动"，以实现高质量发展。[①] 人才作为创新驱动的第一资源，对于浙江省的高质量发展具有重要意义。

本节拟从人才驱动的视角出发，基于上述浙江省第三次与第四次经济普查数据，科学分析浙江省人才规模变动趋势，归纳分析我国一线城市人才政策对浙江省人才政策制定的启示，并对新冠疫情后浙江省引进海外华人人才的机会与人才结构进行阐释。基于对浙江省人才状况的全面分析，本节通过科学评价浙江省高质量发展状况与高质量发展进程，测度浙江省人才规模变动对于高质量发展的作用强度，并对2021—2025年浙江省人才规模与人才驱动型高质量发展进行预测。

---

① http://dangjian.people.com.cn/n1/2020/1021/c117092-31900023.html.

本节基于大量公开数据实现人才驱动下浙江省高质量发展测度分析，并着重运用浙江省第三次与第四次经济普查数据来分析浙江省人才状况与高质量发展状况。本节运用了以下浙江省第四次经济普查数据表中的相关数据：《分地区企业R&D人员情况》《按地区分组的规模以上工业企业主要经济指标》《规模以上工业企业主要经济指标（大、中、小类行业）》《按行业大类分组的规模以上工业企业综合能源消费量》《信息传输、软件和信息技术服务业企业法人单位分地区主要指标》《科学研究和技术服务业企业法人单位主要指标》。本节运用了《浙江经济普查年鉴2013》中的相关数据，涉及如下数据表中的数据：《按行业小类分组的规模以上私营工业法人单位财务状况》《按地区、人员类型和职业类型分组的规模以上服务业企业从业人员》《按行业中类分组的规模以上工业法人单位R&D活动情况》《按地区、人员类型和职业类型分组的规模以上服务业企业从业人员》《按行业小类分组的规模以上工业法人单位从业人员》《按行业大类、地区分组的规模以上工业企业综合能源消费量》。

二、浙江省人才状况分析

把握浙江省人才状况对于浙江省的高质量发展至关重要。既往研究对于人才的定义主要从劳动力的受教育程度、劳动力的类型角度归纳。刘晔等（2019）选用谷歌学术中作者因子大于5的所有科研人员数量作为科研人才数。魏楚与沈满洪（2008）以拥有本科及以上学历的工业劳动力为浙江工业人才。仇梦华与张力跃（2019）以考取高级工、技师、高级技师职业资格证书作为浙江高技能人才的指标。《国家中长期人才发展规划纲要（2010—2020年）》（下称《纲要》）[①]中，首次将人才定义为党政人才、经营管理人才、专业人才、高技能人才、农村实用人才、

[①] http：//www.gov.cn/jrzg/2010-06/06/content_1621777.htm.

第三章 应对"渐富快老"社会结构的公共政策研究——以浙江省为例

社会工作专才的统称。其中六类人才并非互斥关系,其会存在彼此包含的情况。本节首先分析在《纲要》口径下的浙江省人才规模状况,进而利用第四次经济普查数据对浙江省科技人才状况进行分析。

(一)浙江省人才规模变动趋势分析

《纲要》口径下的浙江省人才规模并没有统一数据公布。本节通过对浙江省政务网发布的公报数据进行整理,获取了2010—2018年间浙江省人才规模的变动状况,如图3.20所示。可见,浙江省人才规模从2010年的652万人上升到2018年的1 286万人,人才规模基本呈现稳定上升的趋势。此外,由于劳动力的变化相对缓慢,浙江省人才占劳动力的比例呈现与人才规模变化相对一致的趋势。近年来,浙江省人才占劳动力的比例逐渐提升。2013年,浙江省人才占劳动力的比例首次超过20%,达到23.32%。2016年,浙江省人才占劳动力比例超过30%,达到31.27%。2018年,浙江省人才占劳动力的比例达到33.52%。

图3.20 2010—2018年浙江省人才规模变动趋势

资料来源:根据浙江省统计年鉴和政务网发布的公报数据整理。

(二)浙江省分产业、行业科技人才规模分析

在各类人才中,科技人才由于生产知识或知识性服务,对区域经济

发展具有重要意义。浙江省经济发展的主导产业为高技术产业，评价浙江省科技人才规模的变动及其对区域高质量发展的影响具有重要意义。本节着重于结合浙江省第三次与第四次经济普查数据来评价浙江省2013—2018年间人才规模变动趋势，将科技人才规模定义为第二产业科技人才与第三产业科技人才总数。其中，第二产业人才规模由规模以上工业企业法人数以及R&D人员数量来表征，第三产业人才规模由科学研究和技术服务业企业与信息传输、软件和信息技术服务业企业从业人员数量来代表。

由2018年浙江省第四次经济普查结果可知，浙江省二、三产业科技人才总数达1 644 087人。其中，第二产业科技人才数为555 087人，占比33.8%；第三产业科技人才数为1 089 000人，占比66.2%。第二产业有R&D活动的企业有16 505家，R&D人员共计51.35万人，R&D人员折合全时当量39.41万人，规模以上工业单位法人41 541人。第三产业中，信息传输、软件和信息技术服务业从业人员有57.4万人，科学研究和技术服务业从业人员有51.5万人。与2013年浙江省第三次经济普查数据相比，浙江省第二产业R&D人员总数增长52.3%，信息传输、软件和信息技术服务业从业人数增长近一倍（95.3%），科学研究和技术服务业从业人数增长71.5%，科技人才总数增长69.3%，第三产业人才占比与2013年的61.2%相比有所上升。

从分行业大类的视角来看，第二产业中，制造业科技人才规模占第二产业科技人才的99%以上，其中电气机械和器材制造业、通用设备制造业、燃料及化工制造业、汽车制造业人才数排名前列。电气机械和器材制造业2018年科技人才共76 923人，与2013年相比增加20 611人；通用设备制造业2018年科技人才共65 922人，与2013年相比增加17 276人；燃料及化工制造业2018年科技人才共53 865人，与2013年相比增加12 366人；汽车制造业2018年科技人才共49 035人，与2013年相比增加19 963人；纺织业、服饰及制鞋业、木材及家具制造业 R&D 研究人员数量增幅较大，与 2013 年相比均增加超过一倍。分地区来看，11 个地级市中，杭州市科技人才数领先其他市，2018 年科技人才总数达 733 096 人，占全省人才数的四成以上。排名第二、三、四的依次是宁波市、温州市、嘉兴市，2018 年科技人才数分别为 272 801 人、135 824 人、116 454 人。第二产业科技人才主要由宁波和杭州两市贡献，分别为 119 911 人和 98 326 人，两市总和占全省第二产业人才总数将近四成。全省第三产业科技人才一半以上来自杭州市（634 770 人），其中信息传输、软件和信息技术服务业从业人员近 40 万人，科学研究和技术服务业从业人员 23.7 万人。从杭州市来看，滨江区、西湖区第三产业人才聚集效应最强。与 2013 年相比，全省 11 个地级市中，湖州市、温州市第二产业 R&D 研究人员数增长较快。湖州市 2013 年第二产业 R&D 研究人员共 16 268 人，2018 年为 29 004 人，增幅为 78%；湖州市 2013 年第二产业 R&D 研究人员共 36 678 人，2018 年为 64 350 人，增幅为 75%。

综上而言，2013—2018 年间，浙江省人才规模呈现明显的提升趋势，科技人才规模更呈现高度提升的趋势。浙江省人才规模的提升、人才集聚效应的增强，将为浙江省经济社会高质量发展创造有利保障。

三、他山之石——中国一线城市人才政策分析

（一）上海市人才政策分析

上海市在人才政策方面注重完善配套人才新政，重视人才保障制度。上海市作为国家金融和经济中心，一直重视人才培育与聚集，以人才优势推动创新优势，实现城市的高质量均衡发展。在城市的创新转型期，上海持续深化完善人才政策，力争构建有国际竞争力的引才制

度。2015年5月,上海出台《关于加快建设具有全球影响力的科技创新中心的意见》,提出科创发展规划;6月,上海市发布配套人才政策20条[①],为海外人才入境居留等程序放松限制,完善国内引进人才来沪落户政策,加大对创新创业人才政策倾斜力度,创新人才激励制度和评价制度,优化人才创新创业综合环境。次年9月,在人才政策20条的基础上,上海市政府再一次细化深化人才政策,发布人才新政30条。[②]新政在人才引进便利化服务、简化海外人才入境居留办理程序等方面做出具体规定,新增科技成果转移转化工作机制建立相关内容,要求落实住房补贴等人才保障政策。2018年3月,上海市公布"人才高峰工程"[③],实施"量身定制,一人一策""高峰人才全权负责制"等政策,明确13个集聚造就高峰人才的高新技术重点领域。

近年来,上海加强人才引进和培养力度,推出更多人才优惠政策,吸引鼓励高层次海内外人才来上海就业创业。例如,闵行区自2016年起启动"青年创业英才培训计划",依托区内已有的科创产业区资源和上海交大、华东师范等高校人才资源基础,建立创新创业人才培养实践机制,为人才创新创业提供平台、资金、配套服务支持(王雪阳,2020)。在解决人才落户这一决定能否留住人才的关键问题上,上海市不断完善人才住房保障性政策,加大公共租赁住房供应力度,以"实物配租"和"货币补贴"相结合,采取具有针对性、切实满足人才需求的人才住房优惠政策。例如,《闵行区优秀人才分类认定实施办法》确立A、B、C、D、E五类优秀人才分类标准,这五类人才可以按层次享受购房、租房补贴(曾明星等,2020)。

---

① 上海市《关于深化人才工作体制机制改革促进人才创新创业的实施意见》,2015年6月29日。

② 上海市《关于进一步深化人才发展体制机制改革加快推进具有全球影响力的科技创新中心建设的实施意见》,2016年9月25日。

③ 《上海加快实施人才高峰工程行动方案》,2018年3月26日。

（二）深圳市人才政策分析

深圳作为改革开放的"窗口"、高科技企业聚集的"创新之都"，其快速崛起与高质量发展得益于新兴高科技产业的驱动和国内外科创人才的汇聚。深圳市的人才政策特点为：重视海外高层人才引进，推动产学研结合。自20世纪80年代成立特区以来，深圳以全国领先的姿态进行与市场经济体制相适应的人才制度改革，率先建立了以劳动合同制为基础的人才招聘制度、与绩效挂钩的工资制度和职务聘任制度，以及现代企业制度。除了以市场为导向改革人才制度，深圳还提出鼓励科技人才和科技企业发展的政策，为人才落户和创业提供优惠政策，提高科技人才地位和待遇，极大程度地激发人才活力。在引进外资的同时，深圳也积极引进海外管理人才和技术人才，推动人才国际化。据统计，截至1998年，深圳户籍干部已达19.07万人，专业技术人员超过12万人，与深圳特区成立之初相比增长了60多倍（珊丹，2002）。在此期间，深圳的经济也经历了高速发展。2000年，深圳市GDP总量达2 219.2亿元，与1980年相比增长800多倍。[①]进入21世纪，深圳进入产业转型发展阶段，推动高质量均衡发展和可持续全面发展成为发展着力方向。深圳加快引进新兴产业领域高层次人才，在2008年发布《关于加强高层次专业人才队伍建设的意见》。其中指出：开辟高层次专业人才引进的"绿色通道"，加大力度引进海外智力；健全柔性引才机制，完善人才保障配套政策，在住房、配偶就业、子女入学等问题上提供补贴优惠；加快院校建设，发展科研院所和企业研发机构，吸引科研团队，营造浓厚学术氛围；鼓励留学人员创新创业等。2010年，为引进海外高层次人才，"孔雀计划"正式实施，其中将学术研究、科学技术、金融管理、艺术文化等方面海外专业人才评定为A、B、C三等，提供160万元至

---

① 数据来源于中商产业研究院。

300万元一次性奖励补贴，并提供居留和出入境、落户、子女入学、配偶就业、医疗保险等方面的待遇政策。十八大之后，深圳更加重视高质量发展，加大建设高校及研究机构力度。截至2017年，深圳高校新增11所，科研载体数量迅速增加。在创新驱动发展战略和人才优先发展战略下，为响应"双创"建设的倡议，深圳市推出专项人才创新创业补助项目，形成了针对高层次人才和专项人才的科技创新创业扶持体系。近年来，深圳在推动产学研结合方面持续发力，建立了一系列产学研合作载体，支持基础研究、技术开发与成果转化合作示范项目，建立海外人才离岸创新创业基地（李霞，2019），吸引及培育了一批高层次科技人才，为高新产业发展提供力量，进而实现经济高质量均衡发展。

（三）小结

从上海市与深圳市的人才经验可以总结出，经济高质量发展要依靠高新产业驱动，高新产业发展的基础是科创人才，制定科学有效的引才、留才、育才政策已成为各个城市的发展共识。南京、苏州等城市也在2010年后不断推出人才新政，力争提高聚才能力，发挥人才效应。与上海、深圳等城市相比，浙江省的发展虽起步较晚，但近年来互联网等新兴产业蓬勃兴起，国际交流与合作愈加频繁，发展充满活力。浙江省也应当积极借鉴上海、深圳等城市的引才经验，加大人才引进力度，制定国际水平的人才政策。应当重视海外高层次人才引进，积极探索精简人才引进流程和审批步骤，促进人才来浙后的工作衔接与生活融入。应当制定针对人才的住房补贴等保障性政策、创业就业支持政策，为人才提供落地生根的机会。应当更好地利用浙江大学等科研基础平台和梦想小镇等科创产业力量，加快推动政产学研结合，鼓励高校实验室与企业研究院示范合作项目，积极为人才发展与实践搭建平台，建立多维度、全方位的高层次人才体系。

四、转危为机：后疫情时期浙江省海外华人人才引进对策研究

（一）浙江省海外华人人才引进机会分析

在重视海外高层次人才引进的人才政策背景下，识别适合浙江省引入的海外人才目标群体以及确定具体的海外人才引进对策对于浙江省高水平人才引进工作意义重大。在新冠疫情全球蔓延的背景下，中国由于采取了有力得当的防疫措施，成为全球第一个将新冠疫情发展趋势控制在安全点的国家。疫情防控的优势作为人口流动的重要拉力，促成了全球范围内的部分海外华人回流意愿。在有意愿回国的海外华人中，有一部分为高技能人才，即海外华人人才。海外华人人才因新冠疫情的短暂回流居留，为国家引进海外人才提供了机会。浙江省作为2019年全国常住人口流入最多的省份，应当做到转危为机，将全球的新冠疫情严重形势转变为浙江省吸引全球海外人才回流的机遇，采取针对性的措施实现浙江省对于海外华人人才的引进，为浙江省经济高质量发展提供具有高技能的人才支持。

（二）浙江省海外华人人才引进结构分析

在海外归国华人人才总体规模相对有限的前提下，地区人才引进需做到精准化，即人才引进结构与地区人才需求结构相适应。所以，浙江省要实现高效的人才引进，必须把工作重心放在浙江省具有较高人才需求的行业上。因此，本节细分科技人才中的科研人才、互联网人才群体，分析两类细分海外人才的引进。

以中国名校浙江大学、以赶超洛克菲勒大学为建校理念成立的西湖大学以及入选"211工程"的宁波大学为代表的浙江省高等院校承载着浙江省基础科学研究与技术研发攻关的重要任务。科研产出数量与效率

的提升，要求各个研究机构拥有一定数量的具有卓越能力的学科带头人。科研人才的集聚与多学科科研人才的交流合作可以有效提升高校研究能力。海外华人院士与其团队均具有强大的科研攻关能力；争取海外院士在浙江高校设立工作站，可以将海外院士的学术资源一同引进，为技术创新提供人才动力。截至2019年，我国有182名欧亚科学院院士（含已故）、232名第三世界科学院院士，且经不完全统计，我国至少有60名非中国科学院与非中国工程院的海外院士，这个院士群体未来将会成为我国两院院士的潜在人选，已经具备院士级别的科学研究能力。所以，着力引进海外华人院士将成为一种高效的选择。在来自中国的非两院院士的外籍院士中，美国国家科学院院士有7名，美国国家工程院院士有2名，德国科学院院士有1名，英国工程院院士至少7名，加拿大皇家科学院院士至少25名，欧洲科学院院士至少27名。虽然这些海外院士中有部分在国内就职，但若能将在海外担任教职的院士人才引入浙江省高校，便可以带领浙江省相关领域的科学研究迅速迈向世界前沿，创造良好的社会经济效益。除了海外院士，浙江省还应当注重对于在海外具有一定学科影响力的中国青年学者的人才引进。虽然这一群体的引进无法带来与引进海外院士同等的效能，但是其对于工作地点与环境的选择具有更强的灵活性，对其引进的难度会相对更低。海外青年学者的引进有助于国内学者了解国外同期的研究前沿与研究经验，也会促进浙江省高校更加充分地发挥国内现有科研人才自主创新能力，进而推动浙江省生产能力的提高。为了促进浙江省高等教育水平与未来经济发展质量的提升，浙江省需重视以海外院士、海外年轻学者为代表的海外科研人才的引进，并将其作为人才引进结构中的核心。

除了科研人才，互联网人才也应作为浙江省海外人才引进结构的重要部分。以互联网行业为代表的高新技术产业作为浙江省区域经济发展的主导产业，人才供给决定了其对浙江省经济增长的拉动能力。以阿里巴巴、网易为代表的互联网企业也是浙江省的人才集聚地。阿里巴巴作为中国的互联网龙头企业，其业务范围涵盖核心商业、云计算、数字媒体、金融服务和娱乐以及创新业务。网易在经营计算机硬件、软件服务之外，还将电子游戏行业作为重要的经营领域，如网易在杭州市设立的雷火工作室。由于互联网行业需要很强的专业技术能力做支撑，引进海外专业技术人才可以为浙江省互联网企业实现物联网、云计算与大数据分析等信息服务能力提升与技术升级，增强浙江省互联网企业的核心竞争力。此外，为了保证以阿里巴巴为代表的互联网企业产品能够开拓海外市场，企业必须拥有熟悉海外市场需求与市场特点的专业性技术人才。从这个角度来讲，海外互联网专业人才的引进是实现浙江省高新技术产业产品出口的必要途径。海外华人人才具有熟悉海外市场与熟悉国内产品特点的双重优势，可以更好地在国内外产品用户需求中寻找平衡，实现产品的国内与国际推广。对以网易公司为代表的游戏企业，当前其人才需求与现有的各项海外人才引进政策也难以匹配。自十八大以来，中央政府与各省市地方政府为支持海外人才引进出台了不少的政策，但是这些政策的定位倾向于技术尖端型人才，更适合重科研型的企业，而一般的游戏企业难以匹配这些高标准的人才需求。海外游戏企业专业人才的引进可以填补国内相关人才培养空缺，满足浙江省庞大的游戏企业专业性人才需求，顺应我国互联网行业的高速发展趋势。

五、浙江省多维度高质量发展水平测度分析

虽然国内对于高质量发展水平的测度方式仍没有达成共识，但是学界普遍认为高质量发展需要较高水平的经济效率（刘思明等，2019）。由于生态文明建设是我国高质量发展以及"五位一体"布局的重要构成部分，所以本节将地区绿色全要素生产率（GTFP）增长作为衡量地区

高质量发展的代理变量进行分析。

（一）高质量发展测度方法

全要素生产率的常见测度方法有索洛余值法、CD 生产函数（或超越对数函数）回归法、随机前沿生产函数法、非参数确定性前沿生产函数法（DEA）等。与其他方法相比，DEA 法由于不预先设定生产函数的形式，为非参数估计方法，相对放松了对于经济系统的假设条件。但传统的 DEA 模型无法考虑非期望产出对经济效率的影响，因而无法实现全要素生产率的测算（陈诗一，2010）。R.Färe，S.Grosskopf and C.K.Lovell et al.（1989）首次在 DEA 模型中引入非期望产出，实现绿色全要素生产率的求解。本节通过定义方向型距离函数（DDF）实现 DEA 求解。方向型距离函数既鼓励期望产出向生产前沿面扩张，又鼓励污染排放向污染最小化前沿面缩减。相比一般距离函数而言，方向型距离函数因为考虑了非期望产出对全要素生产率的不利影响，更加符合高质量发展的内在要求。首先，我们将 $p(x)$ 定义为给定投入 x 下生产的期望产出 y 与非期望产出 b 的生产可能性集合。在给定方向向量 $g=(y,-b)$ 后（Y. H. Chung, R. Färe, S. Grosskopf, 1997），我们可以将方向型距离函数定义如下：

$$\overrightarrow{D_0}(x,y,b;g) = \sup\{\beta:(y,b)+\beta g \in p(x)\} \quad (3-14)$$

式中，β 为每一个决策单元（DMU）无效率程度的测量值。方向型距离函数刻画了在给定投入 x 下，决策单元沿着方向 g、产出向量（y，b）所能拓展的最大倍数。在规模报酬不变的假定下，给定产出向量时，通过线性规划方法构造 CCR 模型来求解相对效率，即绿色全要素生产率：

$$\overrightarrow{D_0^t}(x^t,y^t,b^t;y^t,-b^t) = \max \beta$$

$$s.t. \begin{cases} \sum_{k=1}^{K} \lambda_k^t y_{ks}^t \geq (1+\beta) y_{ks}^t \\ \sum_{k=1}^{K} \lambda_k^t b_{km}^t \geq (1+\beta) b_{km}^t \\ \sum_{k=1}^{K} \lambda_k^t x_{kn}^t \geq (1+\beta) x_{kn}^t \\ \lambda_k^t \geq 0 \end{cases} \quad (3-15)$$

$$s=1,2,3,\cdots,S; \quad m=1,2,3,\cdots,M; \quad n=1,2,3,\cdots,N$$

式中，λ_k^t 为每个横截面观测值的权重，k 为决策单元的数量，t 表示所对应的时期。S、M、N 分别为期望产出、非期望产出与投入的种类。通过 CCR 模型测度出决策单元于不同横截面时期的相对效率后，本节通过 Malmquist-Luenberger 生产率指数（ML 指数）来实现不同时期绿色全要素生产率变动测度与分解分析。为了得到时期 t 为基期时，$t+1$ 时期不同决策单元的绿色全要素生产率，本节借鉴颜鹏飞与王兵（2004）的思路，采用两个 ML 指数的几何平均值来计算绿色全要素生产率的变化。ML 指数的构建与分解思路如下：

$$\begin{aligned} M_i(x^{t+1}, y^{t+1}, x^t, y^t) &= \left\{ \left[\frac{D_i^t(x^t, y^t)}{D_i^t(x^{t+1}, y^{t+1})} \right] \left[\frac{D_i^{t+1}(x^t, y^t)}{D_i^{t+1}(x^{t+1}, y^{t+1})} \right] \right\}^{1/2} \\ &= \frac{D_i^t(x^t, y^t)}{D_i^{t+1}(x^{t+1}, y^{t+1})} \left\{ \left[\frac{D_i^{t+1}(x^{t+1}, y^{t+1})}{D_i^t(x^{t+1}, y^{t+1})} \right] \left[\frac{D_i^{t+1}(x^t, y^t)}{D_i^t(x^t, y^t)} \right] \right\}^{1/2} \\ &= E(x^{t+1}, y^{t+1}, x^t, y^t) TP(x^{t+1}, y^{t+1}, x^t, y^t) \end{aligned}$$

$$(3-16)$$

式中，$E(x^{t+1}, y^{t+1}, x^t, y^t)$ 表示规模报酬不变且要素自由配置前提下的技术效率变动指数，反映了生产者在要素自由配置条件下，内部效率变化引起的产出增长。$TP(x^{t+1}, y^{t+1}, x^t, y^t)$ 表示技术进步指数，反映了指数测度的技术边界在不同时期间的移动状况。综合上述方法，我们便可以对不同时期浙江省绿色全要素生产率变动进行测算，以表征浙江省高质量发展水平变动状况，并将浙江省高质量发展分解为技术效率变动

（MLTEC）与技术进步变动（MLTC），对浙江省高质量发展动因进行进一步刻画分析。

（二）高质量发展测度数据来源

在运用 CCR 模型测算 Malmquist-Luenberger 生产率指数时，需要准备浙江省经济系统的投入与产出指标。本节通过对浙江省地级市层面以及浙江省工业分行业层面高质量发展状况进行测度来分析浙江省整体高质量发展状况。

针对浙江省地级市，我们采用 2013 年、2018 年两个经济普查年份间绿色全要素生产率增长率来反映浙江省高质量发展水平提升。在投入方面，本节选用城镇单位就业人员数、固定资本投资总额以及地区工业用电量作为地区绿色全要素生产率的投入指标。本节选用地区生产总值作为期望产出，选用地区工业二氧化硫与氮氧化物排放量总和作为非期望产出。其中，浙江省 11 个地级市的城镇单位就业人员数据来源于国研网区域经济数据库；固定资本投资总额数据整理于各年份浙江省 11 个地级市统计年鉴[①]，部分城市由于未公布固定资产投资总额数据，本节采用 2017 年的固定资产投资与 2018 年的固定资产投资增长进行折算；工业用电量、工业二氧化硫与氮氧化物排放量数据来源为《中国城市统计年鉴》。

针对浙江省工业分行业层面的高质量发展水平测度，在投入方面，本节选用规模以上工业行业年平均用工数、规模以上工业行业固定资产净值以及规模以上工业行业综合能源消费量作为投入指标，选用分行业工业总产值作为期望产出，选用工业分行业 CO_2 排放量作为非期望产出。其中，规模以上工业行业年平均用工数、固定资产净值与综合能源消费量数据来源于浙江省第四次经济普查，工业总产值数据来源于《浙

---

① 浙江省 11 个地级市统计年鉴，如《杭州统计年鉴》《宁波统计年鉴》等。

江统计年鉴》，工业分行业 CO_2 排放量根据不同行业的综合能源消费量与标准煤 CO_2 排放折算因子[①]计算得出。

（三）2013—2018年浙江省地级市高质量发展测度结果

利用 CCR 模型测算的 2013 年、2018 年两年浙江省地级市绿色全要素生产率结果如表 3.2、表 3.3 所示。

表 3.2　2013 年浙江省地级市绿色全要素生产率测度与效率损失测度

地区	GTFP	劳动力冗余（万人）	资本冗余（亿元）	能源冗余（万度）	排放冗余（吨）
杭州市	1.000 0	0	0	0	0
宁波市	1.000 0	0	0	0	0
温州市	1.000 0	0	0	0	0
嘉兴市	0.874 3	0	0	20	0
湖州市	0.887 5	0	0	31	0
绍兴市	0.951 3	4	0	119	0
金华市	1.000 0	0	0	0	0
衢州市	0.967 3	0	37	46	61 359
舟山市	1.000 0	0	0	0	0
台州市	0.964 3	3	0	31	70 092
丽水市	1.000 0	0	0	0	0

---

① 根据中国碳交易网的测算结果，标准煤与 CO_2 排放的折算因子为 2.772 5 t CO_2/tce。参见 http://www.tanjiaoyi.com/article-2885-1.html。

表 3.3 2018年浙江省地级市绿色全要素生产率测度与效率损失测度

地区	GTFP	劳动力冗余（万人）	资本冗余（亿元）	能源冗余（万度）	排放冗余（吨）
杭州市	0.936 9	41	331	0	0
宁波市	1.000 0	0	0	0	0
温州市	1.000 0	0	0	0	0
嘉兴市	0.941 3	0	0	147	11 249
湖州市	0.799 4	0	0	0	10 677
绍兴市	0.790 0	0	759	111	0
金华市	0.755 7	0	0	48	0
衢州市	1.000 0	0	0	0	0
舟山市	1.000 0	0	0	0	0
台州市	0.868 7	0	996	22	0
丽水市	1.000 0	0	0	0	0

表3.2显示，2013年，浙江省杭州市、宁波市、温州市、金华市、舟山市与丽水市的无效率程度为0，相对GTFP测算值为1，为2013年浙江省达到相对较高的高质量发展水平的地级市。衢州市、台州市、绍兴市、湖州市与嘉兴市2013年相对GTFP测算值小于1，为2013年高质量发展水平相对较低的地级市。表中展示了2013年三类投入指标与非期望产出指标的冗余量测算，即在经济生产过程中，与生产前沿面上的城市经济效率相比，其他城市的效率损失是由何种生产要素的相对冗余造成的。测算可知，2013年，绍兴市与台州市存在劳动力投入的相对效率损失，衢州市存在固定资本投入的相对效率损失，嘉兴市、湖州市、绍兴市、衢州市与台州市存在能源投入的相对效率损失，衢州市与台州市存在排放产出的相对效率损失。

表 3.3 显示，2018 年，浙江省 GTFP 为 1，高质量发展水平相对较高的城市为宁波市、温州市、衢州市、舟山市与丽水市。嘉兴市、杭州市、台州市、湖州市与绍兴市为高质量发展水平相对较低的城市。其中，杭州市是 2018 年浙江省唯一存在相对劳动力冗余的城市，绍兴市、台州市与杭州市为 2018 年存在资本投入相对冗余，嘉兴市、绍兴市、金华市与台州市存在能源投入的相对冗余，嘉兴市与湖州市存在排放产出的相对冗余。

浙江省 2013—2018 年间 Malmquist-Luenberger 生产率指数测算与分解结果如表 3.4 所示。总体而言，在 2013—2018 年间，浙江省 ML 指数为 1.824 9，即浙江省 GTFP 五年间增长率为 82.49%。其中，浙江省技术效率相对下降了 5.14%，而技术进步相对提升了 92.85%，这使得浙江省高质量发展整体呈现显著提升态势。具体到地级市而言，2013—2018 年间，温州市与杭州市 GTFP 提升最为明显，增长率分别在 170.93% 与 141.76%，这意味着同期内温州市与杭州市是浙江省高质量发展水平提升最为明显的城市。根据针对技术效率变化的分析，嘉兴市与衢州市技术效率在五年内有所提升，杭州市、湖州市、绍兴市、金华市与台州市技术效率在五年内有所下降。根据针对技术进步变动的分析，温州市、绍兴市与杭州市为五年内技术进步提升较高的城市。结合 2013 年与 2018 年截面相对 GTFP 的测算结果可知，截面相对 GTFP 数值对各决策单元技术效率的变动相对敏感。与 2013 年相比，杭州市、金华市 2018 年相对 GTFP 的下降是由于技术效率的相对下降导致的，衢州市 2018 年相对 GTFP 的下降是由于技术效率的相对提升导致的。与单一年份的相对 GTFP 测算结果相比，ML 指数变动对各决策单元技术进步变动的影响更为敏感。

表 3.4　2013—2018 年浙江省地级市绿色全要素生产率变动分解表

地区	ML 生产率指数	技术效率变化指数 MLTEC	技术进步指数 MLTC	GTFP 增长率
杭州市	2.417 6	0.936 8	2.580 6	141.76%
宁波市	2.025 7	1.000 0	2.025 7	102.57%
温州市	2.709 3	1.000 0	2.709 3	170.93%
嘉兴市	1.643 4	1.076 6	1.526 4	64.34%
湖州市	1.207 6	0.900 7	1.340 7	20.76%
绍兴市	2.177 3	0.830 4	2.622 0	117.73%
金华市	1.113 4	0.755 7	1.473 4	11.34%
衢州市	1.399 0	1.033 8	1.353 2	39.90%
舟山市	2.292 7	1.000 0	2.292 7	129.27%
台州市	1.831 2	0.900 8	2.032 9	83.12%
丽水市	1.256 4	1.000 0	1.256 4	25.64%
浙江省总体	1.824 9	0.948 6	1.928 5	82.49%

综上，2013—2018 年间，浙江省高质量发展水平得到了较大幅度的提升，高质量发展水平平均每年提升 16.5%。所有地级市的高质量发展水平均呈现提升趋势。可以发现，在所有获得较高水平高质量发展的地区中，舟山市与丽水市作为生态文明建设走在前列的城市，其 GTFP 在 2013 年与 2018 年均处于技术前沿面上。这充分证明了"两山"转化理论对于区域高质量发展的现实意义。

（四）2018 年浙江省工业分行业高质量发展水平测度结果

不同行业的高质量发展状况也会呈现异质性。本节运用 CCR 模型对 2018 年浙江省工业分行业绿色全要素生产率进行了测度。由于浙江省第四次经济普查针对工业分行业的汇总统计是基于《2017年国民经济行业分类》(GB/T 4754-2017)开展的，而第三次经济普查是根据《2011年国民经济行业分类》(GB/T 4754-2011)开展的，难以直接进行纵向比较，所以我们仅测度2018年浙江省工业分行业绿色全要素生产率的相对水平。受到能源消费数据获取的限制，我们没有将建筑业纳入评价模型。2018年浙江省工业分行业高质量发展水平测度结果如表3.5所示。

表3.5 2018年浙江省工业分行业高质量发展水平测度表

排名前十位的工业行业	GTFP	排名后十位的工业行业	GTFP
煤炭开采和洗选业	1.000 0	黑色金属矿采选业	0.507 7
烟草制品业	1.000 0	水的生产和供应业	0.508 4
有色金属冶炼和压延加工业	1.000 0	造纸和纸制品业	0.511 1
燃气生产和供应业	1.000 0	有色金属矿采选业	0.515 3
皮革、毛皮、羽毛及其制品和制鞋业	0.817 1	电力、热力生产和供应业	0.518 3
计算机、通信和其他电子设备制造业	0.805 6	纺织业	0.522 5
电气机械和器材制造业	0.787 5	金属制品、机械和设备修理业	0.522 6
石油、煤炭及其他燃料加工业	0.780 2	酒、饮料及精制茶制造业	0.531 2
家具制造业	0.760 5	食品制造业	0.533 4
纺织服装、服饰业	0.737 2	医药制造业	0.538 2

资料来源：根据浙江省第四次经济普查数据测算。

表3.5列出了2018年浙江省高质量发展水平排名前十位与后十位的工业中类行业。可以看出，煤炭开采和洗选业、烟草制品业、有色金属冶炼和压延加工业、燃气生产和供应业是具有较高质量发展水平的工业行业，其相对效率损失为0。此外，计算机、通信和其他电子设备制造业作为浙江省经济发展主导产业，其高质量发展水平也较高，在全部工

业中类行业中排名第六位。浙江省高质量发展水平较低的工业行业多为具有较高污染排放和产能相对过剩的行业，如黑色金属矿采选业、有色金属矿采选业、造纸和纸制品业、纺织业等。通过对于浙江省高质量发展水平的评价，可以为未来浙江省工业内部结构转型提供方向。

六、浙江省人才对高质量发展的促进效应研究

（一）模型构建

人力资本是经济发展的重要动力。张同斌（2016）基于一般均衡模型，运用门槛回归模型分析了人力资本对经济增长的效应。W. Lutz, J. Crespo Cuaresma and E. Kebede, et al.（2019）指出了教育红利对经济增长的促进作用。D. Baerlocher, S. L. Parente and E. Rios-Neto（2019）运用内生增长模型指出了人力资本红利对经济增长的促进作用。在针对人才与高质量发展的研究中，马茹等（2019）实证证明了科技人才对于区域高质量发展的影响，但是并没有考虑环境污染对于高质量发展的影响。所以，研究人才对高质量发展的作用强度仍具有理论意义。

为了衡量浙江省人才对于高质量发展的具体影响，我们利用2013年与2018年两个经济普查年份浙江省地级市面板数据构建面板回归模型，对浙江省人才对于高质量发展的促进效应进行测度。基准回归模型构建如下：

$$ML_{it} = \beta_0 + \beta_1 Talents_{it} + u_i + v_t + \varepsilon_{it} \qquad (3\text{--}17)$$

式中，ML_{it} 代表 Malmquist-Luenberger 生产率指数，即高质量发展变动程度。$Talents_{it}$ 代表人才规模。由于缺乏浙江省地级市尺度的人才规模统计数据，我们使用科技人才与工业科技人才作为人才规模的代理变量。其中，考虑到第三次经济普查数据中分地区分行业服务业从业人数的不可获得性，我们以规模以上服务业法人数量与规模以上服务业专业技术人

员数量作为2013年浙江省各城市第三产业科技人才规模，参与2013年科技人才规模的计算，并进一步以工业科技人才规模作为人才的代理变量进行分析，以对回归结果进行稳健性检验。

（二）模型结果分析

表3.6展示了人才对高质量发展回归结果。其中，本节采取双向固定效应模型的结果（1）作为实证分析的基准回归结果。此外，我们将技术效率指数（MLTEC）与技术进步指数（MLTC）对科技人才规模进行回归，回归结果分别展示在（2）（3）列。结果（4）展示了随机效应模型的估计结果。结果（5）至结果（7）为核心解释变量的稳健性检验结果。

表3.6 浙江省人才对高质量发展回归分析结果汇总表

	（1）	（2）	（3）	（4）	（5）	（6）	（7）
	ML	MLTEC	MLTC	ML	ML	MLTEC	MLTC
科技人才	0.161 0***	−0.002 1	0.173 6***	0.177 0***			
（十万人）	（0.046 7）	（0.007 2）	（0.047 3）	（0.037 5）			
工业科技人才（万人）					0.428 8***	−0.022 7	0.478 1***
					（0.066 0）	（0.015 6）	（0.081 6）
_cons	0.901 0***	1.001 3***	0.893 2***	1.225 8***	−0.403 3	1.070 6***	−0.560 4
	（0.059 3）	（0.011 4）	（0.059 5）	（0.083 3）	（0.279 6）	（0.066 2）	（0.345 6）
城市效应	是	是	是	否	是	是	是
年份效应	0.683 3***	−0.049 6	0.775 8***				
	（0.188 4）	（0.035 7）	（0.194 6）				
N	22	22	22	22	22	22	22
r^2	0.769 0	0.244 5	0.798 8		0.720 4	0.177 4	0.738 4
F	77.449 1	7.831 7	110.277 8		42.180 1	2.114 7	34.318 7

说明：括号内为汇报回归系数的聚类稳健标准误。* $p<0.1$，** $p<0.05$，*** $p<0.01$。

针对基准回归结果分析可知，科技人才规模每提升十万人，浙江省高质量发展水平将提升 16.1%。通过对于浙江省 2018 年科技人才规模的统计，基于基准回归结果（1）的半弹性分析可知，浙江省人才规模每提升 1%，浙江省高质量发展水平会提升 2.6%。随机效应模型估计结果显示，人才对高质量发展的促进作用依然显著。这一回归结果证明了人才对于浙江省区域高质量发展的驱动作用。根据对浙江省人才对于高质量发展作用的机制分析可知，科技人才对浙江省区域技术效率没有显著影响，但是浙江省科技人才规模的提升显著促进了浙江省技术进步。这一结果表明，人才规模的提升是通过促进区域技术进步，进而促进区域高质量发展的。

运用工业科技人才作为核心解释变量的回归结论依然支持基准回归的估计结论。通过对双向固定效应回归模型的构建与估计，我们测度了浙江省人才规模提升对高质量发展的促进效应强度与方向，为未来浙江省通过人才驱动战略实现高质量发展的政策路径提供了实证论据。

七、结论与政策建议

（一）结论

本节通过分析浙江省人才规模状况，测度浙江省高质量发展水平，分析人才规模对高质量发展的促进作用，进而对浙江省"十四五"时期人才规模与人才驱动型高质量发展进行预测。研究得出以下结论。

（1）2010—2018 年间，浙江省人才规模与人才占劳动力的比例均呈现不断上升的趋势。与 2013 年相比，2018 年浙江省第二产业 R&D 人员总数增长 52.3%，信息传输、软件和信息技术服务业从业人数增长近一倍（95.3%），科学研究和技术服务业从业人数增长 71.5%，科技人才总数增长 69.3%，第三产业人才占比与 2013 年的 61.2% 相比有所上升。

（2）2013—2018年间，浙江省绿色全要素生产率增长率为82.49%。其中，浙江省技术效率相对下降了5.14%，而技术进步相对提升了92.85%，这使得浙江省高质量发展整体呈现显著提升态势。2013—2018年间，温州市与杭州市高质量发展水平提升最为明显。

（3）在相对高质量发展程度方面，浙江省高质量发展水平相对较高的城市为宁波市、温州市、衢州市、舟山市与丽水市，嘉兴市、杭州市、台州市、湖州市与绍兴市为浙江省高质量发展水平相对较低的城市。

（4）煤炭开采和洗选业，烟草制品业，有色金属冶炼和压延加工业，燃气生产和供应业，计算机、通信和其他电子设备制造业，是浙江省高质量发展水平较高的工业行业。

（5）浙江省人才规模提升会显著促进区域高质量发展。浙江省人才规模每提升1%，浙江省高质量发展水平会提升2.6%。在作用机制方面，人才规模通过促进区域技术进步，促进区域高质量发展。

（二）政策建议

基于上述研究结论，本节给出以下促进浙江省高质量发展的政策建议。

（1）坚持人才驱动战略布局，采取更加积极的海内外人才引进政策，特别要注重制定海外华人人才引进政策，在疫情背景下实现"转危为机"，着力引进海外高水平科学研究人才与互联网人才，并充分挖掘浙江省内现有人才红利，发挥人才的创造力，促进浙江省各类技术进步，带动浙江省经济社会高质量发展。

（2）根据浙江省内各个地级市的经济特点，优化各城市劳动力与资本投入配置，提升技术利用效率，促进浙江省高质量发展。21世纪初期，浙江省是中国资本边际报酬最高的省份（郭熙保与罗知，2010）。从资源配置的角度出发，受到边际报酬递减规律的影响，过高的劳动或资本投入对于区域经济发展可能不是一个有效率的选择。2018年浙江省地级市GTFP测算结果显示，杭州作为省会城市，并非省内绿色经济效率最高的城市。通过给定效率下投入损失的计算结果可知，杭州劳动力与资本投入均有效率损失。因此，除了通过扩大人才规模来促进技术进步外，优化生产要素配置来提升技术效率是提升杭州市高质量发展水平的一个重要路径。从企业投资的角度出发，充分发挥高技术行业的技术比较优势维持浙江省互联网产业生态的竞争性与创新性，并通过提升阿里巴巴等互联网龙头企业的投资集中度等方式保障其资本产出率与资本投入的边际报酬水平，将有助于提升浙江省与杭州市的高质量发展水平。

（3）推动浙江省工业发展高级化，改进工业内部各行业发展布局，大力推动计算机、通信和其他电子设备制造业等高质量工业行业发展，带动浙江省各产业共同发展。通过对于浙江省不同工业行业高质量发展水平的评价分析，可以为未来浙江省工业内部结构转型提供路径与方向。计算机、通信和其他电子设备制造业的发展可以与杭州市互联网服务业发展形成有机互动，从而促进浙江省进一步打造"互联网+"企业生态网络，促进技术进步与促成技术外溢效应，促进浙江全产业高质量发展。

（4）坚持"绿水青山就是金山银山"的生态文明建设理念，通过减少污染排放与能源消耗实现浙江省经济—社会—生态系统协同高质量发展。继续坚持节能减排的方针政策，提升能源资源的利用效率，坚持治理大气污染、水污染和土壤污染，建设美丽浙江。

（5）推动浙江省"人才+投资+项目"新业态新模式发展，拉动区域经济高质量发展。2020年上半年，浙江省全省生产总值提升0.5%，实现转降为升，其中1—5月高技术服务业、科技服务业、数字经济核心产业服务业营业收入分别增长12.5%、11.9%和11.5%。① 经历了新

---

① 上半年浙江经济运行情况（新闻发布稿），见http：//tjj.zj.gov.cn/art/2020/7/21/art_1229129213_1385923.html。

冠疫情后，浙江省更加需要互联网和新业态促进区域经济增长。浙江省应充分发挥以浙江大学、阿里巴巴和海外人才为代表的头部科研单位、头部企业与头部人才"1+1+1>n"的带动作用，在全省范围内推动互联网相关企业发展与特色产业小镇建立，实现浙江省经济一体化高质量发展。

第三节　老年人口收入结构与"医养结合"养老服务参与意愿——基于台州市养老状况调查

本节通过分析我国城乡"医养结合"养老服务特点与老年人口收入结构的异质性，基于消费理论与心理账户理论，梳理城乡老年人口收入结构影响"医养结合"养老服务参与意愿的作用机理，提出收入结构影响老年人口"医养结合"养老服务参与意愿的相关研究假定，利用浙江省台州市养老状况调查数据构建二元 Logit 模型，通过构造各类转移性收入是否为养老费用主要来源的核心解释变量，分析城乡老年人口收入结构对"医养结合"养老服务参与意愿作用方向与贡献水平的异质性。实证结果在统计意义上验证了本节的研究假定，对精准把握我国城乡老年人口"医养结合"养老服务需求，推进城乡"医养结合"养老服务建设具有一定的借鉴意义。

一、引言与文献综述

在人口老龄化进程中，老年人口数量激增对社会医疗服务（health care）与养老服务（elderly care）供给能力提出了新的要求。从微观层面来看，由于老年预期寿命与健康预期寿命之间存在空隙，老年个体对医疗服务与养老服务会存在需求重合期（张晓杰，2016）。但我国医疗服务与养老服务发展主要分受卫生部门与民政部门监管，其发展并不衔接（黄佳豪与孟昉，2014），无法满足老年群体在非健康状态下的综合养老服务需求，发展"医养结合"养老服务意义重大。自2013年《国务院关于加快发展养老服务业的若干意见》提出"积极推进医疗卫生与养老服务相结合"的意见后，我国"医养结合"养老服务业发展步入正轨。在2015年世界卫生组织重提健康老龄化倡议后，《"健康中国2030"规划纲要》颁布，并再次指出要继续大力发展医养结合，加强老年人疾病管理服务与养老服务的联系，构建从医疗机构至养老服务机构的连续性养老服务（continuity elderly care）体系。2019年颁布的《健康中国行动》重申了完善医养结合政策，鼓励养老机构与周边医疗机构的多形式合作。我国多地政府响应中央政策导向，根据老年人口状况与经济发展条件制定适合本地长期照护服务发展的政策与规划。

当前，我国城乡"医养结合"养老服务发展呈现不同特点。城镇依托其优质的医疗资源、基础设施条件与信息技术水平，得以实现养老机构与医疗机构多种形式的融合与合作，并可以开展"互联网＋"远程健康管理业务（李华才，2015），体现出较高的养老服务质量。而我国农村"医养结合"发展迟缓，面临包括医护人力资本短缺（冯丹等，2015）、医疗条件受限、内部设施不完善（刘晓梅等，2019）等重重阻力，服务对象仍以五保老人为主，养老服务质量相较城市有较大差距。而我国4 000万失能、半失能老人中，有六成来自农村（王彦斌，2017），农村"医养结合"养老服务面临更大的潜在需求，承受更大的发展压力。在社会建设完善"医养结合"养老服务供给体系，提升长期照护服务水平的趋势下，对老年人口的"医养结合"养老服务实际需求的评估分析不仅利于政府评价区域养老服务发展水平，调节养老服务供需，指导养老服务业发展方向，而且对于提升老年群体对"医养结合"养老服务满意度与老年群体晚年生活质量同样具有重要意义。学界已对老年人口对于以"医养结合"为代表的各类养老服务参与意愿的影响因素进行了相关讨论。国内现有研究指出，包含子女个数、受教育程度在内的家庭人口学特征会对城镇居民参与机构养老服务意愿产生影响（刘小春与李婵，2018）。自评经济状况好的老年人更容易实现与子女同住的意愿，有慢性病、无配偶、有子女经济支持的老年人更容易实现机构养老服务意愿，且城镇老年人口机构养老意愿显著低于乡村（易成栋与任建宇，2019）。收入水平显著影响了独生子女老人与非独生子女老人对机构养老服务的参与意愿（陶涛与刘雯莉，2019）。老年人口的收入水平、受教育程度与健康状态显著影响了其"医养结合"支付意愿与参与意愿（韩杨与李红玉，2018；秦立建与童莹，2017），且医养结合认知度影响其参与意愿，老年人医养结合支付意愿也影响其医养结合需求（李秀明等，2016）。袁笛与陈滔（2019）运用2014年我国CLHLS数据构建分层模型，得出了低收入老年群体同样具有很高的长期照护需求，但其需求满足程度很低的结论。从上述研究中可知收入因素对"医养结合"养老服务参与意愿有显著的影响。但是，现有研究多仅针对收入水平进行分析，而忽略了老年人口收入结构对"医养结合"养老服务参与意愿的影响，且现有研究多未对城乡"医养结合"养老服务参与意愿的异质性进行分析。

"医养结合"作为一种健康服务消费，在统计上属于医疗保健消费口径，其意愿可能会受收入结构影响。针对收入结构影响居民消费行为的研究，张秋惠与刘金星（2010）运用多种估计方法均得出我国农村居民1997—2007年间转移性收入具有最强消费性倾向的结论，转移性收入与财产性收入提升会显著促进农村居民医疗保健消费。张云爽（2011）从心理账户理论出发，通过调研实证指出养老金每月发放会提升农民的满足感。岳爱等（2013）基于生命周期理论，采用倾向值得分匹配法，得出结论：收入结构中，参与新农保的家庭具有更强的消费倾向。温涛等（2013）在运用省际面板数据分析农民收入结构与消费的关系时，指出不同收入的消费倾向有所差异，转移性收入增长对于促进包含医疗保健消费在内的基本生活消费有显著影响。魏勇与杨孟禹（2017）运用动态面板 GMM 估计指出，在城镇居民收入结构中，非工资性收入的上升不利于包含医疗保健消费在内的收入弹性较低的商品消费增长。韩蕾（2019）以扩展的线性支出模型为基础，利用 CFPS 数据建立双向固定效应模型，其回归结果指出：收入结构中，转移性收入显著促进了居民医疗保健消费提升。此外，部分研究探讨了收入结构影响居民消费的城乡差异性。侯石安与赵和楠（2012）运用时间序列分析方法构建凯恩斯消费函数，得出在城乡收入结构中，城乡居民的工资性收入有较强的消费倾向，转移性收入对消费的影响均显著且城镇大于农村的结论；但简单的消费函数忽略了商品与服务的异质性，且难以剔除消费与收入之间的内生性关系。黄祖辉等（2003）运用 GE 指数分解的方法得出了转移性收入加大了城乡间收入差距的结论，并指出政府要加大农村居民的转移性收入，调整农村居民收入结构。

综上文献分析，针对"医养结合"养老服务参与意愿的研究对象多为城市老年人口，或者是未区分城镇与乡村的老年人口，多未从需求角度探讨农村老年人口的"医养结合"养老服务参与意愿。此外，多数研究只是从老年人口收入水平出发研究其"医养结合"养老服务参与意愿，却忽略了老年人口收入的结构性差异对其养老方式选择的影响。本节将基于收入结构影响消费行为的相关理论基础，从医疗保健消费的视角分析"医养结合"养老服务参与意愿，研究城乡老年人口收入结构对"医养结合"养老服务参与意愿的异质性影响。这也是本节的创新所在。

二、收入结构影响城乡老年人口"医养结合"养老服务参与意愿的作用机理分析

为了梳理收入结构影响城乡老年人口"医养结合"养老服务参与意愿的作用机理,本节首先分析老年人口收入结构影响"医养结合"养老服务参与意愿的作用机理,再分析城乡老年人口同类收入对"医养结合"养老服务参与意愿的异质性作用,并基于理论分析提出相关研究假设。

在国民收入核算体系中,依照《中国统计年鉴》统计口径,国民收入(national income)中的居民收入可分为工资性收入、经营性收入、财产性收入与转移性收入四部分。由于上述四类收入性质不同,居民对待不同类型收入的态度会不同,进而造成了不同类型收入的消费倾向差异(韩蕾,2019)。由于"医养结合"养老服务参与意愿可视为"医养结合"养老服务消费意愿,本节从收入结构影响消费行为的相关理论出发,分析老年人口收入结构对"医养结合"养老服务参与意愿的作用机理。以凯恩斯的绝对收入假说、杜森贝里的相对收入假说、莫迪利安尼的生命周期假说与弗里德曼的持久收入假说为代表的西方消费理论认为,收入具有同质性且消费行为具有理性,影响消费的收入因素应为收入水平相关变量。而 R.Thaler(1985)提出的心理账户理论则认为,消费行为的非理性会使得消费者无意识地将收入划分至非替代性的多个心理账户中,此时收入不再同质化。不同类型的收入由于易获得性与来源不同,将被消费者划分至不同的心理账户中,不同的心理账户的消费倾向存在差异(李建军等,2012)。依此理论基础,老年人口"医养结合"养老服务参与意愿会受到收入结构中的不同消费倾向作用,进而影响其"医养结合"养老服务参与意愿。

老年人口收入结构与劳动年龄人口收入结构划分有所不同。如表3.7所示,我国第六次人口普查长表将老年人口的收入结构定义为

"劳动收入""离退休金养老金""最低生活保障金""财产性收入""家庭其他成员供养""其他"共六部分。与劳动年龄人口相比，仍参与工作的老年人口比例较低，并且随着健康状况的下降，老年人口"劳动收入"占比愈发降低。"财产性收入"为老年人口各类型资本增值收入，其在收入结构中占比相对较低，不足千分之五。而其余三类收入——"离退休金养老金""最低生活保障金""家庭其他成员供养"在收入结构的视角下均可被视为转移性收入。实证表明，相对于工资性收入、财产性收入与经营性收入，转移性收入由于其"意外之财"的特性，所在心理账户对老年人口消费有更大的影响（李建军等，2012）。各类转移性收入又因其不同特点，对老年人口的"医养结合"养老服务参与意愿会产生不同的影响作用。所以，本节将重点分析转移性收入对城乡老年人口"医养结合"养老服务参与意愿的影响。

表 3.7 我国 60 岁及以上老年人口首要收入来源比例表

收入来源	劳动收入	离退休金养老金	最低生活保障金	财产性收入	家庭其他成员供养	其他
比例	0.290 7	0.241 2	0.038 9	0.003 7	0.407 2	0.018 3

资料来源：根据中国第六次人口普查长表调查数据测算。

从资金来源考虑，当代老年人口的"最低生活保障金""离退休金养老金"可被定义为社会转移性收入，因其资金来源为社会资本，以国有资本为主，包含部分私营部门资本。本节认为，在老年人口收入结构中，社会转移性收入因易获得性强，其所在心理账户对提升老年人口"医养结合"养老服务参与意愿影响较大。与上述社会转移性收入不同，"家庭其他成员供养"可被定义为私人转移性收入，即老年人的收入来源于子女等家庭内部成员。私人转移性收入作为老年人口的重要收入来源，也具有一定的意外所得性质。但此类私人转移性收入为子女给予，使得其意外所得性质与社会转移性收入相比较弱。从家庭层面看，家庭总收入并未通过私人转移支付改变，只是部分资金从子代转移到了父代。这些原因均会使得相比社会转移性收入，私人转移性收入支持老年人口"医养结合"养老服务参与的倾向性相对较弱。因此，本节的第一个研究假设为，以转移性收入为主要收入来源的老年人有更强的"医养结合"养老服务参与意愿，且社会转移性收入比私人转移性收入作用效果更强。

由于城乡老年人口在社会经济状况、思想认知与工作经历上的差异，城乡老年人口的同类收入可能对"医养结合"养老服务参与意愿产生不同的影响作用。农村老年人口全生命周期的总储蓄远低于城镇老年人口，且我国农村居民预防性储蓄动机强于城镇居民的预防性储蓄动机（易行健等，2008）。由于农村居民与城镇居民相比，其劳动时期的劳动报酬显著较低，"劳动收入"中基本不具有工资性收入，以经营性收入为主，且投资活动较少，所以与城镇居民相比，农村居民收入结构中的工资性、财产性、经营性收入具有较强的储蓄倾向而非消费倾向，这使得其转移性收入的"意外之财"的特性相较城镇居民可能更明显。此外，不同消费群体的社会经济地位不同，对同类商品的认识与态度会有所差异，这使得同类商品带给不同类型的消费者的效用存在差异，进而导致不同群体的同类收入针对不同性质的消费品的需求与消费倾向不同。城乡老年人口就是典型的具有异质性的"不同消费者群体"。基于此，从"医养结合"养老服务的性质出发，城乡老年人口对待"医养结合"养老服务的态度也会存在差异。考虑到农村老年人口相比城镇老年人口经济条件更有限，其选择家庭养老更多是一种低预算约束下的被动选择；"医养结合"作为高质量的养老服务，是非生活必需品，一定程度上具有享乐性消费性质。而城镇老年人口因经济条件较为宽裕，其养老服务选择体现出更强的自主性、多样性，加之城镇老年人口居家养老的传统观念，"医养结合"养老服务的享乐性消费性质对城镇老年人口而言会弱得多。针对部分城镇老人，"医养结合"养老服务甚至可被视为中性物品。因此，本节的第二个研究假设为：农村老年人口转移性收入的心理账户效应会比城镇老年人口更强，即转移性收入对"医养结合"养老服务参与意愿的影响存在城乡异质性。

在社会转移性收入中，最低生活保障金属于政府救助金，其完全由国家与地方财政支出。对于老年人口而言，最低生活保障金的领取虽然在理性预期内，但由于其为非劳动所得，所以其仍具有较强的意外所得性质，根据心理账户理论，老年人口会对其具有较强的消费倾向。因此，以最低生活保障金为主要收入的老年人可能受心理账户作用的影响，而具有更强的"医养结合"养老服务参与意愿。就养老保险而言，其资金来源分为社会养老保险统筹账户与个人账户两部分。城镇职工养老保险经历了从新中国成立初期的国家与企业包干，到企业改革时期的社会统筹（周雅静，2018），再到1997年实现部分累积制的统账结合（何立新，2007），再到并轨后的城乡居保过程。而农村养老保险经历了从"老农保"到"新农保"，再到"城乡居保"的三个阶段（米红与刘悦，2018）。在此过程中，养老保险始终具有一定的福利性质，这使得以养老保险金作为主要收入来源的老年人口可能受其所在心理账户影响，有更强的"医养结合"养老服务参与意愿。先前的研究也指出，养老保险会减轻对于子女的经济依赖，提升社会化养老服务需求（张川川与陈斌开，2014）。就离退休金而言，以其为主要收入来源的老年人口为城镇职工离退休者，绝大多数为公务员与事业单位从业退休者，少数为参与企业年金计划的私营单位从业退休者，其具有鲜明的职业特征。考虑到领取离退休金的老年人与领取养老保险金的老年人相比具有更高的社会经济地位，因此其对"医养结合"养老服务参与意愿的影响也可能存在差异。因此，本节的第三个研究假设为在社会转移性收入内，不同类型的转移性收入对"医养结合"养老服务参与意愿的影响存在异质性。

本节将基于浙江台州老年人口养老状况调查数据，对上述三个理论假设进行实证检验分析。

三、城乡老年人口收入结构影响"医养结合"养老服务参与意愿的实证研究

（一）模型构建

本节通过构建如下 Ordered Logit 模型，分析收入结构对城乡老年人口"医养结合"养老服务参与意愿的影响，并重点解析转移性收入对"医养结合"养老服务参与意愿的作用方向与贡献水平：

$$Logit(P) = Logit(P(y \geq j | X_i)) = \beta_0 + \beta_1 X_1 + \beta_2 X_2 + \cdots + \beta_n X_n$$

（3-18）

式中

$$y = \begin{cases} 2, & \text{一直想参与医养结合养老服务} \\ 1, & \text{偶尔想参与医养结合养老服务} \\ 0, & \text{从未想参与医养结合养老服务} \end{cases}$$

（3-19）

记老年人参与"医养结合"养老服务的意愿 j 的概率为 $P(y \geq j | X_i)$。由于因变量"医养结合"养老服务参与意愿为三分类有序变量，所以本节通过构建 Ordered Logit 模型探索转移性收入对于老年人口"医养结合"养老服务参与意愿的影响。

（二）数据来源与变量说明

本节选用浙江省人口与健康学会和浙江大学人口与发展研究所合作设计并完成的浙江省台州市养老状况调查的数据进行分析。此次台州市养老服务调查从 2019 年 4 月 12 日开始，2019 年 5 月 8 日完成，调研标准时点为 2019 年 4 月 12 日，调查对象为在台州市本地养老 6 个月及以上的 60 岁及以上常住老年人口，调查共获取 3 194 位台州老人的养老状况数据。由于老年人口抽样比远高于我国老龄委第四次中国城乡老年人生活状况抽样调查中 1‰ 的抽样比，所以数据结果对于台州市老年人口

总体信息具有一定的代表性意义。表3.8汇总了本节构建Ordered Logit模型相关变量的描述性统计结果。可见,在对"医养结合"有一定认知的老年人口中,台州市一直想参与"医养结合"养老服务的农村老人占比仅为12.74%,城镇老人比例稍高,达到18.50%。模型的核心解释变量为收入结构。由于在实际调查过程中,老年人口的收入信息难以准确获取,所以在分析时可采用消费支出类数据来代替收入变量分析。同时,考虑到老年人口的收入基本用于其养老,所以本节采用"您养老费用的主要来源是?(可多选)"这一提问的答案来反映老年人口的收入结构,即以何类收入作为主要的养老费用,作为研究的核心解释变量。台州市的调查结果显示,具有以子女供养与养老保险金为主的收入结构的农村老年人口占比较大,分别达到46.59%与12.67%,而具有以退休金为主的收入结构的城镇老年人口占比较大,达到76.92%。

表3.8 城乡户籍分层下的变量描述性统计结果

变量简称	变量解释	乡村比例	城镇比例	变量简称	变量解释	乡村比例	城镇比例
y=2	一直想参与医养结合	0.127 4	0.185 0	ylbx	以养老保险为主要养老费用	0.399 9	0.201 5
y=1	偶尔想参与医养结合	0.506 8	0.597 1	txj	以退休金为主要养老费用	0.126 7	0.769 2
y=0	从未想参与医养结合	0.365 8	0.217 9	grcx	以个人储蓄为主要养老费用	0.286 1	0.150 2
Szyxsr	以社会转移性收入为主要养老费用	0.566 1	0.932 2	zngy	以家庭转移性收入为主要养老费用	0.465 9	0.130 0
zfjz	以政府救助为主要养老费用	0.072 9	0.003 7	up2000	能承受2 000元以上的养老费用	0.134 2	0.419 4

续表

变量简称	变量解释	乡村比例	城镇比例	变量简称	变量解释	乡村比例	城镇比例
$ecotroubl$	自感经济条件困难	0.208 4	0.062 3	$outchild$	有子女在外地	0.331 1	0.316 8
$child=0$	子女个数为0	0.030 0	0.011 0	$edu=1$	未上过学	0.269 1	0.060 4
$child=1$	一个孩子	0.102 2	0.263 7	$edu=2$	小学学历	0.453 7	0.241 8
$child=2$	两个孩子	0.388 3	0.366 3	$edu=3$	初中学历	0.214 6	0.316 8
$child=3$	三个孩子	0.268 4	0.223 4	$edu=4$	高中及中专学历	0.059 9	0.267 4
$child=4$	四个孩子	0.114 4	0.098 9	$edu=5$	大专学历	0.002 0	0.084 2
$child=5$	五个孩子	0.064 7	0.023 8	$edu=6$	本科及以上学历	0.000 7	0.029 3
$child=6$	六个孩子	0.023 8	0.009 2	$disease$	患有至少一种慢性病	0.797 0	0.811 4
$child=7$	七个及以上孩子	0.008 2	0.003 7	$healthins$	购买了健康保险	0.036 1	0.064 1
$alone$	独自居住	0.158 0	0.095 2	adl	失能老人	0.008 9	0.003 7
$couple$	与配偶居住	0.707 1	0.745 4	$hadl$	半失能老人	0.079 7	0.025 6
$withson$	与儿子居住	0.329 7	0.302 2	$aladl$	半失能及失能老人	0.088 6	0.029 3
$withdaughter$	与女儿居住	0.109 0	0.131 9	rzd	医养结合认知度	0.159 4	0.183 2

此外，为了剔除收入水平对收入结构在影响"医养结合"养老服务参与意愿时的混杂效应，考虑到老年人口收入水平数据清洗的有效性，本节引入"能否承受2 000元以上的养老费用"与"是否自认为经济困难"两个反映高收入水平与低收入水平的分类变量，将老年人口收入水

平划分为三个组别,以此控制收入水平带来的影响。根据文献分析结果,为了控制家庭人口学特征与老年健康状态和医养结合认知度因素在估计收入结构作用时带来的混杂效应,本节引入相关的控制变量来消除上述混杂问题给因果推断带来的影响。"是否参加健康保险"变量一方面表现为经济状况,另一方面还会表现为健康状况,因为对未来有大病预期的人会倾向于购买商业健康保险。对于健康状态变量的处理,本节根据失能量表测算失能评分,其中六项活动中的每一项做不了的赋3分、有困难的赋2分、不费力的赋1分。研究进一步将评分大于等于9分且低于15分的老年人定义为半失能老人,将评分大于等于15分的老年人定义为失能老人。

本节的数据清洗过程分为以下几个步骤:(1)剔除问卷填写地址为非台州市的相关样本。(2)对出生年份填写为出生年月的字符型信息进行修正处理,并剔除出生年份在1915年前与1959年后出生的样本,将老年人口年龄控制在60~105岁区间。(3)由于研究问题为医养结合养老服务意愿,本节剔除在调查"您是否听说过医养结合养老服务"中选项为从未听说过的样本,从而排除选择性偏误对于模型估计的影响。本节将在最后将此部分样本考虑在模型内,运用样本选择模型对基准回归结果进行稳健性检验。经过上述步骤的数据清洗,本节将调查样本量从3 194个清洗为2 014个。

(三)回归结果检验与分析

针对社会转移性收入、私人转移性收入对"医养结合"养老服务参与意愿的有序Logit回归结果如表3.9所示。其中,第一列回归结果展示了全体城乡老年人的回归结果。为了验证研究假设2的城乡异质性,我们分别将农村户籍与城镇户籍的老年人进行子样本回归,结果分别呈现在第二、第三列。根据回归结果,社会转移性收入与私人转移性收入均可以显著促进老年人的"医养结合"养老服务参与意愿的提升。具体而言，与其他收入结构相比，当老年人以社会转移性收入为主要收入来源时，其"医养结合"养老服务参与意愿可以提升38.55个百分点。当老年人以私人转移性收入为主要收入来源时，其"医养结合"养老服务参与意愿可以提升24.40个百分点。这一结果首先验证了研究假设1，即无论是社会转移性收入还是私人转移性收入均可以促进老年人的"医养结合"养老服务参与意愿提升，且社会转移性收入的作用效果更强。针对城乡异质性的分析可以发现，无论是社会转移性收入还是私人转移性收入，其仅显著促进了农村户籍老年人的"医养结合"养老服务参与意愿，而对城镇户籍老年人的"医养结合"养老服务参与意愿没有显著的影响。这也充分表明了转移性收入对于老年人"医养结合"养老服务参与意愿的城乡异质性。研究假设2也得以验证。此外，高养老消费、高受教育程度、购买健康保险、年龄较小、处于失能状态、自评健康状况差、高医养结合认知度、独居的老年人有更强的"医养结合"养老服务参与意愿。这反映出社会经济地位较高的老年人和健康状况较差的脆弱老年人有更强的"医养结合"养老服务参与意愿。

表3.9 社会转移性收入、私人转移性收入与"医养结合"养老服务参与意愿的回归结果

	全样本	农村户籍	城镇户籍
社会转移性收入	0.3855***	0.4242***	−0.0306
	(0.1124)	(0.1158)	(0.4532)
私人转移性收入	0.2440**	0.2983***	0.0035
	(0.1037)	(0.1154)	(0.2288)
能承担高养老费用	0.3411***	0.4676***	0.1958
	(0.1137)	(0.1488)	(0.1804)
经济困难	0.2029	0.2004	0.2214
	(0.1339)	(0.1465)	(0.3599)

续表

	全样本	农村户籍	城镇户籍
医养结合认知度	1.475 5***	1.472 5***	1.451 9***
	（0.151 4）	（0.187 9）	（0.251 4）
受教育程度	0.124 2**	0.129 2*	0.105 5
	（0.053 4）	（0.069 3）	（0.087 5）
子女数	0.017 6	0.021 2	−0.048 2
	（0.018 4）	（0.018 0）	（0.092 8）
年龄	−0.014 1**	−0.017 8**	−0.001 7
	（0.006 9）	（0.007 9）	（0.015 9）
性别	−0.026 4	−0.004 4	−0.083 4
	（0.094 1）	（0.110 7）	（0.183 6）
是否独居	0.284 3**	0.269 2*	0.468 5
	（0.141 6）	（0.151 9）	（0.380 2）
有子女在外地	0.128 1	0.123 6	0.139 0
	（0.095 4）	（0.111 4）	（0.187 4）
有慢性病	−0.095 5	−0.045 8	−0.204 3
	（0.118 0）	（0.134 9）	（0.259 2）
有健康保险	0.575 8***	0.809 0***	0.251 3
	（0.209 1）	（0.312 9）	（0.246 0）
ADL	8.010 4	0.949 2*	−1.623 6
	（5.353 2）	（0.488 0）	（1.285 0）
$ADL \times$ 年龄	−0.091 3		
	（0.065 5）		
自评健康	0.178 6***	0.150 8*	0.253 2**
	（0.067 2）	（0.079 6）	（0.128 3）
非农户籍	0.379 3***		
	（0.120 5）		
N	2 014	1 468	546
$chi2$	201.161 9	124.395 3	46.252 7

说明：括号内为异方差稳健标准误。* $p < 0.1$，** $p < 0.05$，*** $p < 0.01$。

为了细化分析不同类型的社会转移性收入对于"医养结合"养老服务参与意愿的异质性影响，本节对社会转移性收入进行了细分。针对不同类型的社会转移性收入对"医养结合"养老服务参与意愿的有序Logit回归结果如表3.10所示。第一列回归结果展示了全体城乡老年人的回归结果。可知，社会转移性收入中，政府救助与养老保险金可以显著促进老年人的"医养结合"养老服务参与意愿的提升。具体而言，与其他收入结构相比，当老年人以政府救助为主要收入来源时，其"医养结合"养老服务参与意愿可以提升95.65个百分点。当老年人以养老保险金为主要收入来源时，其"医养结合"养老服务参与意愿可以提升21.40个百分点。而退休金对老年人"医养结合"养老服务参与意愿没有显著影响。这一结果验证了研究假设3，即不同类型的转移性收入对"医养结合"养老服务参与意愿的影响存在异质性效果。我们同样对细分的社会转移性收入的城乡异质性进行了探讨，结果分别呈现在第二、第三列。可知，政府救助与养老保险金会显著促进农村户籍老人的"医养结合"养老服务参与意愿，对城镇户籍老年人则没有显著的影响。此外，我们发现了年龄与失能状况对于老年人"医养结合"养老服务参与意愿存在交互效应。具体表现为，随着年龄的增大，高龄失能老人的"医养结合"养老服务参与意愿低于低龄失能老人，这一效应在城乡样本中都有所体现。

表3.10 各类转移性收入与"医养结合"养老服务参与意愿的回归结果

	全样本	农村户籍	城镇户籍
政府救助	0.9565***	1.0058***	−1.6132
	（0.2070）	（0.2056）	（1.8741）
养老保险金	0.2140*	0.2438**	−0.2407
	（0.1103）	（0.1208）	（0.3284）
退休金	0.0851	0.2253	−0.5313
	（0.1427）	（0.1664）	（0.3689）
个人储蓄	0.1251	0.0848	0.3127
	（0.1031）	（0.1147）	（0.2531）

续表

	全样本	农村户籍	城镇户籍
私人转移性收入	0.156 6	0.234 6**	−0.119 0
	（0.102 1）	（0.114 2）	（0.240 7）
能承担高养老费用	0.361 7***	0.466 3***	0.243 5
	（0.115 0）	（0.151 6）	（0.185 7）
经济困难	0.098 0	0.099 8	0.112 2
	（0.139 6）	（0.153 8）	（0.346 1）
医养结合认知度	1.473 1***	1.481 0***	1.496 6***
	（0.150 5）	（0.187 6）	（0.255 9）
受教育程度	0.150 4***	0.156 7**	0.143 2
	（0.055 0）	（0.070 6）	（0.092 6）
子女数	0.027 9	0.030 7*	−0.073 3
	（0.017 4）	（0.016 9）	（0.094 4）
年龄	−0.013 7**	−0.016 7**	0.004 9
	（0.006 9）	（0.008 1）	（0.016 4）
性别	−0.049 7	−0.044 4	−0.105 6
	（0.094 7）	（0.111 9）	（0.182 1）
是否独居	0.226 8	0.187 8	0.545 6
	（0.142 2）	（0.153 3）	（0.389 6）
有子女在外地	0.143 8	0.137 6	0.125 3
	（0.095 9）	（0.112 6）	（0.187 0）
有慢性病	−0.062 0	−0.026 5	−0.161 6
	（0.119 6）	（0.136 6）	（0.259 6）
有健康保险	0.581 8***	0.813 9***	0.241 5
	（0.207 5）	（0.310 2）	（0.238 7）
ADL	9.246 6*	15.404 1**	136.292 8***
	（5.323 9）	（6.000 0）	（11.764 7）
ADL × 年龄	−0.108 1*	−0.178 3**	−1.973 8***
	（0.065 2）	（0.073 1）	（0.168 8）
自评健康	0.172 0**	0.146 3*	0.251 5**
	（0.067 9）	（0.080 8）	（0.128 2）

续表

	全样本	农村户籍	城镇户籍
非农户籍	0.515 8*** (0.131 8)		
N	2 014	1 468	546
chi2	216.516 6	148.340 4	228.190 0

说明：括号内为异方差稳健标准误。* $p < 0.1$，** $p < 0.05$，*** $p < 0.01$。

在稳健性检验部分，考虑到完全不了解"医养结合"养老服务的老年人可能会对收入结构与"医养结合"养老服务参与意愿之间的关系产生选择性偏误，本节考虑完全不了解"医养结合"养老服务的样本，并采取 Heckman 样本选择模型进行稳健性估计。在估计过程中，我们选择收入对数、支出对数、年龄、性别、受教育程度、子女数、是否独居、是否有孩子在外地、是否有慢性病、是否有健康保险、是否失能、自评健康，作为养老服务认知程度的影响因素纳入第一阶段的回归模型。Heckman-probit 模型结果采取极大似然估计法一步估计。回归结果如表 3.11 所示，两个结果均通过了存在选择效应的 Wald 检验。结果可见，无论是社会转移性收入还是私人转移性收入，回归结果均与基于 Ordered Logit 模型的基准回归结果一致，即考虑了潜在的选择性效应后，回归结果仍是稳健的。

表 3.11　Heckman 模型回归结果

	(1)	(2)
社会转移性收入	0.195 8*** (0.071 1)	
私人转移性收入	0.176 3*** (0.066 9)	0.131 0** (0.064 3)
政府救助		0.449 1*** (0.134 2)

续表

	（1）	（2）
养老保险金		0.136 2*
		（0.070 7）
退休金		0.125 2
		（0.090 3）
个人储蓄		0.160 2**
		（0.070 5）
athrho	−0.790 9**	−0.844 3**
	（0.378 5）	（0.355 4）
N	2 924	2 924
chi2	75.572 5	85.694 1

说明：括号内为异方差稳健标准误。* $p<0.1$，** $p<0.05$，*** $p<0.01$。

四、结论与政策建议

本节基于心理账户理论，利用台州市老年人口健康调查数据，通过构建二元 Logit 模型探究城乡老年人口收入结构对"医养结合"养老服务参与意愿的影响，得出以下4个主要结论。

（1）老年人口收入结构中，以转移性收入为主要收入来源的老年人口会具有较强的"医养结合"养老服务参与意愿。其中，社会转移性收入比私人转移性收入对老年人口"医养结合"养老服务参与意愿有更强的促进作用。

（2）农村老年人口与城镇老年人口的收入结构对"医养结合"养老服务参与意愿的作用效果存在异质性。以转移性收入为主的收入结构对农村老年人口"医养结合"养老服务参与意愿具有显著的促进效应；以转移性收入为主的收入结构对城镇老年人口"医养结合"养老服务参与意愿的影响没有统计显著性。

（3）以社会救助与养老保险金为主要收入来源的老年人口具有更强

的"医养结合"养老服务参与意愿。以退休金或个人储蓄为主要收入来源的老年人口对"医养结合"养老服务参与意愿没有显著影响。

（4）除了收入结构外，收入水平高、受教育程度高、年龄较小、健康状态差与对医养结合认知程度高的城乡老年人口会有较强的"医养结合"养老服务参与意愿。年龄与失能状况对于老年人口"医养结合"参与意愿存在交互效应。农村购买商业健康保险的老人有更强的"医养结合"参与意愿。

针对上述结论，本节提出以下4点政策建议，以准确把握并提升我国城乡"医养结合"养老服务需求，有效开展"医养结合"供给建设与布局。

（1）对符合政府救助条件的老人进行有效的资金救助与精神呵护，并着力扩大政府救助人群范围与提高低收入老年人口政府补助标准，让更多中低收入老年人口获得政府提供的基本生活与养老救助，以满足以五保老人为主的部分农村低收入老年人群较强的"医养结合"养老服务需求。

（2）积极完善城乡居民养老保险体系，在按期提升城乡居民基本养老金待遇的同时，着力上调农村老年人口的基本养老金待遇，促进农村老年人口收入增长，以引致其参与"医养结合"高质量养老服务，提升其晚年的生活质量。此外，应有序推进农村商业健康保险与商业养老保险发展，为有"医养结合"养老服务参与意愿的农村老年人口提供医疗保健消费的支付保障。

（3）在城乡范围内针对"医养结合"养老服务进行大力宣传，提升老年人口对"医养结合"的认知度，让城乡老年人口知晓参与"医养结合"养老服务对于自身晚年健康状况的改善、长期医疗照护与精神慰藉的重要优势与作用，提升其"医养结合"养老服务参与意愿，进而扩大我国"医养结合"养老服务潜在需求。

（4）把握好2020—2035年间的老年人口数量与"医养结合"需求同步高速上升的时期，着力提升"医养结合"养老服务水平，扩大"医养结合"养老服务供给，以满足未来我国日益增长的高质量养老服务需求。城镇需推进"医养结合"与社区居家养老服务之间相互联系的新模式，以破解城镇养老机构养老服务意愿低下而影响"医养结合"发展的困局。农村需通过提升医疗护理人员素质、专业技能与医养结合硬件设施，提升农村医养结合养老服务质量，在避免昂贵定价、符合农村老年人口支付能力的基础上，为农村老年人口提供高质量的养老服务选择。

第四节 从统筹城乡到共同富裕：嘉兴社会保障制度的高效能治理与高质量发展

嘉兴是中国革命红船的起航地。多年来，嘉兴市委、市政府关注民生、重视民生、保障民生、改善民生，秉持全心全意为人民服务的宗旨，将社会保障工作作为重要的民生工程，不断完善城乡一体的社会保障体系，为统筹城乡发展、促进经济转型升级、维护社会和谐稳定做出了积极贡献。2004—2020年间，嘉兴秉承城乡统筹的理念，将城镇居民与农村居民作为一个整体进行统筹考虑，实行城乡"三同步、三同等"的一体化制度设计，在全国率先建立了全市统一、全覆盖的社会保障体系，城乡居民人均收入比连续17年全省第一，城乡居民基本养老保险保障水平在2018—2020年连续3年全省第一，城乡统筹的社会保障制度领跑全省，实现了5个"全省最高"的配套改革和整体格局。

"十四五"期间，嘉兴将"全国城乡融合发展的嘉兴样板"列为"十四五"规划重点发展战略，并将进一步推动共建共治共享、共同富裕先行先试，努力以市域现代化先行为全省乃至全国现代化探路，奋力打造新时代全面展示中国特色社会主义制度优越性的最精彩板块。嘉兴的民生投入始终走在全省前列。从率先制定出台城乡一体化的发展规划纲要，再到统筹城乡的"十改联动"，嘉兴的"城乡一体化"先行品牌打造已推进十年有余，为实现共同富裕奠定了坚实的基础。自2005年以来，本人所在的团队长期参与嘉兴人口规划、农村养老保险、长期护理保险的保险精算与制度优化研究，尤其是嘉兴"老农保"与"新农保"政策评估与制度优化设计，并在嘉善姚庄首次提出"两分两换"的制度设计思路。跟踪调研十余年来，我们深感嘉兴在社保领域开拓创新、取得成就的艰辛与不易。嘉兴的持续探索是全省乃至全国民生领域"乡村振兴"的先进典型。在从第一个百年向第二个百年迈进的重要阶段，以嘉兴为代表的"城乡统筹"发展模式的优越性凸显，为进一步增强中国特色社会主义的道路自信、理论自信、制度自信、文化自信，为世界贡献中国智慧和中国方案提供了可供借鉴的嘉兴模式。

一、从"跟跑"到"领跑"：嘉兴"城乡一体"的社会保障制度建构

1991年，民政部根据国务院文件要求，开展农村社会养老保险试点。1992年，嘉兴紧跟全国步伐，在嘉善县和海盐县开始农村养老保险试点，并于1996年在全市全面铺开该项制度。2002年，党的十六大要求有条件的地区"探索建立农村养老、医疗保险和最低生活保障制度"。2003年，劳动和社会保障部接连印发了《关于做好当前农村养老保险工作的通知》（劳社部函〔2003〕115号）和《关于认真做好当前农村养老保险工作的通知》（劳社部函〔2003〕148号），要求"积极稳妥地推进农村养老保险工作"，各地在总结"老农保"发展经验的基础上开始了新型农村养老保险的制度探索。2004年，嘉兴也启动了该项工作，形成了九稿完善农村养老保险的制度优化设计。

2005年11月，本团队受嘉兴市劳动和社会保障局的委托，也参与到嘉兴"新农保"制度设计的研究工作中，在缴费、领取、基金运营与"调待"中寻求突破与创新。在综合考虑60岁的平均余命与制度可持续的基础上，本团队根据"五普"数据编制嘉兴的农村居民生命表，并提出月除数一百五十六分之一的计发办法创新，得到了嘉兴市劳动和社会保障局的高度认可与采纳。在接下来的几年时间里，嘉兴成为全国唯一采用该计发办法的地区。

2006年中央1号文件指出，按照城乡统筹发展的要求，逐步加大公共财政对农村社会保障制度建设的投入，探索建立与农村经济发展水平相适应、与其他保障措施相配套的农村社会养老保险制度。自此，我国政府开始通过财政转移支付对农村居民社会养老保险进行补贴。2007年10月，党的十七大明确指出，将"覆盖城乡居民的社会保障体系基本建立，人人享有基本生活保障"作为2020年实现全面建成小康社会的奋斗目标（胡晓义，2018）。当全国还在讨论"农村养老保险"的"有无"问题时，嘉兴已率先启动城乡居民养老保险的探索，逐渐从"跟跑"走向"领跑"——早于全国7年建立城乡居民养老保险制度，并率先推行"三同步、三同等"的城乡一体的政策机制（米红与杨翠迎，2008）。

2007年9月，嘉兴市政府出台第71号文件，决定自当年10月1日起实行城乡居民社会养老保险制度。该制度将年满16周岁（不含在校学生），非国家机关、事业单位和职工基本养老保险的本市户籍城乡居民，全部纳入城乡居民社会养老保险范围，填补了全市养老保险制度的空白。同时，嘉兴制定全市统一的政策，实现全市同步调整、同步优化、同步提高的"三同步"，以及城乡同等化的缴费标准、城乡同等化的缴费补贴、城乡同等化的年龄对象的"三同等"，建立城乡同等化的福利待遇机制，实现全市的城乡统筹。中央电视台因此与嘉兴市政府连线，对该制度进行介绍与宣讲。而后，新华社《大参考》（第03939号）对此又进行了全面阐释。同年，本团队以嘉兴为案例撰写的《从覆盖到衔接：论中国和谐社会保障体系"三步走"战略》获劳动和社会保障部"第二届中国社会保障论坛征文活动"一等奖（米红与王丽郦，2008）。

建制后短短两年，嘉兴城乡居民社会养老保险的参保人数已达30万人，发展飞速。自2009年起，延缴机制被取消，嘉兴市政府参照职工养老保险的计发年限，将月除数调整为一百三十九分之一（嘉政发〔2009〕111号），与全省乃至全国保持一致。与此同时，嘉兴的养老金待遇享受模式也进一步明确为"个人账户补贴＋财政补贴"，即个人缴费账户、缴费补贴账户、缴费年限补贴账户与社会统筹相结合。2011年，嘉兴城乡居民社会养老保险参保人数达到94.97万人的峰值，后因城镇户籍人员准予一次性补缴职保政策的出台（浙人社发〔2011〕221号），参保人数逐年减少。2014年2月7日，国务院常务会议决定合并新型农村社会养老保险和城镇居民社会养老保险，建立全国统一的城乡居民基本养老保险制度。自此，嘉兴的城乡居民社会养老保险正式更名为城乡居民基本养老保险。截至2020年底，嘉兴城乡居民基本养老保险参保人数达63.43万人，人均待遇达461元/月，为全省人均水平的1.7倍，实现了待遇标准和待遇同比增幅的全省领跑，连续三年全省第一。

二、基于效率的公平：嘉兴社会保障福利治理的模式选择与政策逻辑

自探索建立城乡一体的社会保障制度以来，嘉兴在全国率先建立了城乡居民基本养老保险制度，实现了保障水平显著提高、城乡居民全部覆盖等多方面的突破与发展，成功揽获了五个"全省最高"——政策同步化水平全省最高、基础养老金调整力度全省最高、财政三大补贴额度全省最高、制度精准扶贫全省最高、人均享受待遇全省最高。无论是前

期的顶层设计,还是中期的制度运行,抑或是后期的制度优化,嘉兴社会保障"以人为本、和谐发展"的福利治理思路贯穿始终,其"城乡一体"的治理模式特点鲜明、优势突出,"嘉兴模式"已然成为社会保障制度城乡统筹发展的代名词。

(一)顶层设计的"以人为本"与"重公平"原则

嘉兴市委、市政府始终把改善民生作为政府工作的出发点和落脚点,奋力跑出城乡融合的"嘉速度"。2020年,嘉兴将全部财力的78.2%用于改善民生,城乡居民人均收入分别增长3.5%和6.4%,在乡村振兴综合评价中位列全省第二,7个县(市、区)全部列入"中国城乡统筹百佳县市",实现了高水平的全面小康。嘉兴关注农村,更关注农村的高龄老人与失地农民等弱势群体的社会保障问题。嘉兴城乡居保高龄老人的倾斜补贴水平全省最高,是全省平均水平的3倍之多。此外,嘉兴被征地农民的社会保障做得较早。在《国务院关于加强土地调控有关问题的通知》(国发〔2006〕31号)做出"社会保障费用不落实的不得批准征地""做好被征地农民就业培训和社会保障工作"的指示后,嘉兴结合近年来的研究工作,于2008年就启动了"两分两换"的土地改革新政,将宅基地与承包地分开,将搬迁与土地流转分开,实行"以承包地换股、换租、换保障""以宅基地换钱、换房、换地方"的制度,成功将被征地农民纳入社会保障体系,确保其原有生活水平不降低、长远生计有保障,推动了城乡发展的稳态均衡(沃云,2015;浙江省农业和农村工作办公室,2011)。在医疗保险、长期护理保险上,嘉兴继续贯彻实施全市统一并同步的城乡统筹制度,将"公平"进行到底。自2016年成为长期护理保险第一批试点城市以来,嘉兴就坚持推进全市统一、城乡统筹、不分年龄大小覆盖全民的长期护理保险制度,进一步推动民生工程的开拓创新。

（二）制度运行的"去差别化"与"同等化"原则

嘉兴市委、市政府一直强调财政补贴的主导作用，其财政补贴力度领跑全省，形成了一套"前、中、后"一体的全程补贴机制，由此实现了待遇标准与待遇同比增幅全省最高。在待遇享受上，嘉兴尤为强调"去差别化"。2018年，嘉兴率先统一城乡养老金的补贴标准，对于符合规定的参保人员不再区分有地居民和无地居民。不论生活地域、户籍身份、有无土地，嘉兴的全体居民都有资格享受财政补贴。与此同时，补贴的额度、标准城乡统一，所有参保者都能享受同等的补贴。嘉兴对养老金的财政补贴主要由四部分构成：基础养老金、缴费基数个人账户补贴、缴费年限养老金补贴、中高龄老人养老金补贴。只要迈过了制度门槛，嘉兴市政府将"补贴到底"，补贴贯穿缴费时、领取时与领取后期全程。

在精细化治理层面，嘉兴市委、市政府特别强调"分配原则公平"与"分配方式公平"。尽管嘉兴的个人账户补贴城乡统一，但在参保缴费期间，财政根据参保人员的缴费基数，坚持对个人账户实行"分级补贴"，即分为四个级别进行补贴，在各级别内补贴额度统一，以此鼓励多缴多得。500元、1800元、2600元和3330元的个人缴费档次享受的缴费补贴额度依次为50元、388元、637元和900元。在参保人达到60周岁开始领取待遇后，嘉兴财政又将给予基础养老金和缴费年限补贴。同时，嘉兴还向中高龄老人发放高龄津贴，具体为：65周岁及以上老人每人每月增发40元补贴（只享受基础养老金人员要求为70周岁及以上），80周岁及以上老人每人每月增发90元，90周岁及以上老人每人每月增发150元。省级标准为仅向80周岁及以上老人每人每月增发50元补贴，嘉兴远超该标准。截至2020年底，嘉兴基本实现了农村居民的普遍参保，城乡居保的农村居民覆盖率超过92%。嘉兴社会保障制度的"对象友好"与"过程友好"，在强调"无差异""同等化"的同时，又彰显了制度运行的"普遍公平"与"分配公平"。

（三）制度优化的"政府主导"与"高标准"原则

目前，国家与各省对城乡居保待遇的调整基本仅限于增加基础养老金，一般由国家、省级发布最低标准，地市级根据实际再自定额度。为进一步增强城乡居保制度的吸引力与发展力，长期以来，嘉兴对标长三角一体化区域，并且尤以上海为参照，不断优化制度的托底保障功能。自2009年以来，嘉兴连年调整基础养老金标准，实现了一年一调，并且每次都增加15～20元。嘉兴的基础养老金标准已由2009年的60元/月、2011年的100元/月、2014年的125元/月、2015年的145元/月、2017年的165元/月涨至2018年的185元/月，直到2019年突破200元/月的大关，达到205元/月。2020年，嘉兴的基础养老金标准进一步提高，上调至225元/月。

在制度优化上，嘉兴具有明显的政府主导的治理特色。嘉兴市委、市政府尤为强调财政对民生的投入与重视，其补贴力度之大、补贴额度之高、持续时间之长，实属全国少有，是实施乡村振兴的重要案例。尽管如此，嘉兴认为其城乡居保的待遇调整空间仍然偏窄、步伐较为缓慢。从长三角一体化区域来看，上海基础养老金的最低标准已达1 010元/月，"苏锡常"为500元/月，均高出浙江省同等地市水平。嘉兴认为需要进一步提升该市城乡居保整体待遇水平，应将调整步伐迈得更大一些。嘉兴人力资源和社会保障局曾定下2021年的初步计划，以"走在前列"为发展目标，考虑通过一次性提高80～100元/月来推动基础养老金调整的"提标提速"，使改革发展成果更多、更公平地惠及全体人民，为建党百年献礼。

三、共同富裕先行先试：打造城乡统筹"继续走在前列"的嘉兴样板

2021年是建党100周年，也是全面建设社会主义现代化国家新征程

的起始年，更是嘉兴乘势而上开启全面建设社会主义现代化先行市新征程的第一年。2004年以来，嘉兴坚持改革发展成果城乡共享，城乡居民收入比于2021年降至1.61∶1，城乡差距全省最小，统筹城乡水平全省最优，城乡统筹发展始终走在全省乃至全国前列，走出了一条具有嘉兴特色的城乡融合发展之路。

坚持民生优先、强化政府职责是嘉兴市委、市政府建设高质量社会保障体系的出发点与落脚点。2004年，嘉兴启动"六个一体化"发展规划，加快统筹城乡的发展，为城乡共同富裕打下了坚实的基础。2020年，为进一步织密网、强兜底，推动更加优质均衡、惠及全民的社会保障制度构建，自当年11月1日起，嘉兴市委、市政府将"覆盖全民"推广至在嘉兴就业、居住和就读的港澳台居民，允许其依法参加社会保险并享受与当地市民同等的社保待遇。下一步，嘉兴将进一步探索拓宽城乡居保待遇调整的方式，增大对缴费人群的倾斜力度，提高缴费年限补贴，通过适当引入职工养老保险"权利和义务对等、缴费与待遇挂钩"的理念，强化"多缴多得、长缴多得"的机制构建，进一步加大缴费人员享受待遇的比重。同时，嘉兴还将适当引入缴费人员月基础养老金按比例调整待遇，逐步建立稳定的城乡居保调资体系。

在新发展阶段，嘉兴将充分发挥改革开放先行地和城乡统筹发展的比较优势，努力在社会主义现代化建设新征程中继续走在前列。"十四五"时期，嘉兴将进一步发挥市场和社会作用，集中更多资源投向民生领域，构建更加优质、均衡、普惠的公共服务体系，打造高品质民生福地，共建共治共享，构建社会发展新局面。在社会保障方面，嘉兴将努力在"扎实推进共同富裕"上多探路、多实践，以打造新时期全省乃至全国城乡统筹发展的典范。嘉兴将更加注重协调发展与共同富裕，坚持既把"蛋糕"做大又把"蛋糕"分好的原则，持续构建贯穿全生命周期的、高质量的社会保障网络体系，并加快打造新阶段社会保障制度建设的新发展格局，使人民需求普遍得到更高水平的满足，人民群众的获得感、幸福感、安全感不断提升，为嘉兴实现更高水平的社会主义现代化，在全国继续发挥社会保障体系"城乡一体、覆盖全民"的示范作用奠基。

第五节　从持续走低到根本性扭转：浙江省生育率恢复性增长模式与策略创新

十九届五中全会强调要"增强生育政策包容性、全面性、前瞻性和均衡性"，以应对我国生育水平持续走低的变动态势。"全面二孩"政策实施以来，随着二孩生育堆积效应的释放结束，近些年浙江省生育水平出现了增长乏力的现象。在社会经济压力的影响下，女性婚育的进度效应仍未显现。分析浙江省生育率变化动因对于判断未来浙江人口发展趋势具有重要意义。本节运用 2019 年浙江人口与家庭动态监测调查数据，细致分析浙江省生育状况，从微观层面对浙江省二孩政策异质性效果进行分析，并从中探讨浙江省生育率持续走低的进度性成因、社会性成因，探索实现浙江省生育率恢复的增长模式。

此外，为了探究 2020 年新冠疫情对于浙江省生育层面的影响，我们于 2020 年 8 月针对 2019 年浙江省人口与家庭动态监测调查中 20～34 岁旺盛期年龄女性样本进行追踪研究。追踪样本的选取过程兼顾浙江地级市区域分布，以绍兴、金华、台州为浙北、浙中、浙南的代表性城市进行追踪。三地市 20～34 岁女性占全省 20～34 岁样本的 26.5%，具有一定的省级代表性。通过对金华市、绍兴市与台州市样本采取"应追尽追"的原则，最终追踪样本量占 2019 年三地市旺盛期年龄女性的 57.3%，并通过在当地随机抽取补充样本，使 2020 年调查样本量占到 2019 年三地市旺盛期年龄女性的 69.7%。因此，本节认为 2020 年追踪调查在一定程度上能够反映浙江省 2020 年生育状况与生育意愿的变动情况。

一、浙江省女性平均生育子女数变动分析

本节通过年龄—时期—队列交互的视角，基于 2019 年浙江人口与家庭动态监测调查数据，利用"全面二孩"政策对于不同出生队列女性生育行为的暴露时期的差别，来识别"全面二孩"政策实施前后不同特征女性平均生育子女数量的变动情况，提炼浙江省女性在"全面二孩"政策实施前后生育特征的变化特点。

具体而言，本研究选取 2019 年调查中 15～23 岁、24～28 岁、29～33 岁、34～38 岁、39～43 岁、44～49 岁 6 个年龄组，她们在 2015 年 11 月，即二孩政策实施起始时，分别为 11～19 岁、20～24 岁、25～29 岁、30～34 岁、35～39 岁、40～45 岁。针对 2019 年的调查样本，44～49 岁组女性由于在 2015 年已经基本退出生育队列，几乎不受"全面二孩"政策的影响。39～43 岁组女性在 2015 年退出了生育旺盛期，但是仍然受到了"全面二孩"政策的覆盖。24～28 岁、29～33 岁、34～38 岁女性为 2015 年处于 20～34 岁生育旺盛期年龄的女性，其中 29～33 岁、34～38 岁组是完全可以在二孩政策期内完成二孩生育的女性，其生育行为更容易受到政策调整的影响。

上述 6 个年龄组与全部育龄已婚女性的平均生育子女数及生育二孩及以上女性占比如表 3.12 所示。生育二孩及以上女性比例与平均生育子女数的相对高低具有高相关性，具体表现为：34～38 岁组的女性平均生育子女数量与生育二孩及以上女性比例均最高，39～43 岁组、29～33 岁组的女性平均生育子女数量与生育二孩及以上女性比例次之。这已经体现出"全面二孩"政策通过增加二孩生育提升浙江省生育水平

的显著政策效果。政策对于2015年30～34岁女性二孩生育的作用效果最明显，对于2015年35～39岁赶"二孩生育末班车"的女性也有很好的政策效果。24～28岁组由于基本没有完成一孩与二孩生育，其平均生育子女数与生育二孩及以上比例仍较低。最高年龄组与最低年龄组基本不存在生育行为，此处不再做讨论。

表3.12 浙江省不同年龄已婚育龄女性生育子女数与二孩生育比例

年龄组	样本数量	平均生育子女数	生育二孩及以上的女性比例
15～49岁	3 604	1.392 3	39.35%
44～49岁	968	1.366 7	34.30%
39～43岁	800	1.455 0	42.88%
34～38岁	745	1.502 0	48.32%
29～33岁	751	1.383 5	40.48%
24～28岁	305	1.114 8	28.28%
15～23岁	35	0.942 9	22.86%

资料来源：由2019年浙江人口与家庭动态监测调查数据计算得出。

基于上面的总体分析，本节着重分析2019年24～49岁的5个年龄组，进一步对不同户籍、收入水平与就业单位分类下的女性在"全面二孩"政策实施前后生育状况的变动特征进行分析。

农业户口女性由于"一孩半"政策，平均生育数量显著多于非农户口女性。通过对比29～43岁年龄组与44～49岁年龄组农业户口与非农户口女性平均生育数的差距，我们发现，"全面二孩"政策的施行缩小了农业户籍与非农户籍女性之间的生育差距。由表3.13可见，44～49岁不同户籍女性的平均生育子女数差约为0.27个，而受二孩政策影响最大的34～38岁年龄组中不同户籍女性的平均生育子女数差约为0.17个。29～33岁、39～43岁组不同户籍女性的平均生育子女数差均小于 0.27 个。

表 3.13 户籍分层下浙江省育龄女性平均生育子女数

户籍分层	24～28 岁	29～33 岁	34～38 岁	39～43 岁	44～49 岁
农业户口	1.190 5	1.445 3	1.554 0	1.500 9	1.429 3
非农业户口	0.878 4	1.226 4	1.389 8	1.349 8	1.160 0

资料来源：由 2019 年浙江人口与家庭动态监测调查数据计算得出。

从女性的收入分层来看，更高收入水平的育龄女性的平均生育子女数更少，收入水平的提高会显著降低女性的生育数量（见表 3.14）。针对不同收入水平下 5 个年龄组平均生育子女数的差异分析，可以发现，"全面二孩"政策显著提高了不同收入水平的女性生育数量，且对高收入女性平均生育子女数的提升效果更强。具体而言，从年收入在 12 万元以上的女性来看，34～38 岁组与 39～43 岁组女性的平均子女数与 44～49 岁组女性的平均子女数的差值分别约为 0.25 个、0.19 个。相比其他收入组的女性而言，受二孩政策影响较大的高收入女性生育子女数量增加最多。这也使得不同收入水平女性平均生育子女数的差距有所缩小。

表 3.14 收入分层下浙江省育龄女性平均生育子女数

收入分层（元）	24～28 岁	29～33 岁	34～38 岁	39～43 岁	44～49 岁
[0,30 000)	1.252 4	1.565 5	1.616 9	1.570 2	1.439 1
[30 000,60 000)	1.131 9	1.461 4	1.495 8	1.452 8	1.372 8
[60 000,90 000)	1.016 4	1.292 2	1.401 6	1.446 8	1.274 5
[90 000,120 000)	0.892 9	1.213 0	1.527 5	1.284 0	1.254 2
>120 000	0.954 5	1.148 6	1.373 6	1.316 5	1.122 5

资料来源：由 2019 年浙江人口与家庭动态监测调查数据计算得出。

在不同的就业单位分层下，总体而言，浙江省平均生育子女数由高到低依次为无单位女性，个体工商户女性，私营企业女性，国有企业与集体企业女性，机关事业单位女性与社会组织、基层自治组织女性（见表3.15）。但是，在不同的年龄组中，不同职业女性受到二孩政策的影响有所不同。无单位女性受到二孩政策的影响效果最强，34～38岁组、39～43岁组的无单位女性的平均生育子女数比44～49岁组分别约高出0.36个、0.19个。34～38岁组、39～43岁组的机关事业单位女性的平均生育子女数比44～49岁组分别约高出0.29个、0.16个。无单位女性与机关事业单位女性作为整体生育水平最高和较低的女性群体，具有很强的生育堆积效应。

表3.15 就业单位分层下浙江省育龄女性平均生育子女数

就业单位分层	全样本	24～28岁	29～33岁	34～38岁	39～43岁	44～49岁
机关事业单位	1.187 5	0.781 3	1.230 8	1.379 3	1.257 6	1.094 3
国有企业、集体企业	1.206 3	1.000 0	1.209 0	1.292 3	1.241 9	1.175 7
私营企业	1.339 4	1.011 4	1.301 5	1.425 0	1.397 6	1.355 2
个体工商户	1.513 9	1.375 0	1.513 5	1.561 7	1.576 3	1.481 5
社会组织、基层自治组织	1.082 0	0.875 0	1.250 0	1.066 7	1.100 0	1.062 5
无单位	1.546 4	1.588 2	1.517 2	1.774 2	1.604 7	1.418 9

资料来源：由2019年浙江人口与家庭动态监测调查数据计算得出。

综上所述，"全面二孩"政策有效提升了浙江省女性生育水平，特别是提升了二孩生育率。在所有育龄段中，2015年30～39岁组的女性受二孩政策影响更大。二孩政策还体现出了缩小农业与非农业户籍女性生育差距、缩小不同收入水平女性生育差距的作用。二孩政策有效释放了无单位女性与机关事业单位女性的二孩生育意愿。

二、浙江省生育率恢复性增长特征

浙江省持续走低的生育率受到人口内部原因与外部经济社会环境的共同影响。根据上面的分析，我们已经得知，收入水平的提高会显著降低女性的生育水平。此外，新冠疫情这类外生性事件也会对浙江省生育率变动产生影响。本部分将从进度性增长、稳定性增长、短暂性增长、平衡性增长四个方面阐释未来浙江省生育率恢复性增长空间，为未来浙江省生育率变动趋势的扭转提供理论与经验依据。

（一）婚育年龄推迟的进度性增长

根据本节的分析可知，2015 年 20～24 岁、25～29 岁组的女性还没有完成生育一孩与二孩的行为，而 2015 年 30～34 岁、35～39 岁组的女性已经基本释放完了生育意愿，其中的时间间隔造成了浙江省生育率持续走低的进度性趋势。本部分首先通过综合分析两次调查中相同年份、不同群体的生育指标与不同年份、相同群体的平均生育年龄变动，分析浙江省生育行为中存在的进度效应。

由于近年来中国社会存在着婚育结构的重大转变，初婚年龄的推迟在很大程度上造成生育行为的推迟。表 3.16 显示，与 2015 年相比，2019 年结婚的女性平均年龄提高了约 1.34 岁。此外，2019 年抽样样本中，最小的初婚者年龄为 20 岁，相比 2015 年提升了 2 岁。这些数据统计结果都显示了浙江省正面临的女性初婚年龄降低的趋势。

表 3.16　不同婚姻队列下浙江省女性初婚年龄

结婚队列	样本数量	平均值	标准差	Min	Max
2015 年	118	24.983 1	3.481 3	18	42
2016 年	101	25.277 2	3.040 1	19	33
2017 年	87	25.758 6	3.666 2	18	39

续表

结婚队列	样本数量	平均值	标准差	Min	Max
2018 年	92	25.293 5	3.639 0	19	38
2019 年	40	26.325 0	3.885 5	20	36

资料来源：由 2019 年浙江人口与家庭动态监测调查数据计算得出。

表 3.17 显示了 2019 年调查与 2020 年追踪调查中，针对 15～49 岁育龄女性以及 20～34 岁旺盛期育龄女性的分孩次生育年龄统计情况。可知，与 2019 年旺盛期女性的生育年龄相比，2020 年旺盛期女性一孩生育年龄推迟了 0.37 岁，二孩生育年龄推迟了 0.76 岁，变动幅度较小。由于 2020 年的样本以追踪样本为主，考虑到生育是严格的递进行为，此处生育年龄的推迟可以认为是 2019 年调查时未生育的旺盛期女性在 2020 年调查时有了一孩或二孩生育行为导致的，即 2020 年旺盛期女性生育年龄的推迟可以视作一种生育潜力的释放。

表 3.17　2019 年与 2020 年育龄女性与旺盛期女性分孩次生育年龄

单位：岁

变量名称	2019 年育龄女性	2019 年旺盛期女性	2020 年旺盛期女性
生育一孩的年龄	24.50	24.16	24.53
生育二孩的年龄	29.95	26.98	27.74

资料来源：由 2019 年与 2020 年浙江人口与家庭动态监测调查数据计算得出。

与 2019 年旺盛期女性相比，2019 年育龄女性生育一孩的年龄推迟了 0.34 岁，生育二孩的年龄推迟了 2.97 岁。2019 年浙江省育龄女性的二孩生育年龄明显晚于旺盛期女性。同一时期两个群体的二孩生育年龄比较结果表明了浙江省旺盛期女性在二孩生育方面还具有很大的空间。婚育推迟造成的二孩生育潜力将会在未来几年中逐步得到释放，进而促进浙江省生育率的进度性提升。

（二）不孕状况改善的稳定性增长

女性的生殖健康状况会影响女性的实际生育状况符合其生育意愿。促进女性不孕状况的改善，可以使女性降低生育决策中的健康风险，满足自己的生育意愿，利于人口生育水平稳定性提升。参考临床医学中"一对性活跃的、无避孕措施的夫妇无法在一年内怀孕"的不孕定义，本部分将女性与配偶在不采取任何避孕措施、婚龄大于等于一年的条件下仍没有怀孕经历作为女性不孕的定义。本节计算了考虑现有避孕状况下的浙江省女性不孕率（记作不孕率-1）。2019—2020 年浙江省不同育龄状态女性不孕率统计状况如表 3.18 所示。

表 3.18　2019—2020 年浙江省不同育龄状态女性不孕率

年份	15～49 岁育龄女性		20～34 岁旺盛期女性	
	2019	2020	2019	2020
不孕率-1	16.06%	13.84%	18.30%	14.29%
不孕率-2	1.17%	0.94%	2.51%	1.79%

说明：2020 年育龄女性根据假定其他年龄段女性不孕率不变推算得出。2020 年旺盛期女性不孕率-2 根据 2019 年不孕率信息匹配计算得出。

资料来源：由 2019 年与 2020 年浙江人口与家庭动态监测调查数据计算得出。

$$\text{不孕率-1} = \frac{\text{不孕女性样本数}}{\text{不采取任何避孕措施且婚龄大于等于一年的女性样本数}}$$

计算可知，2019 年浙江省女性不孕率-1 为 16.06%，即每 100 名不采取任何避孕措施，且婚龄大于等于一年的女性中，有 16.06 名女性不孕。在针对 2019 年旺盛期女性进行分析时，共有 153 名不采取任何避孕措施、婚龄大于等于一年的旺盛期女性样本，其中有 28 人不孕。计算可知，2019 年浙江省旺盛期女性不孕率-1 约为 18.30%。

以仅是婚龄大于等于一年的女性作为参照，将不孕率的第二计算指标（记作不孕率-2）定义为：

$$不孕率-2 = \frac{不孕女性样本数}{婚龄大于等于一年的女性样本数}$$

根据 2019 年调研数据，浙江省共有 40 名不孕女性样本，共有 3 410 名婚龄大于等于一年的育龄女性样本。因此，2019 年浙江省 15～49 岁女性不孕率-2 约为 1.17%。针对旺盛期女性进行分析时，浙江省共有 28 名不孕旺盛期女性样本，共有 1 117 名婚龄大于等于一年旺盛期女性样本，因此 2019 年浙江省旺盛期女性不孕率-2 约为 2.51%。

本节运用 2020 年追踪数据对 2020 年旺盛期女性不孕率进行了测算，并对 15～49 岁育龄女性不孕率进行了推算。表 3.18 结果显示，与 2019 年相比，根据 2020 年浙江省人口与家庭动态监测调查数据计算的旺盛期女性不孕率低于 2019 年的水平。现有调研结果表明，2020 年浙江省旺盛期女性的不孕状况与 2019 年相比，存在一定程度的改善。浙江省女性不孕率的降低将促进浙江省生育率恢复性增长。

（三）新冠疫情引发的短暂性增长

新冠疫情可能会改变女性的生育意愿与生育行为，进而影响浙江省生育情况。为了探究新冠疫情对于浙江省女性生育意愿的影响，本部分通过 2020 年调查信息与 2019 年调查信息的横向匹配，计算得出了同一批被访者在新冠疫情前后生育意愿的变动状况。

图 3.21 展示了新冠疫情前后浙江省旺盛期女性期望子女数与打算生育子女数量变动情况。期望子女数的定义为不考虑个人家庭实际状况的情况下，个人期望生育的子女数量。打算生育子女数的定义为考虑个人家庭实际状况的情况下，个人期望生育的子女数量。与 2019 年相比，2020 年旺盛期女性期望子女数提升了 0.02 个，2020 年旺盛期女性打算生育子女数没有发生变化。具体而言，79.61% 的女性的期望子女数没有

变化，0.49%的女性的期望子女数下降了2个，6.80%的女性的期望子女数下降了1个，0.97%的女性的期望子女数下降了0.5个，4.37%的女性的期望子女数提升了0.5个，7.28%的女性的期望子女数提升了1个，0.49%的女性的期望子女数提升了2个。针对打算生育子女数，有11.30%的女性打算生育子女数有所下降，有12.42%的女性打算生育子女数有所上升，有76.27%的女性打算生育子女数没有发生变化。综上，我们认为在新冠疫情前后，浙江旺盛期女性的生育意愿并没有发生显著变化。

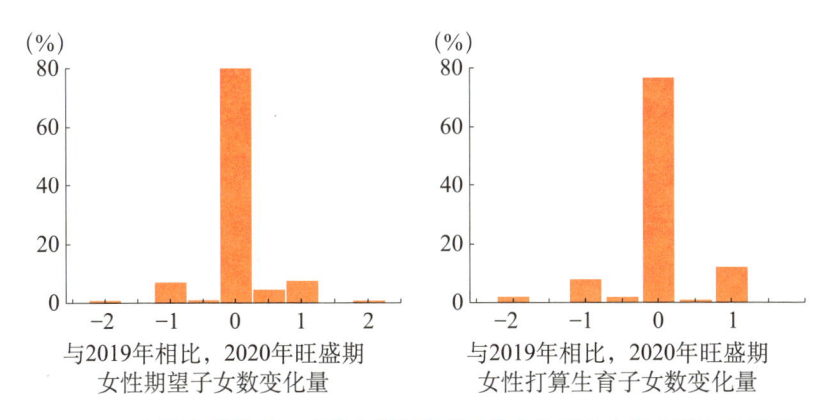

图 3.21　新冠疫情前后旺盛期女性期望子女数与打算生育子女数变动状况

资料来源：由2019年与2020年浙江人口与家庭动态监测调查数据计算得出。

为了探究新冠疫情给浙江省女性生育行为带来的影响，本节的识别策略为通过探析2020年疫情开始后浙江省未怀过孕的女性比例相对于2019年的变化，来判断新冠疫情前后浙江省女性怀孕行为的变化。2019年，浙江省婚龄大于一年且未怀过孕的旺盛期女性数量占全部婚龄大于一年的旺盛期女性总量的3.40%；2020年，这一数据下降至2.24%。这一数据侧面反映了在新冠疫情开始后，浙江省婚龄大于一年且有过怀孕经历的旺盛期女性比例比疫情前增加了1.16个百分点。但是，由于同期内浙江省不孕率也有所下降，为了判断浙江省婚龄大于一年的旺盛期女性怀过孕的比例提升是由于不孕状况改善造成的还是新冠疫情期间居家隔离行为造成的，本节定义如下自主未孕比例，对于浙江省婚龄大于一年的未怀过孕的旺盛期女性比例进行分解：

$$自主未孕比例 = \frac{未怀孕女性样本数 - 不孕女性样本数}{婚龄大于等于一年的女性样本数}$$

如表 3.19 所示，在 2019—2020 年间 1.16% 的婚龄大于一年的旺盛期女性未孕比例变动中，有 0.713% 源于不孕率下降的贡献，0.447% 源于自主未孕比例下降的贡献。其中，自主未孕比例的下降占到了怀过孕的比例变差的 38.53%。与 2019 年相比，2020 年浙江省婚龄大于一年的旺盛期女性在面临一孩生育选择时，自主选择避孕并成功规避一孩生育的比例有所下降。结合图 3.21 可知，由于浙江省新冠疫情前后生育意愿并没有显著提升，新冠疫情发生后自主未孕比例的降低更多是由于非意愿怀孕比例提升，即意外怀孕比例提升导致的。考虑到疫情后育龄女性理想子女数的小幅提升，也可反映出新冠疫情期间群众减少避孕、放任意外怀孕的顺其自然式的生育行为有所增加。

表 3.19　2019 年与 2020 年婚龄大于一年旺盛期女性自主未孕比例分解与变化量

婚龄大于一年的旺盛期女性	2019 年	2020 年	变化量
自主未孕比例	0.895%	0.448%	-0.447%
不孕率-2	2.507%	1.794%	-0.713%

资料来源：由 2019 年与 2020 年浙江人口与家庭动态监测调查数据计算得出。

由于本节的测度指标只能反映出旺盛期女性在结婚一年后一孩的意外怀孕比例的增加，考虑到新冠疫情对于一孩生育与二孩生育行为共同的影响机制，结合课题组的访谈调研信息，我们认为新冠疫情后二孩意外怀孕的比例也将有所上升。考虑到新冠疫情带来的生育短暂性增长趋势,浙江省未来生育率将会呈现短期性增长趋势,助力浙江省生育率的恢复性增长。

(四)生育意愿实现的平衡性增长

生育意愿往往低于实际生育水平,这种生育赤字也会影响浙江生育率。不断降低浙江省女性生育赤字水平,达到生育意愿与实际生育的平衡,是实现浙江省生育率恢复性增长的另一模式。

本部分将生育赤字定义为女性打算生育数与实际生育数的差值。我们首先统计了 2019 年不同年龄组生育赤字水平的差异。如表 3.20 所示,生育赤字的变化也存在进度效应。随着年龄的推移,浙江省女性生育赤字水平不断降低,直至基本平衡。随着年龄的推移,育龄女性的生育潜力不断释放,使得实际生育水平越来越接近生育意愿。因此,生育赤字会伴随婚育延迟产生的进度效应,提升浙江省未来生育率水平。

表 3.20 不同年龄组女性实际生育数与打算生育数差值

年龄组	20~24 岁	25~29 岁	30~34 岁	35~39 岁	40 岁以上
生育赤字	0.769 2	0.452 3	0.200 4	0.065 8	0.025 2

资料来源:由 2019 年浙江人口与家庭动态监测调查数据计算得出。

经过异质性分析,可以发现受教育程度对生育赤字水平具有显著影响。如表 3.21 所示,随着育龄女性受教育程度不断提高,女性的生育赤字水平也不断提高。其中,大学本科受教育程度女性实际生育数量比其打算生育数量少约 0.24 个,硕博研究生受教育程度女性实际生育数量比其打算生育数量少约 0.23 个。通过对大学本科及以上学历、大学本科以下学历女性在"我家经济上是否负担得起再生一个孩子"这一问题进行组间均值 t 检验,可以发现高受教育程度女性在 0.001 的显著性水平上更认为自己的家庭在经济上无法负担得起再生育一个孩子。考虑到这一群体教育的收入回报更高,高收入群体的生育行为应更容易受到职业发展、同侪压力、家庭压力等社会性因素的影响,所以其生育赤字水平较高。因此,促进育龄女性生育率平衡性增长的核心是促进高受教育程度女性生育率平衡性增长。提升高受教育程度女性生育率需要减轻这一群体生育的社会经济压力,这更需要制度保障。

表 3.21 不同受教育程度女性实际生育数与打算生育数差值

受教育程度	小学及以下	初中	高中	大专	大学本科	硕博研究生
生育赤字	0.051 5	0.076 1	0.127 5	0.228 7	0.238 4	0.225 8

资料来源:由 2019 年浙江人口与家庭动态监测调查数据计算得出。

三、结论

通过数据的比对分析,课题组发现,"全面二孩"政策有效提升了浙江省育龄女性的生育水平,尤其是二孩的生育水平。新冠疫情发生后,浙江省的生育水平经历了短暂性的提高,但因为浙江疫情防控措施到位、效果明显,女性的生育意愿并没有发生明显转变。理论上,一孩和二孩的生育间隔可达 2~20 年。考虑到婚育年龄的大幅推迟,浙江省育龄女性的生育模式正由"窄峰型"向"宽峰型"转变。在生育政策交错、生育观念转型、生育率发生结构性变化的时期,更要关注生育状况中的异质性与结构性变化。在"全面二孩"政策推出与新冠疫情发生后,浙江省育龄女性的生育特征主要表现为以下六点。

(1)"全面二孩"政策推出后,浙江省中高龄女性二孩生育较多,生育堆积释放明显。没有受到"全面二孩"政策影响的 2015 年 40~45 岁女性平均生育子女数约为 1.37 个,二孩生育比例为 34.3%。"全面二孩"政策对于 2015 年 30~34 岁女性生育提升的效果最明显,其平均生育子女数量约为 1.50 个,二孩生育比例约为 48.3%。"全面二孩"政策对 2015 年 35~39 岁赶"二孩生育末班车"的女性也有很好的政策效果,其平均生育子女数量约为 1.46 个，二孩生育比例为 42.9%。

（2）浙江省育龄女性群体间生育水平趋于同化，异质性较弱。"全面二孩"政策的施行缩小了不同户籍、不同收入水平女性的生育差距。受二孩政策影响最大的 34~38 岁年龄组中，农户与非农户女性的平均生育子女数差值比 44~49 岁组减少了 0.1 个；从年收入在 12 万元以上的高收入女性来看，34~38 岁和 39~43 岁组女性的平均子女数与 44~49 岁组女性的平均子女数的差值分别为 0.25 个、0.19 个，高于对应年龄段其他收入水平的女性。无单位的女性受二孩政策影响效果最强，机关事业单位女性受二孩政策影响效果次之。

（3）浙江省旺盛期育龄女性婚育推迟明显，生育势能有待释放。如前所述，与 2015 年相比，2019 年女性平均初婚年龄提高了约 1.34 岁，存在明显的婚姻推迟。与 2019 年旺盛期女性的生育年龄相比，2020 年旺盛期女性一孩生育年龄推迟了 0.37 岁，二孩生育年龄推迟了 0.76 岁，存在一定的生育推迟。与 2019 年旺盛期女性相比，2019 年育龄女性生育一孩的年龄推迟了 0.34 岁，生育二孩的年龄推迟了 2.97 岁，表明浙江省旺盛期育龄女性在二孩生育方面还具有很大的空间。

（4）浙江省旺盛期育龄女性不孕状况改善明显，生育潜力较大。2019 年浙江省 15~49 岁女性不孕率为 16.06%，2020 年浙江省 15~49 岁女性不孕率为 13.84%；2019 年浙江省旺盛期女性不孕率为 18.30%，2020 年浙江省旺盛期女性不孕率为 14.29%，均存在一定程度的改善。

（5）新冠疫情开始后，意外怀孕风险加剧，浙江省生育率水平短期性提升。在新冠疫情开始后，浙江省婚龄大于一年且有过怀孕经历的旺盛期女性比例比疫情开始前增加了 1.16 个百分点，其中的 0.713 个百分点源于不孕率下降的贡献，0.447 个百分点源于自主未孕比例下降的贡献。由于浙江省新冠疫情前后生育意愿并没有显著提升，所以新冠疫情开始后自主未孕比例的降低更多是由于非意愿怀孕比例提升，即意外怀孕比例提升导致的。考虑到疫情开始后育龄女性理想子女数的小幅提升，也可推测新冠疫情期间，群众减少避孕、放任意外怀孕的顺其自然式的生育行为有所增加。

（6）浙江省女性优生优育观念强烈，受教育水平与生育率负相关性较强。随着育龄女性受教育程度的不断提高，女性的生育赤字水平也不断提高。大学本科受教育程度女性实际生育数量比其打算生育数量少约0.24个，硕博研究生受教育程度女性实际生育数量比其打算生育数量少约0.23个。高受教育程度女性相比低受教育程度女性而言，更加坚持优生优育的观念，认为自己的家庭在经济上无法负担得起再生育一个孩子。需要通过减轻高学历女性的社会性压力来降低其生育赤字水平。

四、政策建议

通过追踪调查，课题组发现，由于社会育儿"富养""优养"的氛围浓厚，高昂的育儿成本导致浙江省女性生育二孩的意愿并不强烈。尽管超过80%的浙江女性认为两个孩子最理想，但只有40%的女性打算生二孩，生育意愿与生育行为的严重不匹配急需公共政策的扶持。因此，本节从提高生育意愿与保护生育能力两个角度出发，提出以下政策建议，以实现浙江省低生育率局面的根本性扭转。

第一，建立"家庭教育消费券"奖励制度，降低高学历女性生育的经济成本与减轻其社会性压力，大力促进高学历女性的二孩生育。大学本科及以上学历毕业的女性的生育赤字水平较高，若其在相对较低的年龄完成了二孩生育，会大力促进浙江省人力资本积累以及生育率恢复性增长。本节提出的"家庭教育消费券"奖励制度设计如下：若大学本科毕业女性在28岁以前（含28岁）完成了二孩生育，硕士毕业女性在30岁以前（含30岁）完成了二孩生育，博士毕业女性在34岁以前（含34岁）完成了二孩生育，直接向其发放50 000元家庭教育消费券，抵扣其托育教育费用。"家庭教育消费券"奖励制度还可以鼓励外省具有高生育意愿的高学历女性流入浙江,进而促进浙江省人才建设。

第二,降低女性育儿的机会成本,建立家庭与社会支持体系。当前部分行业还存在较为严重的性别歧视问题,应大力减少"母职惩罚",建立男性育儿产假制度,保证女性在育儿期内的职业发展。还应呼吁社会针对3岁以下儿童的母亲提供更为灵活的工作时间与育儿、托育假期,建设性别平等的职业生态,营造良好的社会氛围。

第三,完善社会托育托幼服务体系,缓解女性育儿压力。由于母亲面临着家庭工作与社会工作的冲突,要通过社会托育托幼服务来补充家庭女性托育托幼工作,为女性生育的社会贡献进行反馈。要注重提升托育托幼服务质量,确保儿童的优质成长环境。

第四,加强育龄女性的全生命周期健康管理,保护生育力,降低不孕发生率。当前,浙江省女性不孕状况虽然有所改善,但是仍然处在一种高位水平。为有生育意愿的家庭提供生育的机会是未来人口家庭发展的工作重心,而不孕医疗服务、产后护理服务均是确保女性全生命周期健康的重要一环。要通过整合妇幼医院的医疗资源与社区医疗资源,对产前产后女性健康状况进行追踪监测,并通过发展辅助生殖技术,补贴辅助生殖周期内的部分费用,减轻家庭孕儿的经济负担。

第五,重点挖掘城镇女性、高收入女性、机关事业单位女性、高学历女性等低生育群体的生育潜力,提升其生育意愿与实际生育数量,为浙江省提升未来生育水平提供政策着力点。

第六,重视女性不婚不育行为的教育与治理。较高的不婚率与离婚率将对浙江省未来的生育状况造成不利影响。需要针对当前"90后"离婚率较高的社会现象制定一定的公共对策,并对青年女性的结婚行为进行正确引导,如建立离婚冷静期制度,降低"激情离婚"发生的比例,从而降低浙江省离婚率。另外,可以在社区层面对于初婚家庭进行适当的民政补贴,进一步提升结婚率。

第六节 医疗卫生事业发展与医养结合规划路径——以台州市天台县为例

一、天台县医疗卫生与养老服务事业发展状况及存在的问题

（一）天台县医疗健康产业状况及存在的问题

1. 天台县公共卫生服务发展状况

截至2020年末，天台县共有户籍人口60万，全县人均预期寿命达80.85岁，比2015年（77.5岁）提高了3.35岁；孕产妇死亡率为9.5/10万，比2015年（4.76/10万）上升了4.74个十万分点；5岁以下儿童死亡率为8.5‰，比2015年（7.40‰）下降了1.1个千分点；居民健康素养水平为26%，比2015年（16%）上升了10个百分点。居民健康状况近年来取得了较大改善。

2015—2020年，原12项基本公共卫生服务人均补助标准由40元提高至65元，新增经费全部落实到乡村和城镇社区。电子健康档案开放率达到50%以上。通过加大重大传染病的防控力度，加强各类慢性病服务与管理，天台县公共卫生水平稳步提升。天台县健康统计结果表明，截至2020年第三季度，高血压和糖尿病规范管理率均提升至70%以上，高血压患者血压控制率提升至60.44%，糖尿病患者血糖控制率提升至

55.6%，重性精神病患者规范管理率提升至98.25%。上述指标表明天台县基本实现"十三五"规划预期目标。

"十三五"期间，天台县中医院整体搬迁项目顺利进行，建设了县人民医院新院区和三合、雷峰、洪畴等一批基层卫生院新院区，修建了妇幼保健计划生育服务中心、疾控中心和卫生监督所综合业务用房。截至2020年末，全县医疗机构共247家，其中含7家医院与1家妇幼保健计划生育服务中心。①

而在本次研究统计中，天台县的医保定点医疗机构共计119家。其中，综合（专科）医院（2家）：天台县人民医院、天台县中医院。民营医院（3家）：天台县新城骨伤科专科医院、天台县罗伟荣眼科医院、天台和济中西医结合医院。乡镇卫生院（15家）：天台县白鹤中心卫生院、天台县福溪街道卫生院（福溪街道社区卫生服务中心）、天台县洪畴镇卫生院、天台县街头镇中心卫生院、天台县雷峰乡卫生院、天台县龙溪乡卫生院（龙溪乡社区卫生服务中心）、天台县南屏乡卫生院（南屏乡社区卫生服务中心）、天台县平桥医院（平桥镇社区卫生服务中心）、天台县三合镇卫生院（三合镇社区卫生服务中心）、天台县三州乡卫生院（三州乡社区卫生服务中心）、天台县石梁镇卫生院（石梁镇社区卫生服务中心）、天台县始丰街道卫生院（始丰街道社区卫生服务中心）、天台县泳溪乡卫生院（泳溪乡社区卫生服务站）、赤城街道社区卫生服务中心、天台县坦头镇中心卫生院。村卫生室包括白鹤镇东庄村卫生室、街头镇叶宅村卫生室、平桥镇长洋村卫生室、坦头镇上宅村卫生室等（详情见图3.22）。

从定点医疗机构数量来看，平桥镇拥有数量最多，共计30家，赤

---

① 天台县统计局关于2020年全县经济和社会发展的统计公报. http：//www.zjtt.gov.cn/art/2021/4/7/art __ 1229296076 __ 3700788.html.

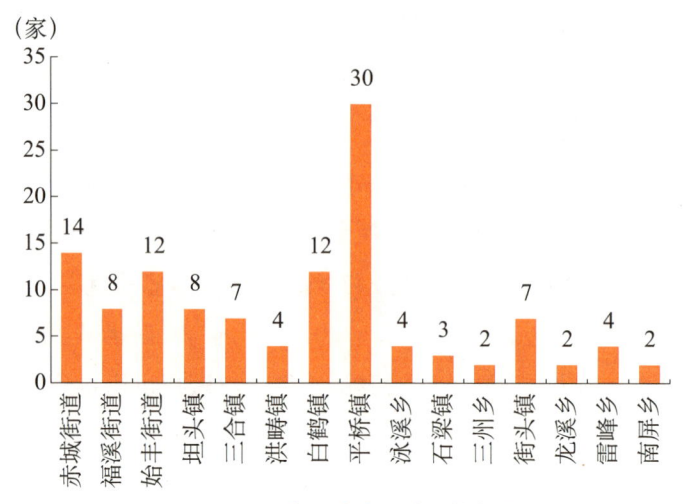

图 3.22 天台县定点医疗机构数量

城街道、始丰街道、白鹤镇的定点医疗机构数量超过 10 家，其余乡镇都在 10 家以下。但考虑到每个乡镇的人口数（2018 年平均人口数），平桥镇每千人平均定点医疗机构数是 0.267 家，泳溪乡、龙溪乡、雷峰乡、始丰街道、三州乡的每千人平均定点医疗机构数超过了 0.2 家，其余乡镇均在 0.2 家以下（详情见图 3.23）。

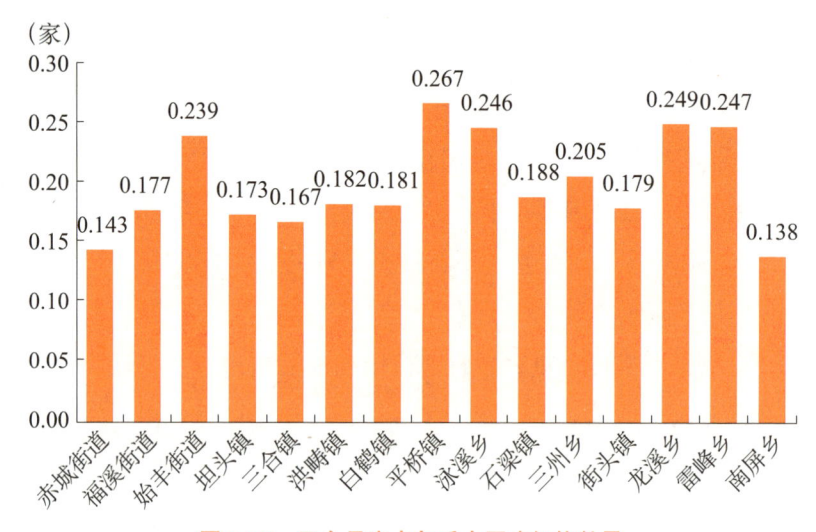

图 3.23 天台县定点每千人医疗机构数量

2. 天台县医疗健康产业存在的问题

（1）人力资源短缺严重。

1）卫生医护人员严重缺乏。除了三个街道，天台县所有乡镇的专业执业医疗人员不到100人，其中三州乡、龙溪乡以及南屏乡不足10人。根据浙江省统计年鉴数据，截至2018年末，杭州市有卫技人员117 425人、执业医师44 896人、注册护士49 911人，每千人卫技人员15.17名、注册护士5.8名、执业医师6.45名；台州市有卫技人员44 797人、执业医师18 103人、注册护士18 493人，每千人卫技人员7.3名、注册护士3.01名、执业医师2.95名。与杭州相比，台州市卫生医护人员不到其一半。台州市在浙江省统计的11个市中排在后三位，与浙江省的平均水平还有相当距离。而天台县执业医师、注册护士、卫技人员人数均低于台州市平均水平。因此，我们可以得出结论：天台县卫生医护人员严重缺乏。

2）公共卫生人力资源分布不均。地区间经济差异较大，从而导致人力资源主要集中在经济较为发达的地区，而经济比较落后的地区，人力资源就相对匮乏，加之大医院发展速度过快，且医务人员不可以随意流动，造成无法发挥医务人员的价值。就天台县而言，不同的街道、乡镇之间医疗卫生机构和执业人员数量差距极大，医疗卫生资源基本分布在三个街道。根据天台县2017年统计年鉴，执业医师数量最多的三个地区分别为赤城街道766人、始丰街道107人、福溪街道182人，占整个天台执业医师数量的76%。而数量最少的三个地区分别为：三州乡8人，龙溪乡8人，南屏乡9人。街道与街道、街道与乡镇之间卫生人力资源分布严重不均，导致有些地区公共医疗资源堆积，有些地区公共医疗资源不足，阻滞公共卫生事业的发展。

3）公共卫生管理人员综合素质稍显欠缺。目前，公共卫生管理系统尚未真正进入人们的视野、得到社会公众的认可，更多人重视的还是医疗机构的发展，而忽视了公共卫生管理对预防疾病等的重要性。而且，医疗行业收入高、社会地位相对较高，导致越来越多的医疗人才、护理人才进入医疗行业，公共卫生方面出现人才断层，公共卫生管理人员综合素质也存在一定的不足，影响了公共卫生管理的高效发挥，影响了公共卫生事业的快速发展。目前，基层医护人员普遍学历层次低，专业构成不合理，技术能力不能较好满足当前群众日益增长的就医需求，与发达国家的全科医生相比，在服务水平、理念上还存在不小的差距。

（2）医疗卫生水平整体不高。

总体来看，天台县居民的基本医疗需求已得到保障，但高端医疗需求和底层就医需求仍没有得到很好满足。基层医疗服务能力不断弱化，特别是基本医疗功能严重萎缩。基层硬件薄弱，大部分乡镇卫生院业务用房面积不达标，床位数不足（实际床位150张，与每千人床位0.98张的标准相差450张）；设备陈旧落后，15家乡镇卫生院医疗设备配置基本未达标，部分医疗设备已接近或超出使用年限，仍在使用。

专科资源供给不足，特别是中医药服务、老年护理、精神卫生、康复等领域服务能力相对不足。重点学科优势不突出，高层次人才短缺，基层卫技人才严重短缺，且优秀人才流失严重，例如，县中医医院执业医师中研究生学历的仅有7人，博士研究生1人。此外，基层医疗机构人才匮乏，县属医疗机构每千常住人口执业（助理）医师数、护士数仅为1.93和1.94（2019年末全国平均值为2.77/3.18，台州市为3.31/3.76）。

（3）公共卫生管理制度有待进一步完善。

"没有制度不成方圆"，完善的管理制度是保证公共卫生管理质量的关键，会大大地减小危机事件发生的概率、降低损害程度。结合公共卫生的实际发展情况，制定相关制度是非常有必要的。但是，我国对于公共卫生的管理发展较晚，所制定的管理制度也相对不完善，很多地区甚至未制定公共卫生管理制度，致使相关人员不能明确自身的职责，很多管理措施无法落实到实处，大大降低了公共卫生的信誉度；再加上相关部门对公共事业的关注力度较低，投资也较少，导致公共卫生管理具有较强的滞后性。

1）危机公关应对措施不足。很多企业部门为了减少甚至消除因危机情况而造成的损失，制定相关的应对措施。危机公关部门需在公共理论的基础上，实施危机应对措施。但是，我国公共卫生管理部门并没有建立科学的危机公关部门，即使建立了该部门，人员、制度等方面也存在较多的不足，这就致使很多危机事件无法得到有效的处理和预防，增大了突发事件发生的概率，降低了公共卫生管理的水平。

2）应急管理系统相对滞后。若建立了完善的应急管理系统，就可提前对公共卫生危机事件进行预测，并对相关信息进行传递，发出警示信号，并及时采取有效措施。但是，在实际的发展过程中居安思危的人较少，很多人缺乏危机意识，应急管理系统不够完善、相对滞后，导致公共卫生事业的发展受到了较大的影响。

（4）公共卫生投入相对较少。

天台县公共卫生投入较少主要体现在四个方面。第一，天台县医疗卫生支出在地方财政总支出中占比较低。2017年天台县地方财政收入一般支出416 031万元，较上一年增长14%；在医疗卫生上支出34 941万元，较上一年增长10%，占财政总支出的8.4%。第二，在较低的医疗卫生投入中，天台县公共卫生投入占比更低。第三，天台县公共卫生投入结构不合理。天台县财政卫生费用投入重治疗、轻预防，重城镇、轻农村，重大型医疗卫生机构、轻社区等基层医疗机构，重硬件、轻软件。第四，天台县各地区间公共卫生投入不均衡。从硬件方面来说，天台县养老机构床位最多的是福溪街道，其次是赤城街道和平桥镇，而南屏乡、石梁镇等七个乡镇各自的养老机构床位数较少。由此可以看出，不同地区之间的医疗卫生资源和财政投入差距极大。

（二）天台县养老产业状况及存在的问题

1. 天台县养老资源状况

课题组以街道（乡镇）作为研究天台县养老服务状况的最小空间尺度。截至 2017 年，天台县街道（乡镇）一共有赤城街道、始丰街道、福溪街道，以及坦头镇、三合镇、洪畴镇、白鹤镇、平桥镇、泳溪乡、石梁镇、三州乡、街头镇、龙溪乡、雷峰乡、南屏乡等 15 个街道（乡镇）。根据天台县各辖区与市区的距离和经济总量、医疗卫生相关数据（详情见表 3.22），本报告将天台县分为三个区域：中心区域、近郊区域、远郊区域。

表 3.22 截至 2017 年天台县三区域人口、经济及医疗状况

划分区域	名称	人口数量	医疗卫生机构数	医疗卫生机构床位数	执业（助理）医生数
中心区域	赤城街道	97 643	46	1 459	766
	始丰街道	49 920	20	122	107
	福溪街道	45 061	17	552	182
近郊区域	坦头镇	46 278	11	50	50
	三合镇	41 903	9	8	6
	洪畴镇	21 942	5	3	16
	白鹤镇	66 496	16	20	70
	平桥镇	112 534	40	75	73
远郊区域	泳溪乡	16 292	2	3	12
	石梁镇	16 062	5	2	11
	三州乡	9 784	2	4	8
	街头镇	39 129	10	36	31
	龙溪乡	8 028	2	2	8
	雷峰乡	16 228	4	0	28
	南屏乡	14 665	3	2	9

资料来源：整理自《天台统计年鉴（2017）》。

由于缺乏天台县乡镇街道层级的老年人口数据，本节以2018年度天台县分乡镇人口数据为基础，结合天台县老年人口数据对分乡镇老年人口数量进行估算。2018年，天台县人口总量共计602 520人，其中60岁以上（含60岁）共115 011人，占总人口的19.09%。因此，本节以19.09%的老龄化率来估算截至2018年年末各乡镇的60岁及以上老年人口。从乡镇街道层面的区域分布来看，天台县老年人口数量最多的三个乡镇街道分别为平桥镇、赤城街道与白鹤镇，老年人口数量分别为21 475人、18 715人与12 641人。天台县老年人口数量最少的三个乡镇分别为龙溪乡、三州乡与南屏乡，老年人口数量分别为1 529人、1 848人与2 739人。由此可见，天台县不同乡镇街道老年人口数量差距较大，存在着空间分布不均衡的总体格局。

本节进一步分析了天台县养老机构的空间分布状况。其中，养老机构数据来自浙江数据开放网，网站相应数据更新的截止时间是2019年8月。研究者共收集了101家养老机构的床位数量、坐标地址等有效统计信息，将采集的相关信息进行清洗、整理后，构建了用于地理空间分析的数据库，用于刻画2019年天台县养老机构规模分布。总体而言，天台县的养老机构总床位数达10 265张，平均床位数为100.6张。其中，护理型床位总数为2 787张，仅占总床位数的27.15%，离浙江省"十三五"老龄事业规划要求在2020年护理型床位占机构总床位的50%还存在差距。然而，进一步考虑天台县的老年人口规模时，研究发现天台县每千名老年人拥有机构床位数为89张，远高于浙江省所制定的每千名老年人拥有机构床位数达40张的指标。因此，天台县养老机构建设存在着资源总量当前相对充沛，然而护理型床位比例相对不足的特点。

从空间分布来看，无论是规模较大的养老机构还是一般规模的养老机构，其所在位置多集中于城市中心区域，即赤城街道、平桥镇与白鹤镇，而石梁镇、南屏乡、洪畴镇存在养老床位区域分布不均的情况。从机构养老资源的空间分布出发，我们发现天台县养老机构之间存在床位数的规模差异。其中，床位数最少的三州乡敬老院仅有15张床位，而最多的天台县平桥镇国设托老所有150张床位。最后，考虑单位老年人口拥有的机构床位数量，赤城街道仍存在相对饱和情况，而石梁镇有3 031位60岁以上老人，仅有一家规模为仅有28张床位的敬老院。因此，虽然天台县养老资源的总量相对充裕，但是相对不平衡的空间布局仍然影响了全县老年人口的养老资源使用。

2. 天台县养老产业存在的问题

（1）医养结合不到位。

目前，医养结合项目暂没有完善的配套政策及方案，需要制定医养融合服务机构的建设规范和服务标准以及符合实际的医保政策支撑体系，建立完善的监督管理机制。当前，社区基层卫生服务机构与养老服务中心仍没有实现功能的整合，难以满足老年人的医养需求。我们需要推进基层医疗卫生服务机构和医务人员与社区、居家养老结合，与老年人家庭建立签约服务关系；提高基层医疗卫生服务机构为居家老年人提供上门服务的能力，规范为居家老年人提供的医疗和护理服务项目；将符合规定的医疗费用纳入医保支付范围，为老年人提供连续性的健康管理服务和医疗服务，满足老年人的医养需求。

（2）群众自我健康管理意识薄弱。

群众整体文化素质不高，对自我健康管理知识了解很少，个人的防护意识薄弱，健康教育接受度较低。同时，随着群众在经济上越来越富裕，群众对健康医疗的需求越来越高，对基层的信任度降低，喜欢到更大更好的医院就诊，对基层提供的基本医疗、基本公共卫生社区健康管理服务接受度较低。

二、天台县乡镇医院优化规划建议

（一）天台县乡镇医院空间优化的建议

2017年10月18日，习近平总书记在十九大报告中提出，要实施健康中国战略[①]，当中提出要完善国民健康政策，为人民群众提供全方位全周期健康服务，深化医药卫生体制改革，全面建立中国特色基本医疗卫生制度、医疗保障制度和优质高效的医疗卫生服务体系，健全现代医院管理制度，加强基层医疗卫生服务体系和全科医生队伍建设。根据卫健委公布的《2018年我国卫生健康事业发展统计公报》，截至2018年末，从医疗卫生机构数来看，我国医疗卫生机构总数达997 434家，比上年增加10 785家；从床位数来看，我国医疗卫生机构床位840.4万张，医院床位增加39.9万张，基层医疗卫生机构床位增加5.5万张；每千人口医疗卫生机构床位数由2017年的5.72张增加到2018年的6.03张。从卫生人员来看，我国卫生人员总数达1 230.0万人，比上年增加55.1万人（约增长4.7%）。从医疗卫生机构、床位数和卫生人员来看，我国医疗资源总量持续增加。从医疗服务来看，与2017年相比，2018年医院诊疗人次增加1.4亿人次，基层医疗卫生机构诊疗人次减少0.2亿人次；乡镇卫生院诊疗人次增加0.1亿人次，县级比2017年增加0.5亿人次，村卫生室比2017年减少1.2亿人次。

这说明，我国的医疗资源状况是总量持续增加，但面临相对不足，以及优质医疗资源未充分下沉、基层医疗薄弱的局面。在针对新型冠状病毒的抗疫过程中，医疗资源存在的问题突出。如何建立一套分级合理、保障公平性和可达性、就诊便利的医疗服务体系，成为各界需要关

[①] 参见http://www.xinhuanet.com//politics/2017-10/18/c_1121820849.htm。习近平总书记提出，提高保障和改善民生水平，加强和创新社会治理。

注的焦点。

1. 分级合理

分级合理即合理的分级医疗。分级医疗是指根据医疗服务的专门性、利用频率高低、所服务人口的多少等因素，对医疗服务进行分级，不同级别的医疗机构承担不同疾病的治疗责任。如果将医疗服务体系视为一个具备要素、结构和功能的系统，那么在这个系统中，各级医疗机构、患者、医疗服务模式、医疗保障体制等各个要素之间有众多的联系，为了提供系统的整体功能，就要协调各要素之间的关系，提高系统的运作效率。分级医疗常常与社区首诊、双向转诊等合并提出。通过分级医疗，可以合理地分流患者，使患者在合理的医疗层级、合理的医疗机构得到合理的医疗卫生服务，从而实现医疗资源的成本效益最大化。例如，在本次新冠疫情中，日本的分级医疗即从私人诊所开始的"防控体系"：患者通过就近去私人诊所进行第一道检测后，再转诊至综合医院；综合医院的治疗完成后，将详细的治疗总结以及需要进行护理的病人再转回诊所。日本的分级医疗流程对疫情防控起到了重要作用。[1]

从理论上说，基层医疗基础体系是分级医疗与转诊制度有效运行的基础，双向转诊的有效运行是保障。但是，在我国，基层医疗能力薄弱，双向转诊协作欠缺。基于此，医疗联合体模式的引入和构建成为推进分级医疗的重要途径。医疗联合体简称医联体，是指由不同级别、类别医疗机构之间，通过纵向或横向医疗资源整合所形成的医疗机构联合组织。通过医联体整合区域内医疗资源，可以有效促进优质医疗资源下沉，提升基层医疗服务能力，推动建立合理有序分级诊疗模式。医联体在农村的开展模式被称为"医共体"，该模式为"以县级医院为龙头、乡镇卫生院为枢纽、村卫生室为基础"的县乡一体化管理模式。由此可以充分发挥县医院的城乡纽带作用和县域龙头作用，形成县乡村医疗卫

---

[1] 日本"慢半拍"的疫情防控．https://mp.weixin.qq.com/s/5cywDS2b5IzFjSDfQKhvGg．

生机构分工协作机制，构建县乡村三级联动的县域医疗服务体系。乡镇卫生院能否发挥枢纽作用是县域"医共体"能否顺利运作的关键。

2. 保障公平性和可达性

在 2014 年 3 月 25 日召开的国务院常务会议上，李克强总理部署了 2014 年医改的五项重要内容，其中明确提出要优化医疗资源配置，为患者就近就医创造条件。在"以县级医院为龙头、乡镇卫生院为枢纽、村卫生室为基础"的建设方针下，乡镇卫生院发挥枢纽作用是县域"医共体"顺利运作的关键。如何才能使乡镇卫生院发挥枢纽作用？即消除乡镇医院服务的空间差异，通过乡镇医院的空间配置和优化使其能公平地为居民提供他们应得的医疗卫生服务，也就是增强乡镇医院的空间可达性（accessibility），实现空间公平。

可达性表示由一点到达另一点的方便程度，或者说从给定地点到其他地方就医、工作、购物的方便程度。从医疗资源角度来看，由于资源或服务设施都是稀缺的，所以医疗资源和医疗设施的有效配置就是要方便患者到达医院，获得医疗服务。但在我国，城乡之间、山区与平原之间，由于发展不均、地形复杂等因素，医疗资源的可获得性差别较大，医疗资源的可达性已经成为一个社会公平问题，需要政府部门制定适宜的规划：一方面扩充供给不足的现有医疗机构的医疗资源，另一方面是在缺乏医疗资源的区域建立新的医疗机构。

3. 提升患者就医便利性

除了通过扩充乡镇医院的医疗资源来增强乡镇医院的可达性，政府部门还需要着力于增强县域"医共体"中各级主体的就医便利性，从而增进民生福祉。就医便利性即通过优化患者的就诊环节，节约患者的就诊成本，打破就医壁垒，使双向转诊更加便捷。例如，2018 年 4 月，浙江省政府办公厅印发《浙江省医疗卫生服务领域深化"最多跑一次"改革行动方案》，旨在以健康为中心，站在患者角度界定医疗健康服务的痛点、堵点，建立全方位、全周期的医疗健康服务供给体系，通过提升技术质量内涵，以"互联网+医疗健康"撬动医疗、医保、医药改革，建设健康浙江。在"最多跑一次"改革中，首先就简化就医流程，其中，基层医疗卫生机构可帮助患者预约上级医院门诊号。2018年9月以来，浙江省17家省级医院建立统一号源池，提前下放40%的号源到基层医疗卫生机构。如此才能使患者愿意去乡镇医院就诊，放心去乡镇医院就诊。

前文主要讨论了建立一个分级合理、保障公平性和可达性、就诊便利的医疗服务体系的必要性和关键点。在分级合理小节中，需要关注乡镇医院在县域医疗共同体中的枢纽作用；在保障公平性和可达性小节中，为了使县域医疗共同体能顺利运作，需要关注患者到乡镇医院的可达性问题；在就诊便利小节中，需要关注乡镇医院有没有能够提升患者就医体验和打破双向转诊障碍的配套措施。接下来，本课题组将进入对天台的医疗资源和服务体系状况的探究。

4."医养康养结合"下的乡镇医院医疗资源优化

根据天台县常住人口信息，其中65岁及以上老年人的比例占常住人口的12.99%，可以说已经进入深度老龄化阶段。

医院主要是关注老年人突发性疾病的救治，对于那些处在医疗康复期、患有慢性病的老年人无法提供细致的养老护理和服务；另外一些处于病程恢复期的老年人为避免出院后恢复期的风险，坚持留院观察，或者出院后再办理入院手续，造成"押床"现象。以上行为选择既加剧了医院医疗资源的紧缺，也造成了医疗资源的浪费。而老年人的人均预期寿命与健康平均预期寿命的差额时间，是与疾病相伴的。国务院办公厅于2015年11月18日发布的《关于推进医疗卫生与养老服务相结合指导意见的通知》（国办发〔2015〕84号）明确指出："医疗卫生与养老服务相结合，是社会各界普遍关注的重大民生问题，是积极应对人口老龄化的长久之计，是我国经济发展新常态下重要的经济增长点。"在2016年5月27日，中共中央政治局就我国人口老龄化的形势和对策举行第三十二次集体学习时，习近平总书记强调要构建居家为基础、社区为依托、机构为补充、医养相结合的养老服务体系，更好地满足老年人养老服务需求。

"医养康养结合"模式是指将医疗卫生与健康养老服务结合起来，不仅仅提供传统养老模式所提供的基本生活服务，如日常生活照料、精神慰藉和社会参与，同样重要的是提供预防、保健、治疗、康复、护理和临终关怀等方面的医疗护理服务。老年人群的医养结合包括两大类，即面向社区居家的医养结合和面向机构的医养结合。其中，面向机构的医养结合又包括养老机构为主的医养结合和医疗机构为主的医养结合。根据国家提出的"9073"养老服务模式，即90%的老人居家养老、7%的老人依托社区养老、3%的老人通过机构养老，显然，97%的老人将会在社区养老或依托社区进行居家养老，两者逐渐合并称为"社区居家养老"。

"医养康养结合"模式尚处于探索之中。其中值得关注的模式之一是"医中加康养模式"。"医中加康养模式"是指原有医疗卫生机构开展"医养康养结合"服务，该模式以患病和伤残老年人为主要服务对象，服务内容除了普通医院提供的医疗服务外，还增加了养老院提供的生活照料等服务。乡镇医院具有可达性较高（高于县域医院）、就诊便利等特点，能够对老人的慢性疾病和易发的常见病进行预防和治疗。此外，根据《2018年卫生健康事业发展统计公报》，2018年我国乡镇卫生院的病床使用率仅为59.6%，因此，乡镇医院还可提供空置的床位给入住的老人，使空置的医疗资源得到利用。

利用天台县常住人口的老年人比例和失能老年人比例（4%）估算潜在的参与医养结合的老年人规模：

乡镇医院潜在医养结合规模 = 实际服务人数 ×0.129 9×0.04

根据民政部公布的《民政事业发展第十三个五年规划》，到 2020 年每千名老年人口拥有养老床位数达到 35～40 张。我们以 35 张为基准，测算出总的针对潜在医养结合规模应该增加的床位数。天台县的养老机构有 102 家，共计 10 265 张床位。再按乡镇医院医疗机构养老占机构养老的 20% 来计算，估测待增补的养老床位数（详情见表 3.23）。

表 3.23　乡镇医院待补养老床位数估计值

乡镇医院	65 岁及以上老年人规模	预估失能老年人规模	待增补养老床位数
天台县平桥医院（平桥镇社区卫生服务中心）	5 774	231	40
天台县赤城街道社区卫生服务中心	4 972	199	35
天台县泳溪乡卫生院（泳溪乡社区卫生服务站）	3 110	124	22
天台县石梁镇卫生院（石梁镇社区卫生服务中心）	2 766	111	19
天台县白鹤中心卫生院	6 358	254	45
天台县坦头镇社区卫生服务中心	7 784	311	54
天台县三州乡卫生院（三州乡社区卫生服务中心）	4 064	162	28
天台县龙溪乡卫生院（龙溪乡社区卫生服务中心）	2 939	117	20
天台县雷峰乡卫生院	5 055	202	35
天台县街头镇中心卫生院	9 611	384	67
天台县始丰街道卫生院（始丰街道社区卫生服务中心）	4 562	182	32
天台县南屏乡卫生院（南屏乡社区卫生服务中心）	3 626	145	25

续表

乡镇医院	65岁及以上老年人规模	预估失能老年人规模	待增补养老床位数
天台县福溪街道卫生院（福溪街道社区卫生服务中心）	4 907	196	34
天台县三合镇卫生院（三合镇社区卫生服务中心）	5 397	215	38
天台县洪畴镇卫生院	4 705	188	33

在探索医养结合发展模式时，天台县可以参考浙江省嘉善县推进医养结合建设的一些经验。嘉善县通过建立一批医养结合模式的、以群众需求为导向的医疗服务机构，以推进"医养结合"为重点，整合资源，为辖区居民和老年公寓在住老人提供贴心的基本医疗与公共卫生服务。这些医疗服务机构还与社区签订医养结合合作协议，将医和养深度融合，为自理、半失能、失能、失智等不同类型的老年人提供多样化的公共卫生服务，打通健康服务"最后一公里"。同时，这些医疗服务机构还启动了每周定期"坐诊""巡诊"机制，专门成立了专业技术精良的服务团队轮流开展"坐诊""巡诊"，每个团队由有副高职称的医生、护士、药剂师组成，实现了"治疗、护理、用药"全流程服务，真正把医疗卫生服务送到老人身边。"医养结合"实施一年以来，嘉善县实施医养结合模式的医疗服务机构积极开展医养结合服务标准化与规范化建设，积极开展健康体检工作，评估健康指标；同时，为老人建立健康档案，把所有老人纳入慢性病管理对象，规范诊疗流程，当好健康"守门人"；另外，积极创新"互联网+养老服务"新模式，不断推进养老服务标准化和信息化。2017年7月，全县首个智慧养老服务平台——"颐养云"智慧养老服务综合平台启动，通过整合线上、线下资源，实现养老资源与需求的有序衔接，解决医养结合和为老服务的"最后一公里"难题。综上，天台县在面对医养结合床位缺口问题时，可以参考嘉善县

经验，建立与社区联动的医养结合医疗服务机构，并推进智慧养老建设，不断提高区域医养结合发展水平。

（二）天台县医疗资源配置优化建议

1. 发挥人民医院龙头引领作用

天台县人民医院是天台县的医疗卫生中心和医疗卫生服务共同体组织网络的龙头，要充分发挥其在基本医疗服务提供、危急重症和疑难病症诊疗等方面的骨干作用，承担医疗卫生机构人才培养、医学科研、医疗教学等任务，承担法定和政府指定的公共卫生服务，突发事件紧急医疗救援，支农、支边和支援社区等任务。在"十四五"期间，通过建立五大急救中心（胸痛中心、卒中中心、创伤中心、危急重症孕产妇救治中心、危急重症儿童新生儿救治中心），打造县域内的微创手术中心、介入手术中心和各种医疗技术中心，创建国家级的慢病管理中心等手段，使天台县人民医院成为"百姓信赖，员工幸福，政府满意"的台州北部医学中心。通过名医工作站、博士工作站等平台，建成国家级临床医技重点专科1个、省级临床医技重点专科2~4个、台州市重点专科6~10个。专科人才及科研成果符合三级乙等医院等级评审要求。构建整体医疗服务平台；建立"1111工程"，即医院每1年每1个科室开展1项以上新技术新项目，获得1项以上市级（国家级）重点技术论文成果。建立"医共体"肿瘤诊疗中心，推进肿瘤的综合诊治及癌痛规范化治疗；强化心血管内科建设，不断推进多学科综合诊疗模式，打造特色专科。力争在"十四五"期间培养5名以上有影响力的青年专家，塑造专家品牌，用专家声誉带动专科声誉。打造国家级慢病管理中心，建立基于云的区域慢病管理方案和一体化慢病管理模式，组建"医共体"慢病管理团队，规范各项慢病管理流程，制定个性化慢病管理方案，畅通双向转诊及远程会诊流程，实现"医共体"内的上下协同管理。

同时，加快建设县医院、县中医院改建迁建工程，加快优质医疗资源扩容和区域均衡布局，让广大人民群众就近享有公平可及、系统连续的预防、治疗、康复、健康促进等健康服务。"十四五"期间，县中医院争取建成三级乙等中医医院，力争使区域内就诊率达到90%，基本实现"大病不出县"（见表3.24）。

表3.24　天台县基层医疗机构规划

序号	机构名称	规划床位数	建设定位	备注
1	平桥分院	300张	区域性二级甲等医养结合战备综合医院	迁建
2	苍山分院	医疗床位120张，康养床位360张	二级乙等综合医院	迁建
3	福溪分院	医疗床位50张，康养床位30张	月子中心	迁建
4	城关分院	医疗床位200张		扩建
5	白鹤分院		现状保留	
6	街头分院		现状保留	
7	始丰分院		现状保留	
8	三合分院		现状保留	
9	洪畴分院		现状保留	
10	三州分院		现状保留	
11	雷峰分院		现状保留	
12	石梁分院		现状保留	
13	泳溪分院		现状保留	
14	龙溪分院		现状保留	
15	南屏分院		现状保留	

2. 夯实基层医疗卫生机构基础

强化基层医疗卫生机构功能、基层住院服务标准化建设，重点加强常见病、慢性病、老年病以及康复医疗、临床护理等住院服务能力，到2025年全县乡镇卫生院社区卫生服务中心建成率达到100%以上。首先，基层医疗机构要引入精细化管理，优化内部管理流程，充分利用现有医疗资源，使基层发挥最大效用价值。结合实际情况制定合理的医疗服务价格机制，保证基层医疗机构服务的标准化，实现收费的有序性和统一性。其次，加大对乡镇卫生院和村卫生室的技术及资金支持，实现基层人才培养，逐渐从"输血"模式迈向"输血"和"造血"并重。定期安排专业人员对基层医务人员进行相关技术的操作指导培训。同时，恢复基层的住入院服务和开展简单的手术，推动乡镇卫生院达到二级乙等医院医疗服务能力。最后，基层医疗机构应通过外部宣传手段，提升区域内患者的支持度、信任度，引导患者的就医选择，逐步改变患者的就医观念，树立"小病在社区、大病进医院"的理念。

第七节　浙江省长期护理保险制度设计与仿真分析

本节提出"个人缴费＋医保划转＋民政补贴"的多元化社会长期护理保险缴费制度设计，并以中国浙江为例，对多种情景下2020—2080年间地区长期护理总成本以及为了保证制度可持续性需要满足的居民缴费率进行仿真。研究结果表明，针对中国浙江而言，城镇职工与城乡居民的个人缴费将成为保证长期护理保险制度可持续性的重要途径，且当缴费年限越长、地区老年失能水平越高时，个人缴费占筹资总额的比例越高。在个人缴费年限为 20 年、可变失能率的情景下,随着人口老龄化程度的加深,城镇职工的长期护理保险缴费率将在 2055 年前后达到 1.96% 的峰值,并在 2080 年前一直保持在 1.50% 以上。我们的研究表明,随着人口老龄化程度逐渐加深,以及未来老年人口失能率提高,尽早建立并优化筹资多元化的社会长期护理保险制度,适度提高长期护理保险个人缴费年限,能够有效缓解国家未来将面临的长期照护的社会压力。

一、研究背景

伴随着全球的人口老龄化趋势,老年长期照护问题已经成为许多发达国家的重要社会问题。中国作为经济发展水平逐渐提高的发展中国家,正面临人口老龄化进程不断加快的状况。在人口老龄化进程中,推进多层次的养老服务体系建设,以满足不同健康状态老年人口养老需求,是国家与地区实现社会治理体系与治理能力现代化的重要方面。由于受到中国历史上三次生育高峰与计划生育政策的影响,中国的老龄化特征从 20 世纪末期的"未富先老"逐渐向"渐富快老"转变。这两种特征的转变使得中国开始尝试推进长期护理保险制度建设。作为养老服务体系的重要组成部分,长期护理保险制度为健康状况较差、生活不能自理的老年人口提供康养护理服务,缓解了失能老人养老费用高昂与养老金水平偏低之间的矛盾,也帮助地区实现了"价值医疗"效应(B. Lu, H. Mi, G. Yan, et al., 2020),具有重要的社会经济意义。2016 年,中国确定了 15 个长期护理保险试点城市(Y. Zhang, X. Yu, 2019)。2020 年,长期护理保险试点城市扩展到 49 个,试点期限为 2 年。[①]

浙江是中国经济最为发达的沿海省份之一、中国人均 GDP 排名第

---

① 国家医保局 财政部印发《关于扩大长期护理保险制度试点的指导意见》.(2020-09-16). http://www.nhsa.gov.cn/art/2020/9/16/art_14_3584.html.

四的省级行政区（统计未含中国香港、中国澳门、中国台湾地区，下同），2018年人均GDP超过10万元人民币。①截至2020年，浙江省60岁及以上老年人口1 207.27万人，占全省总人口的18.70%。从全国人口老龄化程度分布来看，浙江省65岁及以上老年人口占比位居全国第十七位，接近全国平均水平。作为中国具有较高经济发展水平、居民储蓄以及老龄化程度的省份，浙江具备实施长期护理保险制度的基本条件与需求，也具有较好的代表性。在当前49个长期护理保险试点城市中，中国浙江省宁波市作为全国第一批建立长期护理保险制度的15个试点城市之一，于2017年开展了长期护理保险制度试点。之后两年内，浙江省桐庐县、义乌市、嘉善县与平湖市作为浙江省级长期护理保险试点城市，分别启动了长期护理保险制度构建。

基于浙江省的试点情况，以及浙江省经济发展和人口特征，我们认为以浙江省为样本，在对于长期护理保险制度建设需求与运行能力开展研究和预测方面具有较强的典型意义。本节运用人口队列要素法（Cohort-component Projection Method）测算了中国浙江2020—2080年间60岁及以上失能老年人口、40~60岁城镇职工、城镇与农村居民数量，运用ARIMA时间序列模型测度了2020—2080年浙江GDP增长率。基于对未来浙江长期护理成本的预测，本节运用保险收支平衡模型针对2020—2080年浙江多重资金筹措情景下长期护理保险运行状况进行了仿真，并对预测期内使得长期护理保险制度可持续的居民个人缴费率进行了测算。本节针对中国浙江的长期护理保险制度运行仿真结果表明，相比现有单一的保险筹资模式，构建"医保划转＋个人缴费＋民政支持"的多维长期护理保险资金筹措模式，既能保证未来浙江省长期护理保险制度的可持续性，又可以将城镇职工与城乡居民的缴费负担控制在合理的限度内。中国浙江的长期护理保险制度运行研究可以为未来中国乃至

---

① 中国国家统计局网站. https://data.stats.gov.cn/.

全球其他中高收入地区的长期护理保险制度建设提供经验参考。

长期护理保险制度构建思路在国际上体现出私人保险与社会保险两类基本构建思路，也在某些国家体现为两种思路的结合，如法国。美国作为私人长期护理保险制度国家，由于正规的长期照护服务价格高昂，使得私人长期护理保险将无法满足低收入群体的照护需求（J. R. Brown, A. Finkelstein, 2008），参保人个人保费与得到长期护理收益之间的差距限制了私人长期护理保险市场的规模（J. R. Brown, A. Finkelstein, 2007）。社会长期护理保险系统可以通过覆盖更大范围的照护需求，使其具有较强的融资能力，以有利于制度的可持续性（J. R. Brown, A. Finkelstein, 2007）。社会长期护理保险的弊端在于长期护理支出增速过高。荷兰作为最早建立社会长期护理保险制度的国家，通过照护配给供应和严格的预算限制控制支出费用，却以等待名单的增加和医疗质量的下降为代价（F. T. Schut, B. Van Den Berg, 2010）。J. O. Martins 和 C.de la Maisonneuve（2007）预测，到2050年，考虑人口效应（demographic effect）的荷兰长期护理支出将占到GDP的2.4%，超过同期OECD国家2.3%的均值。日本政府于2000年启动了强制性的公共长期护理保险，年龄在40岁及以上的每个人都需要缴纳保险费，年龄在65岁及以上的每个人都有资格领取保险金，保费约为收入的1%（N. Tamiya, H. Noguchi, A. Nishi, et al., 2011）。德国与日本、荷兰相同，采取社会保险模式支持长期护理保险制度运行（M. Geraedts, G. V. Heller, C. A. Harrington, 2000）。德国主要基于成本控制的目标，采取量入为出的待遇确定方式。然而，德国长期护理保险费率从1996年的1.7%上调到2008年的1.95%（2008年以后无子女的雇员额外征收0.25%），从2015年开始该费率进一步提升至2.35%。

在中国，依照社会保险模式构建长期护理保险制度已经形成了一定的共识，且人们普遍认为中国的长期护理保险系统在运行过程中应保持独立性，在筹资端要注重多元性（吕国营与韩丽，2014；L. Zhang, S.

Fu，Y.Fang，2020；荆涛与谢远涛，2014）。学者对于当前中国长期护理保险发展过程中的问题也进行了反思，Y.Zhu and A.Österle（2019）认为中国长期护理保险试点总体覆盖范围仍然相对较小且资格审核标准严格，使得大部分弱势群体仍未被纳入照护范围。针对中国部分地区的长期护理保险研究发现，青岛市作为中国第一个开展长期护理保险试点的城市，其2050年长期护理成本占地区GDP的比重将是2018年的7～9倍（孙凌雪等，2020）。对于浙江长期护理保险制度的研究也指出，在封闭人口的假定下，浙江省2061年长期护理成本将攀升至1 024亿元（米红与郑雨馨，2020）。虽然当前中国浙江已经开展长期护理保险试点，但是制度仍存在覆盖人群范围较小、筹资来源不够明确等实际问题。

通过梳理各国长期护理保险制度，我们发现，虽然社会长期护理保险国家由于国情不同，在护理内容、各主体之间的负担比例、保险建立形式等方面存在一定的差异，但是均具有以下共性，如：注重保障失能老人的生活质量，倾向于构建普惠式的福利制度；追求长期护理保险的独立性，积极进行立法，以更好地保障长期护理保险的长期稳定运行；同时明确各级政府和各行政部门的职责权限，积极探索适合本国国情的监管运营机制；而在筹资机制方面，随着长期照护成本的不断上升，各国政府的财政负担日益加重，各国倾向于拓展多渠道筹资，并且适当引入市场机制，解决资金紧张的问题。中国目前面临快速老龄化的状况，老人晚年失能等情况也会日趋严重。关于如何保障失能老年群体"老有所养，老有所依，老有所医"，从制度设计层面看显得尤为重要。针对中国长期护理保险的研究多侧重于成本的预测，对筹资模式的研究多停留在理论层面的探讨，鲜有针对相关缴费模式的情景仿真研究。

本节以在中国长期护理保险制度建设方面有代表性的浙江省为例，首先对浙江省多健康状态下的人口老龄化进程进行分析，在此基础上估计未来浙江长期照护需求，从而对未来长期照护成本进行预测，同时设置缴费比例以及更好地设置筹资体系，在减小社会压力与参保人压力的前提下，探索为中国以及其他发展中国家提供可资借鉴的长期护理保险制度，以满足未来不断扩张的失能老人的长期护理服务需求。

二、研究数据与方法

本节使用的人口数据来源为：2000年浙江单岁组分性别人口数据来源于中国浙江2000年第五次人口普查；2010年浙江单岁组分性别人口数据、分性别0岁组平均预期寿命数据来源于中国浙江2010年第六次人口普查；浙江女性5岁组年龄别生育率数据、老年人口多健康状态数据来源于2015年浙江1%人口抽样调查。总和生育率数据来源于乔晓春与朱宝生（2018）根据历年全国1‰人口抽样调查的估算，以及本节根据法国人均GDP与总和生育率间的关系的估算。对于计算长期护理保险使用的社会经济数据，2004—2019年浙江省GDP的数据、2017—2019年浙江省居民消费价格指数数据来源于浙江省统计局，2012—2017年浙江省职工平均工资、城镇居民人均可支配收入、农村居民人均可支配收入、城镇化率数据来源于各年份浙江省统计局编制的《浙江统计年鉴》。

本节从长期视角出发，通过对不同人口与政策情景下，浙江省2020—2080年长期护理保险制度运行趋势和特征进行仿真，较好地反映未来不同类型人口结构下浙江长期护理保险制度运行的特征。长期护理保险制度设计需要明确长期护理的受益人、福利待遇、护理的提供者和融资方式问题（P. Villalobos Dintrans，2020）。考虑到中国长期护理保险试点的实际状况，以及国外长期护理保险制度运行中的发展经验，本节设计了"医保划转＋个人缴费＋民政补贴"的多种筹资模式结合的长期护理制度，并从受益人、福利待遇、融资方式三方面出发，模拟这一制度运行的趋势和特征。

1. 失能老年人口数量

在本节中，长期护理保险的受益人是指 60 岁及以上的城乡失能老人。我们运用人口队列要素法对 2020—2080 年间浙江年龄别人口数量进行了预测。队列要素法的基本预测方法如下：

$$P_{a+1,t+1} = P_{a,t} - D_{a,t} - D_{a+1,t} - D_{a,t+1} + NI_{a,t} + NI_{a+1,t} + NI_{a,t+1} \quad （3-20）$$

式中，$P_{a+1,t+1}$ 代表在 $t+1$ 时期，年龄为 $a+1$ 岁的单岁组人口数量。$D_{a,t}$ 代表在 t 时期，年龄为 a 岁的单岁组死亡人口数量。$NI_{a,t}$ 代表在 t 时期，年龄为 a 岁的单岁组从其他地区向浙江的人口净迁入量。特别地，当 $a=0$ 时，式（3-20）可以表述为：

$$P_{1,t+1} = B_{t-1} + B_t - D_{0,t-1} - D_{0,t} - D_{1,t} - D_{0,t+1} + NI_{0,t} + NI_{1,t} + NI_{0,t+1}$$

$$（3-21）$$

式中，B_t 代表 t 时期内浙江省的出生人口数量。针对平均预期寿命的设定，根据中国国家统计局的统计公报，浙江省 2010 年男性零岁组平均预期寿命为 75.58 岁，女性零岁组平均预期寿命为 80.21 岁。针对平均预期寿命的预测，由于中国的医疗卫生水平在未来会逐步提高，并且本研究考虑浙江省零岁组平均预期寿命的增长受基因因素、社会经济发展因素和公共卫生方面烈性传染病等的多方面影响，具有增长的门槛效应，因此，本节假定浙江省零岁组平均预期寿命依照非线性增长模式变化，至 2035 年，男性平均预期寿命达到 85 岁，女性平均预期寿命达到 90 岁；至 2050 年，男性平均预期寿命达到 90 岁，女性平均预期寿命达到 95 岁。2051—2080 年间男性与女性的平均预期寿命保持不变。

本节运用适合预测中国人口死亡状况的联合国西区模型生命表，对死亡人口数量进行预测。针对 TFR 的测算，鉴于浙江与法国的人口总量相当，两地人口持续流动和迁入增长的长期变化与经济、资源和环境的发展有许多相似性，考虑到未来中国浙江可能会调整出更加积极的生育政策，本节运用 OLS 回归得出法国人均 GDP 与 TFR 之间的线性相关关系，以此估计浙江 2018 年后的 TFR 预测值。针对人口迁移的预测，本节使用人口普查存活比法（Census Survival Ratio Method）来估计浙江省人口年龄别流迁模式。针对净迁移率，考虑到未来中国人口总量的下降，本节根据 2015—2018 年浙江人口净迁入率的均值，运用 Logistic 模型，假定 2020—2080 年间浙江人口净迁入率服从上限值为 0.4%、下限值为 0 的 Logistic 下降过程。

针对中国的城镇化进程预测，考虑到中国 2050 年现代化进程的目标，我们将 2050 年浙江省常住人口城市化率预期值设定为 0.8。为了简化运算，将这一过程假定为线性变化。

由于中国浙江缺乏大样本下的老年人口调查，所以本节根据 2015 年浙江 1% 人口抽样调查中老年人问卷里分年龄、性别与健康状况的老年人口占比汇总，将处于"不健康，但生活能自理"以及"生活不能自理"两类健康状态的 60 岁及以上人口定义为失能老年人口。借鉴沙利文法（Sullivan Method）的思路，本节设计了可变失能率（variant disability rate）与不变失能率（non-variant disability rate）两个方案来预测未来浙江失能老人数量。在可变失能率方案下，假定年龄别失能率不发生改变，随着人口结构的变化，未来年份浙江老年失能率会随之变化。在不变失能率方案下，即未来年份浙江老年失能率保持在 2015 年的水平不变。随着未来中国的高等教育水平、城市化水平和医疗水平提升，未来中国的伤残患病率（frailty ratios）会呈现降低趋势（B. Lu, X. Liu, M. Yang, 2017），这在一定程度上会抵消人口结构对失能率的影响。借鉴现有文献研究经验，在本节的预测中，我们仍以可变失能率方案作为基准方案，以不变失能率方案作为对照方案。

2. 长期护理服务成本

长期护理的类型包括居家社区护理、养老院机构护理等。不同长期护理服务类型所占比例的高低，直接影响未来长期护理保险费用支出。我们借鉴美国长期护理服务选择，结合中国长期护理实际状况，来综合确定未来中国浙江失能老人接受长期照护服务类型的比例。2013 年美国有 130 万人生活在养老院中，2019 年有 140 万~150 万老年人口生活在养老院中[1]，我们近似估计 2017 年美国有 140 万人生活在养老院中。综合 2017 年美国 65 岁及以上成年人中至少在一个功能领域中遇到很多困难或根本做不到的百分比为 19.5%[2]，以及 2017 年美国 15.62% 的老年人口占比与 3 250 万老年人口数量[3]，我们推算出 2017 年美国失能老人接受养老院护理的比例为 13.13%。考虑到当前中国仍以"9073"的养老服务格局开展老年护理，针对失能老年人口的护理也仍然以家护为主，我们在计算浙江省未来长期护理支出时，主要参考美国失能老人占比标准，设定 2020—2080 年间，接受养老院护理的失能老人占比（α_1）从 3% 线性增长为 15%，接受居家护理的失能老人占比（α_2）从 97% 下降至 85%。浙江长期护理成本预测模型如下：

$$TC_t = (\alpha_1 \times NusingCost_t + \alpha_2 \times FamilyCost_t) \times DisEP_t \quad (3-22)$$

式中，TC_t 为第 t 年浙江长期护理服务总成本；$NusingCost_t$ 为第 t 年机构护理情况下人均年看护成本；$FamilyCost_t$ 为第 t 年居家护理情况下人均年看护成本；$DisEP_t$ 为第 t 年浙江失能老人规模。由于浙江缺乏长期护理保险待遇标准数值，本节参考《青岛市长期护理保险暂行办法》（青人社规〔2018〕4 号）中关于参保职工以及一档居民 20 904 元/年的院

---

[1] https：//health.usnews.com/health-news/best-nursing-homes/articles/nursing-home-facts-and-statistics.

[2] https：//www.cdc.gov/nchs/fastats/disability.htm.

[3] https：//data.oecd.org/pop/elderly-population.htm#indicator-chart.

护待遇标准，设定 2018 年浙江养老院护理人均费用为 20 000 元/年。考虑到中国青岛参保职工家护待遇标准为 50 元/天，即 15 660 元/年，我们假定浙江省接受社区及居家护理老人的补助标准为 1 200 元/月、14 400 元/年。我们利用 2010—2019 年浙江省的医疗保健类居民消费者价格指数变化率的平均值 2.29% 预测未来失能人群照护费用。

3. 长期护理保险筹资

在多元化视角的缴费制度设计中，需要先分别确定医疗保险划转总额与民政补贴额，随后基于未来长期护理保险历年收支平衡的思想，反算个人缴费总额以及不同人群的缴费率。考虑多元缴费方式的长期护理保险收支平衡模型如下：

$$TC_t = \beta_1 UE_t^{20\sim59} \times W_t + \beta_2 (UP_t^{20\sim59} \times I_{U,t} + RP_t^{20\sim59} \times I_{R,t}) + S_t \times DisEP_t + TPF_t \quad (3-23)$$

式中，$UE_t^{20\sim59}$、$UP_t^{20\sim59}$ 与 $RP_t^{20\sim59}$ 分别代表第 t 年的 20~59 岁城镇职工、城镇居民与乡村居民人口数量。在确定总人口与城镇化率后，我们根据 2017 年城镇职工与城镇人口的比例来计算 2020—2080 年上述三类人口数量。本节通过参照中国青岛的制度参数来设计浙江医保划转的制度参数 β_1 与 β_2，即医保个人账户划拨入长期护理保险基金额占个人医疗保险缴费基数的 0.5%、医保统筹账户划拨入长期护理保险基金额占个人医疗保险缴费基数的 0.2%；城镇居民（指没有正式劳务合同，为城镇户籍的人）与农村居民医保统筹账户各划转 0.2% 至长期护理保险统筹账户（米红等，2019）。且本节设计的制度框架中，所有 20~59 岁社会医保参保人员均参与医保划转过程。S_t 为民政补贴参数，代表了民政部门对每名失能老人的补贴额度，本节设定 $S_t = (\beta_1 \times W_t) \div 2$，即城镇职工平均医保划转额的一半。在确定城镇职工与城乡居民医保划转额之前，需要先确定其各自的平均个人医疗保险缴费基数，即城镇职工平均工资 W_t、城镇居民人均可支配收入 $I_{U,t}$ 与农村居民人均可支配收入

$I_{R,t}$。我们假定工资与可支配收入的变化率与浙江 GDP 的变化率保持一致。我们使用 ARIMA 模型对未来浙江 GDP 走势进行预测。因为 GDP 的长期预测是十分不准确而且非常复杂的,为了简化 GDP 预测的工作,本节仍然采用 ARIMA 模型,利用 2004 年以来浙江历年 GDP 的数据对 ARIMA 模型进行拟合。假设阶数 p、q 与差分次数 d 已知,ARIMA 模型的回归形式为:

$$\hat{y}_t = \mu + \phi_1 y_{t-1} + \cdots + \phi_p y_{t-p} + \theta_1 e_{t-1} + \cdots + \theta_q e_{t-q} \quad (3-24)$$

式中,ϕ 表示 AR 模型的自回归系数,θ 表示 MA 模型的移动平均系数。考虑到 2020 年新冠疫情对于中国 GDP 增长造成的负面影响,本节利用穆迪投资者服务公司对中国 2020 年、2021 年经济增长的预测作为浙江省这两年 GDP 增长率的设定值。①

在求出不同时期长期护理保险个人缴费总额后,我们利用个人缴费分解模型来求解不同时期、不同群体的缴费率 CR:

$$TPF_t = l_{UE,t}^{40-59} \times W_t \times CR_E + (l_{UP,t}^{40-59} \times I_{U,t} + l_{RP,t}^{40-59} \times I_{R,t}) \times CR_P \quad (3-25)$$

本节选择 40~59 岁群体参与长期护理保险缴费,且以 45~59 岁群体参与缴费作为制度情景对照。其中,l_t^{40-59} 是指 t 时期内处于 40~59 岁缴费年龄区间内,且未来能够存活到 60 岁的人口数量。W_t 代表城镇职工的社会平均工资水平;$I_{U,t}$ 与 $I_{R,t}$ 分别代表城镇居民与农村居民的人均可支配收入。这意味着在进行制度设计时,我们考虑了个人缴费的退费机制:当缴费人群无法存活到获取长期护理待遇的 60 岁时,其在长期护理保险个人缴费账户中的缴费将会被退还。考虑到职工与居民收入水平的差距,我们令 $CR_E = 2 \times CR_P$,即城镇职工的长期护理保险缴费率为城乡居民的两倍。

---

① http://www.gov.cn/xinwen/2020-08/29/content_5538377.htm.

三、研究结果

1. 人口数量预测

基于队列要素法，本节完成了 2020—2080 年浙江常住人口规模预测。本节使用乔晓春与朱宝生（2018）估算的中国 2011—2016 年的总和生育率作为中国浙江 2011—2016 年的总和生育率的近似估计值，并利用法国人均 GDP 与 TFR 之间的线性相关关系，估计了浙江 2018 年后的 TFR 值。本节设定浙江的 TFR 上限为 1.95，此时对应着法国 2018 年的人均 GDP 水平。TFR 值的设定显著影响人口预测结果，但是由于本节在长期护理保险制度设计中，重点预测未来年份 40 岁及以上年龄别人口数量，所以 TFR 值的设定仅对 2060 年后的预测结果产生一定的影响，对 2060 年前的预测结果影响很小。2020—2080 年浙江省不同年龄段的人口数量如图 3.24 所示。可见，未来浙江面临常住人口总量先增后减的趋势，劳动人口规模在不断缩减，65 岁及以上老年人口规模呈现先扩张再缩减的趋势，时间节点位于 2060 年前后。

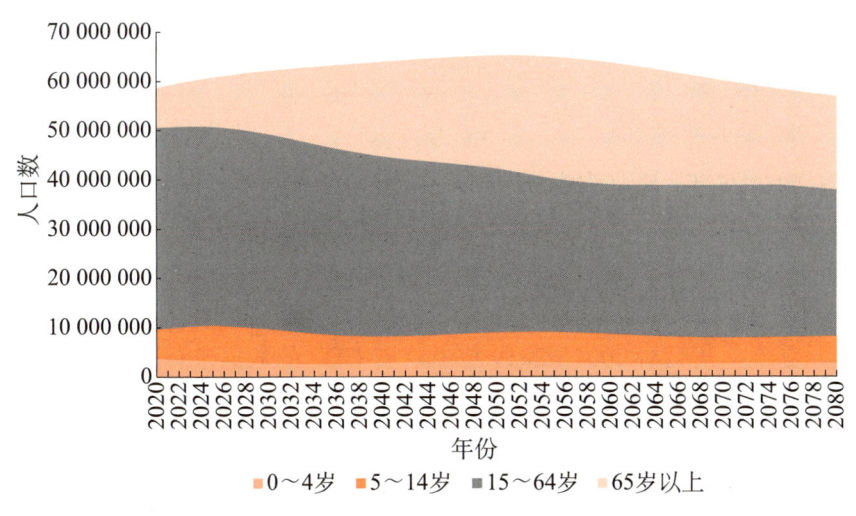

图 3.24 2020—2080 年浙江省不同年龄段人口数预测

图 3.25 分析并预测了 2020—2080 年浙江省失能老年人口数。结果发现,在失能率不变与失能率可变两种情景下,浙江省失能老年人口规模均会呈现先上升后下降的变动趋势。由于受到人口老龄化与平均预期寿命提升的影响,在失能率可变的前提下,浙江老年人口失能率将会逐步提升,使得本节估计的失能率可变情景下失能老年人口数量与不变情景相比,在 2030 年以后的差值呈现明显的增大趋势。

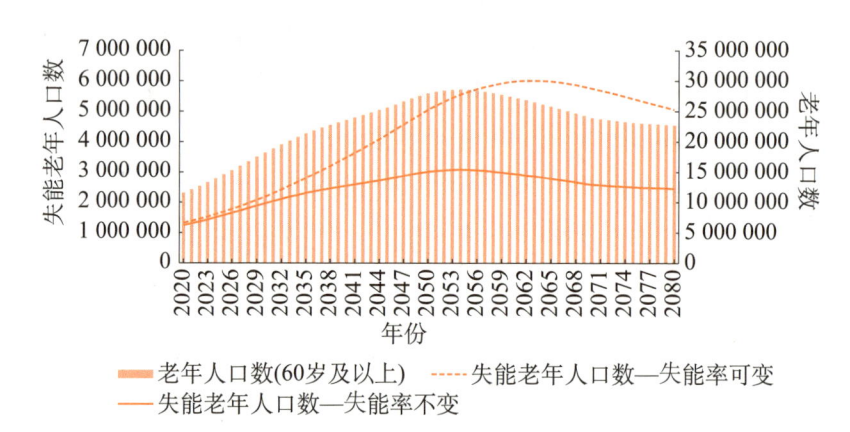

图 3.25　2020—2080 年浙江省失能老年人口数预测

在失能率不变的条件下,到 2025 年,浙江省失能老年人口数量为 157.5 万人,到 2035 年上升到 230.2 万人,到 2050 年上升至 301.2 万人,到 2080 年下降到 244.8 万人。在失能率可变、年龄别失能率不变的条件下,到 2025 年,浙江省失能老年人口数量为 168.8 万人,到 2035 年上升到 279.5 万人,到 2050 年上升至 504.2 万人,到 2080 年变为 505.3 万人。

2. 浙江省长期护理保险成本预测

首先,我们对 2004—2019 年浙江省 GDP 的数据进行平稳性检验。我们发现,在对这些数据进行二阶差分之后,数据基本平稳,由此确定参数 d 为 2。其次,我们利用 SPSS 画出该数据 ACF 及 PACF 图,根据 PACF 在 p 阶后截尾,同时 ACF 衰减趋于零,确定参数 p 为 1;根据 ACF 在 q 阶后截尾,同时 PACF 衰减趋于零,确定参数 q 等于 3。最后建立了 ARIMA（1，2，3）模型。该模型的 *R-Square* 为 0.995，*p* 值小于 0.05，模型系数显著（见图 3.26）。

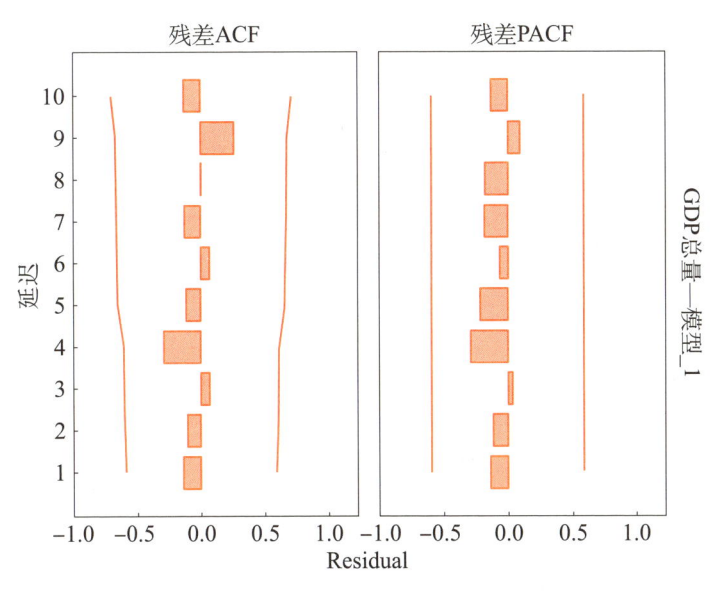

图 3.26　二阶差分序列 ACF 图及 PACF 图

运用 ARIMA（1，2，3）实现浙江 GDP 预测，GDP 的 1% 与 2‰ 展示结果如图 3.27 所示。根据对 OECD 国家长期护理支出占 GDP 比例的统计，我们发现，2017 年 OECD 国家长期护理支出占 GDP 的比例围绕 1% 波动。[①] 2018 年，中国青岛市长期护理支出占 GDP 的比例处在 2‰ 附近。所以，本节将 GDP 的 1% 与 2‰ 两种情景作为浙江长期护理保险支出预测的国际与国内对照情景，一同纳入之后的仿真计算框架。通过浙江长期护理保险总成本的计算可知，在本节设计的长期护理待遇水平下，浙江长期护理支出与在 GDP 的 1% 水平下仍有较大差距。本节接受这一计算结果。考虑到发达国家社会长期护理保险的发展经验与中国浙江的实际情况，在城乡统筹领取待遇的制度设计下，控制未来

---

① OECD Health Statistics 2019.

长期护理支出增长速度对于浙江长期护理保险制度的可持续性具有重要意义。

（十亿元）

- - - 长期护理支出—失能率不变　- - - 1%GDP
—— 长期护理支出—失能率可变　—— 2‰GDP

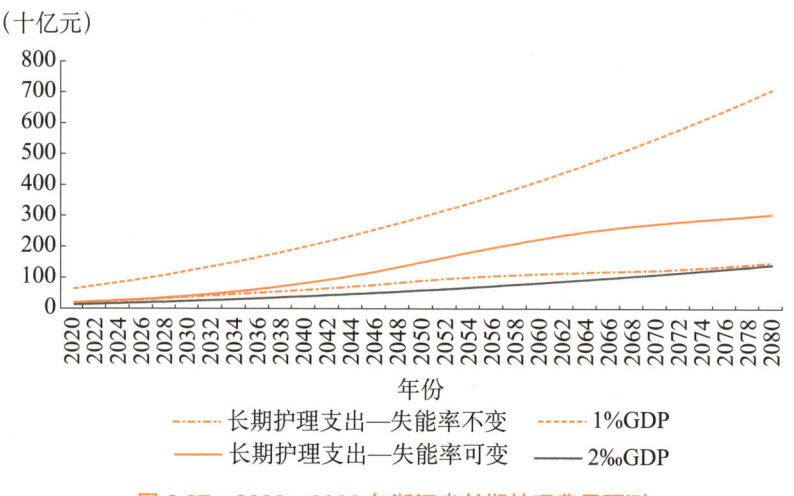

图 3.27　2020—2080 年浙江省长期护理费用预测

与不变失能率情景相比，可变失能率情景下由于失能老年人口规模更高，未来历年浙江长期护理保险成本将显著高于不变失能率情景下的成本。巨大的成本差异体现了诸如"健康中国 2030"规划①的全民健康型公共政策实施的重要意义，即通过提升全民健康水平，降低未来老年人口的失能比例，从而减轻老年长期护理带来的巨大社会压力。

根据两种情景下浙江长期护理保险总成本计算结果，我们还发现，在老年人口失能率不变的情况下，未来年份浙江长期护理保险成本高于 2‰ 的 GDP 预测值，但相对接近。失能率可变情况下，浙江长期护理保险成本明显高于 2‰ 的 GDP 预测值。这意味着，受到医疗护理服务名义价格上涨的影响，在失能率不变以及长期护理服务供给水平不变的条件下，在人口结构对长期护理保险成本占 GDP 比例增加的正面影响与未来居民实际收入水平提升对长期护理保险成本占 GDP 比例增加的负

---

① http：//www.gov.cn/zhengce/2016-10/25/content_5124174.htm.

面影响共同作用下，人口老龄化的影响仍会更大一些。总体而言，我们认为，受到老年人口失能状况、人口结构变动、医疗护理消费价格变动的综合影响，未来长期内，浙江长期护理支出占 GDP 的比例将会呈现提升趋势。

3. 情景仿真

基于上述四种情景下长期护理保险成本计算，我们针对浙江长期护理保险筹资模式进行探讨，对制度情景与人口情景下个人缴费额 TPF_t 以及居民缴费率 CR 进行仿真。在制度情景方面，我们区分了个人缴费对象的两类缴费年限。我们参照日本 40 岁及以上的居民强制参加"介护保险"和我国社会保险的 15 年最低缴费年限的设定，确定了两种个人缴费年限情景：一种是城镇职工与城乡居民从 40 岁开始缴费，60 岁开始享受长期护理保险待遇，这种情景与式（3-25）个人缴费分解模型所示一致；另一种是城镇职工与城乡居民从 45 岁开始缴费，60 岁开始享受长期护理保险待遇，我们将其作为第一种制度情景的对照情景。

在计算不同人群缴费率前，我们针对 2020—2080 年浙江长期护理保险筹资总额中除去个人缴费额 TPF_t 的部分进行预测，其结果如图 3.28 所示。可以看出，在除去个人缴费额的划转额与民政补贴额中，来自城镇职工医疗保险个人账户与统筹账户的划转额度占据了相当大的比例。民政部门针对失能老年人口的补贴额度与城镇居民医疗保险统筹账户的划转额度比例相当。农村居民医疗保险统筹账户的划转额度与其他三者相比，所占份额很小。从改善中国城乡收入分配的角度而言，长期护理保险制度作为社会保险制度的一部分，应为促进减小中国的城乡差距做出相应贡献。本节在此长期护理保险制度设计下的医保划转额仿真结果也反映出这一点。

（百万元）

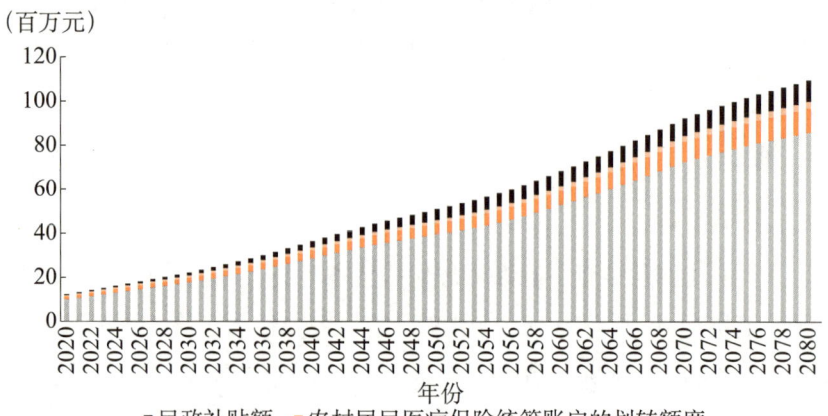

图 3.28　2020—2080 年浙江长期护理保险系统划转与补贴金额和结构模拟

我们根据长期护理保险收支平衡模型反算了在每一年长期护理保险制度可持续的条件下，个人缴费金额 TPF_t 的变化情况。基于计算得出的四种长期护理保险成本情景，我们求得了不同情景下的 TPF_t，如图 3.29 所示。

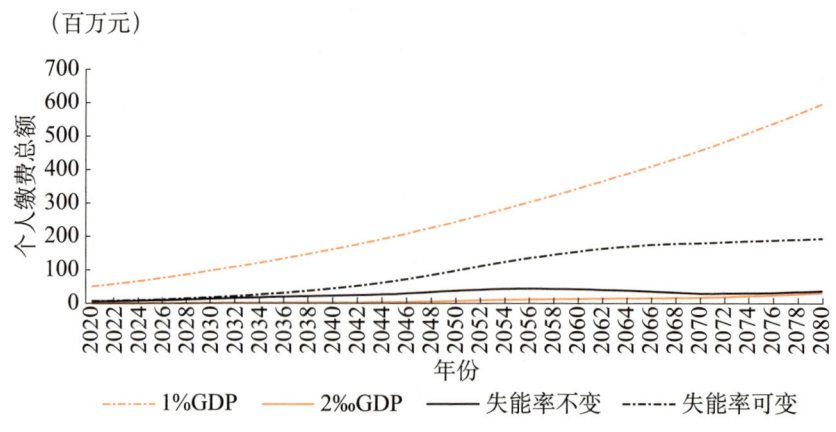

图 3.29　2020—2080 年浙江长期护理保险系统不同成本情景下个人缴费总额模拟

对比图 3.29 与图 3.27 四种情景下的总成本与 TPF_t 走势，我们发现其大致变动趋势基本类似。这反映了未来长期内,中国浙江长期护理保险制度可持续性面临的压力。当人口老龄化程度不断加深时,现有的医保划转与民政补贴额难以支撑大额度的老年长期照护支出,其对于个人缴费这种筹资压力的依赖程度将越来越高。可以看出,在 2040 年前,在除了 1% GDP 情景外的其他三种成本情景下,TPF_t 仍均小于 5 000 亿元,从长期趋势来看,2020—2040 年间浙江长期护理保险对于个人缴费的需求程度相对较低,长期护理保险制度的可持续性更容易实现。在 2040 年以后,失能率可变情景下的个人缴费总额显著提升,在 2080 年将达到 1.934 万亿元,占到失能率可变情景下筹资总额的 68.3%。2080 年,失能率不变情景下个人缴费总额为 3 720 亿元,占到失能率不变情景下筹资总额的 25.3%。对比可知,地区失能需求越强,个人缴费这一筹资途径在各种筹资模式中所占的比重便越大,其制度意义越明显。针对四种情景下未来浙江长期护理保险 TPF_t 的预测结果,再次表明了个人缴费这一筹资模式在长期护理保险多元化筹资模式中的必要性。

基于上述四种成本情景,我们结合两类缴费时限的制度情景,对于未来城镇职工、城镇居民与农村居民的缴费率进行测算。三类人群的缴费率定义为其每月缴纳额与对应口径收入水平的比值。由于我们在进行制度设计时规定城镇职工缴费率为城乡居民的两倍,本节仅展示多种情景下城镇职工的缴费率。在计算缴费率之前,为了使计算结果更加直观,我们计算了在不区分人群的情况下,在上述情景下,浙江 40～59 岁以及 45～59 岁常住人口平均每月需缴纳个人账户费用(personal funding)的数额,如表 3.25 所示。可以看出,1% GDP 的国际长期护理保险成本情景下,其将会给中国浙江带来难以承受的个人缴费成本,而 2‰GDP 的青岛现有长期护理成本情景由于没有考虑城镇职工与城乡居民的个人缴费,且覆盖范围也并非城市内的所有城乡失能老人,所以其平均每人缴费额与浙江长期护理保险制度设计下的两种情景也存在很大差距。可以看出，在中国现有社会经济发展水平下，致力于覆盖城乡失能老年人口的长期护理保险制度设计与部分覆盖的制度（如中国青岛）相比会产生更高昂的长期照护总成本，从而需要个人缴费来保证长期护理保险制度的可持续性。从表3.25还可见，20年的缴费年限与15年相比，在2020年，全范围缴费人口平均每月将可以少缴费7.36～8.84元，而这一数字在2055年将会提升至144.35～422.99元。尽早实行统一的长期护理保险个人缴费制度将会大大缓解各类人群的缴费压力。

表 3.25　2020—2080 年多种情景下浙江长期护理保险每月平均个人缴费额（元）

年份	40 岁开始个人缴费				45 岁开始个人缴费			
	1% GDP	2‰ GDP	Non-variant	Variant	1% GDP	2‰ GDP	Non-variant	Variant
2020	222.88	1.01	25.19	30.23	288.06	1.31	32.55	39.07
2025	319.17	3.27	38.44	46.64	415.09	4.25	49.99	60.66
2030	442.75	9.11	63.27	81.44	603.16	12.41	86.20	110.94
2035	615.58	14.03	92.33	141.32	787.78	17.95	118.16	180.85
2040	854.93	17.83	121.96	237.29	1 030.26	21.48	146.97	285.95
2045	1 183.14	27.68	167.62	396.59	1 459.32	34.14	206.74	489.16
2050	1 721.48	57.98	268.25	690.37	2 224.41	74.92	346.62	892.06
2055	2 083.90	86.79	313.87	919.73	3 042.30	126.71	458.22	1 342.72
2060	2 238.25	93.10	275.71	1 005.57	3 171.23	131.91	390.63	1 424.72
2065	2 479.02	99.34	231.94	1 069.37	3 272.99	131.16	306.23	1 411.86
2070	2 823.53	109.08	184.34	1 110.06	3 551.22	137.19	231.85	1 396.15
2075	3 519.26	158.41	211.23	1 254.57	4 456.14	200.58	267.47	1 588.17
2080	4 349.13	231.27	270.96	1 408.63	5 761.73	306.39	358.97	1 866.15

说明：由于篇幅的限制，在此我们仅展示每 5 年时间节点上的数值，不再展示 2020—2080 年间历年的数值。

浙江城镇职工的缴费率 CR_E 的计算结果如表 3.26 所示。针对相同类型的研究，L.Zhang, S.Fu and Y.Fang（2020）未考虑多元化的筹资机制，诸如医保划转与财政补贴，仅考虑长期护理保险个人缴费与失能老人承担 10% 的护理费用，计算出 2020 年中国居民缴费率为 0.68%。由于本节计算中国浙江长期护理保险职工缴费率时，考虑了多元化的筹资机制，且没有设计失能老年人口的个人缴费，所以本节针对 2020 年城镇职工长期护理保险个人缴费率 0.31%～0.49% 的计算结果仍是合理的。

表 3.26　2020—2080 年多种情景下浙江城镇职工长期护理保险缴费率仿真

年份	40 岁开始个人缴费				45 岁开始个人缴费			
	1% GDP	2‰GDP	Non-variant	Variant	1% GDP	2‰GDP	Non-variant	Variant
2020	2.78%	0.01%	0.31%	0.38%	3.59%	0.02%	0.41%	0.49%
2025	2.79%	0.03%	0.34%	0.41%	3.63%	0.04%	0.44%	0.53%
2030	2.84%	0.06%	0.41%	0.52%	3.87%	0.08%	0.55%	0.71%
2035	3.01%	0.07%	0.45%	0.69%	3.85%	0.09%	0.58%	0.88%
2040	3.28%	0.07%	0.47%	0.91%	3.96%	0.08%	0.56%	1.10%
2045	3.65%	0.09%	0.52%	1.22%	4.51%	0.11%	0.64%	1.51%
2050	4.36%	0.15%	0.68%	1.75%	5.64%	0.19%	0.88%	2.26%
2055	4.44%	0.18%	0.67%	1.96%	6.48%	0.27%	0.98%	2.86%
2060	4.06%	0.17%	0.50%	1.83%	5.76%	0.24%	0.71%	2.59%
2065	3.88%	0.16%	0.36%	1.67%	5.13%	0.21%	0.48%	2.21%
2070	3.85%	0.15%	0.25%	1.51%	4.85%	0.19%	0.32%	1.91%
2075	4.22%	0.19%	0.25%	1.50%	5.34%	0.24%	0.32%	1.90%
2080	4.62%	0.25%	0.29%	1.50%	6.12%	0.33%	0.38%	1.98%

说明：由于篇幅的限制，在此我们仅展示每 5 年时间节点上的数值，不再展示 2020—2080 年间历年的数值。

我们发现，在失能率不变与失能率可变的情景下，城镇职工的缴费率均不是呈线性变化的：在 2020—2055 年间，缴费率呈现上升趋势；在 2055—2080 年间，缴费率呈现逐年下降的趋势。综合成本情景与制度情景来看，2055 年前后，中国浙江的长期护理保险制度可持续性压力达到峰值，之后将持续保持在高位水平。以 40 岁开始缴费、失能率可变的情景为例，2020 年，城镇职工个人缴费率仅为 0.38%，这一数值对于城镇职工而言属于相对可以接受的社会保险支出额度；2055 年，城镇职工个人缴费率峰值为 1.96%，此时城镇职工的缴费额度较高，对城镇职工与城乡居民的生活可能造成一定的压力；2080 年，城镇职工个人缴费率为 1.50%，仍处于较高的水平。本节认为，尽早开展长期护理保险个人缴费制度试点运行、尽量拉长个人缴费年限，均会缓解几十年后长期护理保险的制度运行压力。

四、讨论

本节提出了"个人缴费 + 医保划转 + 民政补贴"的多元筹资模式的普惠式社会长期护理保险设计，以保障地区失能老年人口的长期护理需求，并以中国浙江为例，对多种情景下的多元筹资模式的长期护理保险制度运行状况进行了仿真。本节的边际贡献之一在于，对多元化的缴费方式下社会长期护理保险的成本与缴费状况进行了实证仿真。先前的文献针对多元筹资模式的探讨多仅停留在理论层面，本节结合文献研究结果与发达国家社会长期护理保险的研究实例，给出了符合具有较快老龄化速度、较高经济发展水平地区特点的长期护理保险制度设计，并对历年城镇职工与城乡居民的长期护理保险个人缴费率进行了测算。本节的边际贡献之二在于，从覆盖人群的角度看，从城乡统筹的视角出发，将农村居民纳入长期护理保险制度，考虑了城乡居民的长期照护需求，并且创新性地将农村居民的个人缴费纳入制度框架，深化了中国长期护理保险理论探讨与实证测算经验。本节的边际贡献之三在于，在失能人口预测过程中考虑了中国其他地区人口流入浙江对于浙江未来老年失能人口数量变动的影响。由于人口迁移趋势的多变性，之前的中国区域性长期护理保险制度研究多未考虑人口迁移给地区长期护理需求带来的影响。本节在开放人口的框架下实现失能老年人口数量的预测，避免了这一计算误差对于未来长期护理保险成本测算的直接影响。

本节还探讨了社会保险与私人保险下的长期护理保险定位问题。虽然私人长期护理保险可以解决缴费端资金来源的问题，且能够为高收入群体提供更为优质的长期照护服务，但由于私人长期护理保险市场存在居民覆盖率低、市场规模较小等问题，其无法从本质上解决地区人口老龄化造成的长期护理需求问题，仅能作为长期护理保险的补充性制度。相比较而言，社会长期护理保险由于具有全民性、普惠性特点，是从社会政策层面满足老年长期照护需求的有效途径，但是制度运行过程中也会出现保险支出成本过高的压力。

本节的计算结果表明，保证社会长期护理保险制度的可持续性需要面临数量与质量的抉择。虽然中国浙江是一个经济发展程度较高的地区，但是随着老龄化程度的不断加深、地区人口总体失能水平的不断提高，为了保证长期护理保险制度的可持续性，需要个人缴费的比例在2055年前不断提高，之后仍处于相对高位。在失能率可变的情景下，个人账户缴费率峰值均达到了1.96%～2.86%，接近当前中国税收体制下个人所得税平均税负。此时，保障缴费群体老年照护的负担成本将略显沉重。在既有失能老人规模的情况下，若想减轻当期个人账户的缴费压力，便只能通过加强失能老年人口的判断标准，对长期护理保险的准入进行严格监管，以控制长期照护费用，但这可能会间接降低失能老人的长期照护质量。在未来长期护理保险制度运行到一定阶段时，政府部门可以通过改变长期护理保险中高缴费数额与高护理质量挂钩的倾向，暂时缓解阶段性的长期照护成本压力。

本节基于失能率可变与失能率不变两种情景，计算了中国浙江长期护理保险成本，它体现了降低老年人口失能率的社会经济意义。如果采取健康型公共政策的成本低于其健康效应使得老年失能率降低而节省的长期护理支出成本，那么健康干预政策的实施就是一种经济的行为。考虑到失能率降低可以为老龄化严重的国家的长期护理支出带来显著的降低，那么采取着力降低老年失能率的公共健康政策，也将是一种减轻未来长期护理保险系统运行压力的有效手段。

针对中国长期护理保险发展而言，本节以中国浙江这一经济发展水平高、农村居民收入水平高以及人口老龄化程度较高的有代表性的地区为例，为中国其他省份以及全国其他城市的长期护理保险制度构建与优化提供了一定的经验遵循。通过对中国浙江的研究，我们建议中国所有省份都应尽早开展多元缴费模式的长期护理保险制度构建。随着中国第二次、第三次生育高峰队列逐渐进入老年，老龄化进程会进一步加快。面对严峻的老龄化趋势，中国应当抓住当前的政策窗口期，尽早实现长期护理保险制度的构建与优化，减轻几十年后的长期护理保险制度运行压力。

本节研究成果存在以下无法克服的局限性：首先，本节以浙江作为案例进行失能老年人口规模预测时，没有具体区分失能的性质，即伤残患病老人还是失智老人。由于伤残患病老人与失智老人的护理方式存在较大差异，护理成本也存在差异，若能进行区分化计算，可能会得到更为精确的长期护理保险总成本。但是，由于中国浙江缺乏样本量较大、足够有代表性的老年健康状况调查微观数据，我们只能基于浙江 1% 人口抽样调查的主观失能评价状况，对未来浙江老年人口失能状况进行预测。其次，受到未来公共卫生事件方面不确定性的影响，我们的计算没有考虑诸如 COVID-19 这类全球流行病为长期护理内容带来的额外监管成本（W. Gardner, D. States, N. Bagley, 2020），可能会因此低估中国浙江的长期护理保险支出总费用。最后，本节暂时没有考虑未来渐进式延迟退休政策对于长期护理保险系统可持续性的影响,有可能会高估城镇职工与城乡居民的缴费率。针对不同延迟退休方案的长期护理保险政策运行研究仍是一个重要的研究方向。

五、结论

普惠式社会长期护理制度的构建,是解决地区人口老龄化带来的长期照护需求压力问题的重要途径。而目前的社会长期护理保险系统可持续性普遍存在问题。对于长期护理保险并不完善、仍在试点或调整过程中的国家,需要对本国老年失能状况进行合理的预测,并对未来可能逐渐扩大的保险金缺口做好政策应对,这对于一国的长期护理保险制度决策者与从业者提出了很高的要求。本节提出的长期护理保险多元筹资模式制度设计,可以为中国浙江构建长期护理保险制度提供参考,也可以为正在或未来即将面临较大人口老龄化压力,且地区收入水平较高的国家或地区提供政策指导。

第四章

结论与政策建议

第一节 结　论

全书经过对于中国"渐富快老"社会结构下的人口健康状态变动趋势与养老服务的作用机制的分析，得出了以下结论。

1. 在"渐富快老"的趋势下，中国人口老龄化进程将在未来 30 年内持续深化，逐渐呈现快速老龄化、加速高龄化与多健康状态的长寿化的特征

我国 65 岁及以上人口占比在 2021 年已超过 14%，并将在此后的 2024—2034 年间持续处于"老年社会"阶段。2035 年，我国人口老龄化将进入"超老年社会"阶段，即 65 岁及以上人口占比超过 22%，预计在 2035 年后我国将处于"超老年社会"阶段 13～14 年。2060 年前后，65 岁及以上人口占比将迎来拐点，老年人口占比将可能出现回落。

失能、失智老年人口规模在未来 15～20 年内会呈现快速上升趋势。2020 年，60 岁及以上的老年失能人口约为 1 064.6 万人，失能、半失能人口的总数为 3 636.08 万人。失能、半失能老年人口数量将呈现快速增长的趋势。2035 年，60 岁及以上老年人口中失能、半失能人口将达到约 6 000 万人，其中失能人口数量为 1 756.79 万人。2050 年，城镇重度失能或重度失智的老年人口数量会达到 2 108 万人，乡村重度失能或重度失智的老年人口数量会达到 1 641 万人。

2. 在"渐富快老"的趋势下，伴随着失能、失智老年人口规模扩大以及社会总收入提升，中国未来养老家庭保姆需求量总体将会呈现上升趋势，中国未来长期护理保险总支出也将呈现持续上升趋势

受到中国未来城镇化进程以及中国人口老龄化城乡差异的影响，未来中国乡村家庭保姆需求的增长幅度会小于城镇地区。我国城镇地区的老年家庭保姆需求量将从 2020 年的约 600 万人提升至 2050 年的约 1 600 万人，这意味着未来 30 年我国城镇地区将产生高达 1 000 万人的家庭保姆新增需求。我国乡村地区的老年家庭保姆需求量将从 2020 年的 619 万人提升至 2039 年的约 929 万人，随后缓慢下降至 2050 年的 913 万人。2050 年，我国老年家庭保姆的总需求量将提升至 2 507 万人。

中国长期护理保险总费用将从 2020 年的 2 967 亿元提升至 2050 年的 26 649 亿元，长期护理保险费用占 GDP 的比重将从 2020 年的 0.29% 持续提升至 2050 年的 0.61%，社会长期照护支出水平将显著提升。

3. 我国企业职工基本养老保险制度缴费赡养率会不断提升，加剧收支不平衡的风险。延迟退休政策可以有效缓解城镇职工基本养老保险远期收支缺口问题

随着我国老龄化程度的不断加深，我国企业职工基本养老保险制度缴费赡养率基本呈现逐年上升的趋势。渐进式延迟退休制度能使养老金制度赡养比下降 0.273，有效推迟养老压力高峰期。渐进式延迟退休在短中期会形成一定的基金积累，为缓解基金远期的巨大收支缺口问题发挥作用。在适度财政补贴的情况下，其为社会保险基金赢得了 13 年的时间窗口。但从长远来看，延迟退休的效果将逐步减弱。

实行延迟退休政策后，为达到当期收支平衡，2020—2050 年间，国家需要通过各类途径综合补贴企业职工基本养老保险 50.47 万亿元。由于到 2050 年，基金累计赤字预计仅为 34.91 万亿元，再加上国有资产划转的近 21 万亿元，国家对企业职工养老保险的综合补贴仍有 36.56 万亿元的余量。

4. 在从"未富先老"到"渐富快老"的社会结构变化中,"渐富"与"快老"两个因素会共同作用于中国养老服务产业与事业发展,满足日益增长的老年照护需求

人口快速老龄化会通过老年人口规模增长机制与结构转型机制促进养老服务供需协调增长。收入增长会通过再分配机制与老年人口消费增长机制支持养老服务供需增长。在养老服务监管体系的制度保障作用下,"渐富快老"的社会结构将通过上述机制促进我国养老服务业发展。

在实证研究方面,我们运用2006—2016年中国省域面板数据,构建门槛回归模型,从宏观层面验证了"渐富快老"促进养老服务业发展这一作用机制的存在。研究结果显示,人口老龄化对养老服务业发展的促进效应依赖于收入水平的双门槛效应,当人均GDP跨越门槛值时,人口老龄化对养老服务业发展的促进效应会更强。

通过对于浙江省积极应对人口老龄化的多专题研究,我们得到了以下结论,以期为中国积极实施人口老龄化国家战略提供来自浙江省的先行经验。

(1)人才规模提升会显著促进区域高质量发展,以应对人口老龄化进程中劳动力规模下降可能引发的发展动力不足问题。通过浙江省绿色全要素生产率的测度与分析可知,浙江省人才规模每提升1%,浙江省高质量发展水平会提升2.6%。在作用机制方面,人才规模可以促进区域技术进步,进而促进区域高质量发展。

(2)"三同步、三同等"的城乡居民养老保险制度设计、创新与目标更大程度上保障了城乡老年居民的基本生活需要,增进了人民福祉。嘉兴秉承城乡统筹的理念,将城镇居民与农村居民作为一个整体统筹考虑,实行城乡"三同步、三同等"的一体化制度设计,在全国率先建立了全市统一、全覆盖的社会保障体系,城乡居民人均收入比连续17年全省第一,城乡居民基本养老保险保障水平连续3年全省第一,城乡统筹的社会保障制度领跑全省,实现了5个"全省最高"的配套改革和整体格局。

(3)增加转移性收入可以提升老年人参与"医养结合"养老服务意愿。老年人口收入结构中,以社会转移性收入为主要收入来源的老年人口会具有较高的"医养结合"养老服务参与意愿,尤其是农村老人。以社会救助与养老保险金为主要收入来源的老年人口具有更强的"医养结合"养老服务参与意愿。

(4)在生育政策交错、生育观念转型、生育率发生结构性变化的时期,女性生育意愿与水平存在增长潜力,也面临条件阻碍,从而影响全生命周期老龄化社会治理。生育政策调整使得生育水平存在提升潜力。旺盛期育龄女性婚育推迟明显,生育势能有待释放。旺盛期育龄女性不孕状况改善明显,生育潜力较大。新冠疫情后意外怀孕风险加剧,浙江省生育率水平可能出现短期性提升。社会发展使得女性优生优育观念强烈,高学历女性的社会性压力影响了其生育意愿实现。

(5)天台县医疗健康产业发展存在空间分布不均衡、人才短缺、医疗卫生服务水平不高等问题。养老产业发展存在空间分布不均衡、医养结合发展程度低的问题。

(6)多元筹资模式下的长期护理保险制度设计保证了长期护理保险制度的可持续性,个人缴费是关键途径。城镇职工与城乡居民的个人缴费将成为保证长期护理保险制度可持续性的重要途径,且缴费年限越长、地区老年失能水平越高,个人缴费占筹资总额的比例越高。在个人缴费年限为20年、失能率可变的情景下,随着人口老龄化程度的加深,浙江省城镇职工的长期护理保险缴费额占社会平均工资的比例将在2055年前后达到1.96%的峰值,并在2080年前一直保持在1.50%以上。

第二节 政策建议

一、加快建设人才队伍，应对加剧的社会照护服务压力

随着人口加速老龄化、快速高龄化、失能失智多健康状态的长寿化发展，大体量的老年照护需求将成为公共服务发展的突出短板。对此，本书建议：

（1）完善家庭保姆招人、用人和留人机制；增强行业吸引力与从业积极性，建立家庭保姆培养与统一培训机制，提高培训质量；建立岗前封闭式统一培训机制，建设粤港澳大湾区"菲佣级"保姆学校。根据"9073"理论，90%的老人选择居家养老，因此，家庭养老护理服务将成为老年照护领域的矛盾集中点。据民政部、国家卫健委等部门统计，2019年我国有2.49亿老年人，占总人口的18.1%，其中4 000万为失能、半失能老人，而养老护理从业人员仅有30万名。2020年，民政部表示，我国现有的养老护理员已达50万名。根据本书的预测，2025年，从事养老护理的家庭保姆需求量将达1 462万名，2030年将达1 764万名，2035年将达2 047万名。养老照护的需求量已呈现加速增长趋势，缺口数增长更快。

（2）培养"医养结合"型专业护理人才，匹配高质量的社区居家与机构长期照护服务需求。

二、"缓解性"与"适应性"措施并行,应对老年社会供养压力

"十四五"时期,我国将进入老龄社会发展阶段,并将持续向人口老龄化的"高峰期+高原期"迈进。一方面,要加快推进渐进式延迟退休制度的落地,缓解基金运行收不抵支的压力;另一方面,应大力发展多层次、多支柱的养老保险体系,引入资本市场,共担人口老龄化的压力。

(1)加快推进渐进式延迟退休制度落地,增强制度运行的可持续性。基本养老保险基金的可持续性问题被列为实现"老有所养"的"硬骨头"之一。老龄化加速将导致老年人口抚养比持续下降,并给养老保险基金的支付带来更大的压力,为其可持续发展带来严峻的挑战。以城镇职工基本养老保险为例,随着人口老龄化程度加深,人口加速老龄化将使社会保障基金给付的压力倍增,领取城镇职工基本养老保险养老金的老年人口总量和比例不断攀升,不少省份的社保缴费已不足以负担养老金的支出。存量缺口+"统账结合"+流量缺口,导致基金征缴收入与基金支出缺口持续扩大,使得基于省级统筹的城镇职工基本养老保险制度对于国家财政的依赖程度不断提高。

未来我国的社会保障基金将全面进入"支付期",养老保险面临基金穿底的风险。在不考虑财政补贴因素和延迟退休方案时,现有基金结余只能帮助制度维持到2023年,2024年当年的基金收支将开始产生缺口,资金缺口可能达8 273亿元。到2050年,我国城镇职工基本养老保险基金累计负结余可能达到244万亿元。在不实行延迟退休的情况下,随着我国老龄化程度的不断加深,我国企业职工基本养老保险制度缴费赡养率基本呈现逐年上升的趋势,到2050年将提升至92.74%。在渐进式延迟退休的情景下,2050年企业职工基本养老保险制度缴费赡养率最终将提升至65%,每名劳动年龄职工将少抚养0.27名退休老年职工。

（2）进一步提高城乡居民基本养老保险的待遇水平，满足农村老年人口的养老服务需要。

（3）通过人才驱动的高质量发展，应对人口老龄化背景下的劳动力规模相对下降的冲击。

三、建立健全公共服务体系，补齐共同富裕的民生短板

"十四五"规划强调，要健全与经济发展水平相适应的收入分配、社会保障和公共服务制度，并明确提出实施积极应对人口老龄化国家战略，发展基本养老服务体系。提供公共产品和服务是政府的基本职责，也是保障公民基本需求、促进人的全面发展、维护社会公平正义的重要手段。当前，我国公共服务支出与经济发展速度不匹配，滞后于公众的预期增长。在全面建成小康社会的目标实现之后，我国各级政府需要重视扩大民生福祉，转变"以物为本"的发展观，实现人类发展的持续提升。

1.适当提高公共服务支出比重，以世界第二经济总量服务世界第一人口数量

我国在推动经济发展方面积累了丰富的经验，但各级政府"重经济、轻服务"的理念尚未根本扭转，民生服务和社会管理的能力相对不足，公共服务的投入水平和覆盖水平还不够高，与世界第二大经济体的地位不匹配。

"一般政府最终消费支出"是表征公共支出的一项重要指标。联合国开发计划署将世界各国的发展水平分为"极高人类发展水平""高人类发展水平""中等人类发展水平""低人类发展水平"四档。根据该标准，虽然2011年我国就已迈入"高人类发展水平"国家行列，但我国仍与"极高人类发展水平"存在差距。根据《2020年人类发展报告》对

人类发展指数的测算,截至 2020 年,我国在全球排名第 85 位。2014—2019 年间,跻身"极高人类发展水平"行列的国家有 66 个,排名第一的是挪威,其一般政府最终消费支出占 GDP 的比重达 24.4%,瑞典为 26%,法国为 23.1%,德国为 20.3%,日本为 19.8%,而我国仅为 16.5%,未及"极高人类发展水平"国家的平均水平(18.3%)。无论是人口经济、人口健康,还是人口素质,我国的人类发展水平都存在着较大的提升空间。

2. 完善多元主体供给模式,加强养老服务体系筹资模式和给付模式创新

随着老龄化加剧,高龄、独居、失能、半失能老人数量会迅速增加,在既有政策模式应对不足的情况下,如何提供及时有效的生活照料服务,将成为一个迫切需要解决的突出问题。在加大公共服务支出的同时,要预防和避免部分西方福利国家政府面临的责任过重的风险,需要注重市场和社会、家庭和个人的责任分担,体现权利和义务的统一性、对等性,以弱化福利依赖和促进劳动参与。政府、市场和社会间最理想的责任分担各有不同。快速老龄化阶段,单单依靠政府力量难以满足规模日益扩大、需求日益多样化的养老需求,这就需要政府、市场、社会与家庭共同努力、有效配合,通过市场化或准市场化的方式满足中高收入群体的养老需求,让政府的公共资源更多地用于满足中低收入群体的养老需求。

在稳步推进长期护理保险方面,建议推广青岛经验,通过医保划拨减轻缴费负担,并在区分基本与非基本公共服务的框架下,分离失能老人医疗护理与日常照料的给付责任,政策发挥兜底作用,优先保障医疗护理资金给付。建议借鉴浙江省经验,采取多元动态筹资的模式优化当前的长期护理保险制度,并扩大长期护理保险制度的覆盖面,在确保长期护理保险制度的可持续性的前提下提高城乡公平性。

养老基金筹资方面，建议打通第三支柱养老保险和长期护理保险制度建设，一方面强化个人责任，确保养老资金的可持续；另一方面，允许该项资金进行较为稳健的市场化投资运营，促进保值增值，实现"缴一份钱"享受两种养老保障，增强居民的获得感和幸福感。

3. 按照发达国家标准，扎实推进人口与公共服务全民优质共享

加强养老床位建设，提高养老服务供给能力。根据《2020年民政事业发展统计公报》，截至2020年末，我国注册登记的养老服务机构达到3.8万个，社区养老服务机构和设施29.1万个；各类养老床位合计821万张，约占全国65岁及以上老年人口总量的4.3%。按照国际上主要国家床位数占老年人口数的5%～7%的标准来看，我国养老服务基础设施供给水平较低。

提高老年照护人才和资金投入，促进公共服务质量与效能的提升。2020年，36个OECD国家长期护理支出占GDP比重的平均水平达1.5%，每100位65岁及以上老人拥有长期照护工作者5.7名。根据第四次中国城乡老年人生活状况抽样调查（SSAPUR），假设未来15年内，我国老年人的失能率保持不变，按照青岛长期护理保险的方案，我国2025年、2030年和2035年长期护理支出占GDP的比重将分别为0.42%、0.51%、0.57%，与当前OECD国家的发展水平存在较大差距。

4. 加强全生命周期的人口老龄化社会治理，从"一老一小"协同的视角应对人口老龄化问题

针对老年人口，建立可持续的老年人口收入增长机制，提升老年人口养老服务支付能力，引导提升老年人口养老服务支付意愿。建立健全多层次、多支柱养老保险体系，提升老年群体的生活保障能力与养老服务消费水平。针对婴幼儿，加强育龄女性的全生命周期健康管理，为有生育意愿的家庭提供生育的机会，保护女性生育力。通过整合妇幼医院的医疗资源与社区医疗资源，对产前产后女性健康状况进行追踪监测。

通过发展辅助生殖技术，补贴辅助生殖周期内的部分费用，降低家庭孕儿的经济负担。

5. 在乡镇医院、养老机构、社区同步推进"医养结合"照护服务建设，提高长期照护公共服务水平，并重点关注农村未被满足的长期照护需求

一方面，加快优质医疗与养老资源扩容和区域均衡布局，加强医疗与养老服务的可达性，让广大人民群众就近享有公平可及、系统连续的预防、治疗、康复、健康促进等健康服务。另一方面，加强医疗服务与养老服务的联动性，通过建立社区医养联合体，整合优质的医疗与养老资源，提升养老服务能力与水平。借鉴医联体的构建模式，加强优秀医疗资源从甲级医院到社区卫生服务中心的互动，加强养老机构中优质护工资源向社区养老服务中心的倾斜，进一步促进老年人在家、在社区就能满足部分医疗保健与康复护理需求。

农村地区是我国医疗资源与养老资源分布薄弱的地区，现有的医养资源无法满足农村老年人的正式照护服务需要。因此，在推动医疗资源互动与养老资源互动的同时，政府部门需要加大资源在农村地区的倾斜力度，提高农村社区居家养老服务中心的服务能力与扩大辐射范围，以巡护等上门服务方式定期满足老年人的照护需要，减轻农村老年人的家庭非正式照护负担。

参考文献

[1] Baerlocher, D., Parente, S. L.& Rios-Neto, E. Economic effects of demographic dividend in Brazilian regions. The Journal of the Economics of Ageing, 2019, 14: 100–198.

[2] Brown, J. R.& Finkelstein, A. The interaction of public and private insurance: medicaid and the long-term care insurance market. American Economic Review, 2008, 98（3）: 1083–1102.

[3] Brown, J. R.& Finkelstein, A. Why is the market for long-term care insurance so small？ Journal of Public Economics, 2007, 91（10）: 1967–1991.

[4] Chung, Y. H., Färe, R.& Grosskopf, S. Productivity and undesirable outputs: a directional distance function approach. Journal of Environmental Management, 1997, 51（3）: 229–240.

[5] Färe, R., Grosskopf, S.& Lovell, C. K.et al. Multilateral productivity comparisons when some outputs are undesirable: a nonparametric approach. The Review of Economics and Statistics, 1989, 71: 90–98.

[6] Feng, Z. Global convergence: aging and long-term care policy challenges in the developing world. Journal of Aging & Social Policy, 2019, 31（4）: 291–297.

[7] Freedman, V. A., Martin, L. G.& Schoeni, R. F. Recent trends in disability and functioning among older adults in the United States: a systematic review. Jama, 2002, 288（24）: 3137–3146.

[8] Gardner, W., States, D.& Bagley, N. The coronavirus and the risks to the

elderly in long-term care. Journal of Aging & Social Policy, 2020, 32（4-5）: 310-315.

[9] Geraedts, M., Heller, G. V.& Harrington, C. A. Germany's long-term-care insurance: putting a social insurance model into practice. The Milbank Quarterly, 2000, 78（3）: 375-401.

[10] Hansen, B. E. Threshold effects in non-dynamic panels: estimation, testing, and inference. Journal of Econometrics, 1999, 93（2）: 345-368.

[11] Lu, B., Liu, X.& Yang, M. A budget proposal for China's public long-term care policy. Journal of Aging & Social Policy, 2017, 29（1）: 84-103.

[12] Lu, B., Mi, H.& Yan, G.et al. Substitutional effect of long-term care to hospital inpatient care?. China Economic Review, 2020, 62: 101466.

[13] Lutz, W., Crespo Cuaresma, J.& Kebede, E.et al. Education rather than age structure brings demographic dividend. Proceedings of the National Academy of Sciences, 2019, 116（26）: 12798-12803.

[14] Martins, J. O.& de la Maisonneuve, C. The drivers of public expenditure on health and long-term care: an integrated approach. OECD Economic Studies, 2006（2）: 115-154.

[15] Schut, F. T.& Van Den Berg, B. Sustainability of comprehensive universal long-term care Insurance in the Netherlands. Social Policy & Administration, 2010, 44（4）: 411-435.

[16] Tamiya, N., Noguchi, H.& Nishi, A.et al. Population aging and wellbeing: lessons from Japan's long-term care insurance policy. The Lancet, 2011, 378（9797）: 1183-1192.

[17] Thaler, R. Mental accounting and consumer choice. Marketing Science, 1985, 4（3）: 199-214.

[18] Villalobos Dintrans, P. Designing long-term care systems: elements to consider. Journal of Aging & Social Policy, 2020, 32（1）: 83-99.

[19] Zhang, L., Fu, S.& Fang, Y. Prediction the contribution rate of long-term care insurance for the aged in China based on the balance of supply and demand. Sustainability, 2020, 12（8）: 3144.

[20] Zhang, Y.& Yu, X. Evaluation of long-term care insurance policy in Chinese pilot cities. International Journal of Environmental Research and Public Health,

2019, 16 (20): 3826.

[21] Zhu, Y.& Österle, A. China's policy experimentation on long-term care insurance: implications for access. The International Journal of Health Planning and Management, 2019, 34 (4): e1661-e1674.

[22] 曹献雨. 中国互联网与养老服务融合水平测度及提升路径研究. 当代经济管理, 2019, 41 (7): 73-80.

[23] 曾明星, 薛琪薪, 李安琪. 人才新政背景下上海人才居住困境及保障性住房机制研究. 中国人事科学, 2020 (9): 67-78.

[24] 查瑞传. 人口惯性及其对我国人口发展的影响. 人口与经济, 1982 (2): 19-23.

[25] 陈诗一. 中国的绿色工业革命：基于环境全要素生产率视角的解释（1980—2008）. 经济研究, 2010, 45 (11): 21-34.

[26] 仇梦华, 张力跃. 浙江省高技能人才培养的现状、问题及对策研究. 职业教育研究, 2019 (3): 22-26.

[27] 邓大松, 余思琦, 刘桐. 全国统筹背景下城镇职工基础养老金财政负担分析. 社会保障研究, 2018 (2): 3-15.

[28] 邓大松, 张怡. 国资划转对企业职工基本养老保险降费空间影响的研究. 保险研究, 2020 (3): 89-104.

[29] 翟振武. 中国人口增长与人口再生产类型转变. 人口与计划生育, 2008 (12): 11.

[30] 董春晓. 福利多元视角下的中国居家养老服务. 中共中央党校学报, 2011, 15 (4): 81-83.

[31] 冯丹, 冯泽永, 王霞, 等. 对医养结合型养老机构的思考. 医学与哲学 (A), 2015, 36 (4): 25-28.

[32] 顾大男, 曾毅. 1992～2002年中国老年人生活自理能力变化研究. 人口与经济, 2006 (4): 9-13.

[33] 桂世勋. 应对老龄化的养老服务政策需要理性思考. 华东师范大学学报（哲学社会科学版）, 2017, 49 (4): 78-84.

[34] 郭熙保, 罗知. 中国省际资本边际报酬估算. 统计研究, 2010, 27 (6): 71-77.

[35] 韩蕾. 家庭收入结构对我国居民消费的影响. 商业经济研究, 2019 (10): 49-52.

[36] 韩艳.中国养老服务政策的演进路径和发展方向——基于1949—2014年国家层面政策文本的研究.东南学术,2015(4):42-48.

[37] 韩杨,李红玉.锦州市老年人医养结合机构养老意愿及其影响因素分析.中国全科医学,2018,21(12):1456-1460.

[38] 何立新.中国城镇养老保险制度改革的收入分配效应.经济研究,2007(3):70-80.

[39] 侯石安,赵和楠.城乡居民收入来源构成对其消费行为的影响.中南财经政法大学学报,2012(6):28-34.

[40] 胡晓义.中国社会保障体系建设的基本经验与未来展望.经济研究参考,2018(25):3-6.

[41] 胡祖铨.养老服务业领域政府投资规模研究.宏观经济管理,2015(3):46-48.

[42] 黄佳豪,孟昉."医养结合"养老模式的必要性、困境与对策.中国卫生政策研究,2014,7(6):63-68.

[43] 黄庆波,杜鹏,陈功.老年父母与成年子女间的代际支持及其影响因素.人口与发展,2018,24(6):20-28.

[44] 黄祖辉,王敏,万广华.我国居民收入不平等问题:基于转移性收入角度的分析.管理世界,2003(3):70-75.

[45] 荆涛,谢远涛.我国长期护理保险制度运行模式的微观分析.保险研究,2014(5):60-66.

[46] 景军,吴涛,方静文.福利多元主义的困境:中国养老机构面临的信任危机.人口与发展,2017,23(5):66-73.

[47] 景鹏,王媛媛,胡秋明.国有资本划转养老保险基金能否破解降费率"不可能三角".财政研究,2020(2):80-95.

[48] 李成,米红,孙凌雪.利用DCMD模型生命表系统对"六普"数据中死亡漏报的估计.人口研究,2018,42(2):99-112.

[49] 李华才.依托信息化,创建医养结合服务新模式.中国数字医学,2015,10(12):1.

[50] 李建军,张雯,王德祥.心理账户对城乡居民消费的影响.城市问题,2012(12):73-78.

[51] 李霞.新时代深圳科创人才制度改革的路径探索.深圳:深圳大学,2019.

[52] 李欣.河北省养老产业的发展问题研究.石家庄:河北经贸大学,2015.

[53] 李秀明, 冯泽永, 成秋娴, 等. 重庆市主城区老年人医养结合需求情况及影响因素研究. 中国全科医学, 2016, 19（10）: 1199-1203.

[54] 梁玉柱. 政府能力、社会组织与地方养老服务差异——基于2004—2013年省级面板数据的实证分析. 广东行政学院学报, 2017, 29（3）: 18-24.

[55] 林卡, 朱浩. 应对老龄化社会的挑战: 中国养老服务政策目标定位的演化. 山东社会科学, 2014（2）: 66-70.

[56] 刘思明, 张世瑾, 朱惠东. 国家创新驱动力测度及其经济高质量发展效应研究. 数量经济技术经济研究, 2019, 36（4）: 3-23.

[57] 刘万. 延迟退休对城镇职工养老保险收支影响的净效应估计——基于2025年起渐进式延迟退休年龄的假设. 保险研究, 2020（3）: 105-127.

[58] 刘小春, 李婵. 家庭特征对城镇居民选择机构养老服务意愿的影响分析. 人口与社会, 2018, 34（4）: 21-32.

[59] 刘晓梅, 刘冰冰, 成虹波. 农村医养结合运行机制构建研究. 延边大学学报（社会科学版）, 2019, 52（2）: 99-107.

[60] 刘晔, 曾经元, 王若宇, 等. 科研人才集聚对中国区域创新产出的影响. 经济地理, 2019, 39（7）: 139-147.

[61] 吕国营, 韩丽. 中国长期护理保险的制度选择. 财政研究, 2014（8）: 69-71.

[62] 马茹, 张静, 王宏伟. 科技人才促进中国经济高质量发展了吗？——基于科技人才对全要素生产率增长效应的实证检验. 经济与管理研究, 2019, 40（5）: 3-12.

[63] 茅倬彦, 申小菊, 张闻雷. 人口惯性和生育政策选择: 国际比较及启示. 南方人口, 2018, 33（2）: 15-28.

[64] 米红, 冯广刚. 渐富快老: 我国医疗资源配置面临的挑战与机遇——简析青岛长期医疗护理保险制度. 人口与计划生育, 2016（12）: 24-27.

[65] 米红, 刘悦. 参数调整与结构转型: 改革开放四十年农村社会养老保险发展历程及优化愿景. 治理研究, 2018, 34（6）: 17-27.

[66] 米红, 王丽郦. 从覆盖到衔接: 论中国和谐社会保障体系"三步走"战略. 公共管理学报, 2008（1）: 1-15.

[67] 米红, 王胤添. 实现我国养老保险可持续发展的路径探索. 财政监督, 2018（14）: 105-111.

[68] 米红, 杨翠迎. 嘉兴城乡居民养老保险的制度创新. 中国社会保障, 2008

（1）：14-15.

[69] 米红，杨明旭. 总和生育率、出生性别比的修正与评估研究——基于1982—2010年历次人口普查、1% 抽样调查数据. 人口与发展，2016，22（2）：12-19.

[70] 米红，郑雨馨. 多健康状态老年人长期护理需求分析预测——以浙江省为例. 中国医疗保险，2020（6）：16-21.

[71] 穆光宗，张团. 我国人口老龄化的发展趋势及其战略应对. 华中师范大学学报（人文社会科学版），2011，50（5）：29-36.

[72] 乔晓春. 户籍制度、城镇化与中国人口大流动. 人口与经济，2019（5）：1-17.

[73] 乔晓春，朱宝生. 如何利用（粗）出生率来估计总和生育率？. 人口与发展，2018，24（2）：65-70.

[74] 秦立建，童莹. 医养结合养老模式的支付意愿影响因素研究. 统计与信息论坛，2017，32（9）：107-114.

[75] 珊丹. 深圳市人口结构分析与经济发展. 西北人口，2002（4）：10-12.

[76] 孙凌雪，冯广刚，米红. 我国长期护理保险基金支出可持续性研究——以青岛市为例. 东岳论丛，2020，41（5）：52-62.

[77] 唐钧. 社区养老究竟是怎么一回事. 就业与保障，2016（9）：41-42.

[78] 陶涛，刘雯莉. 独生子女与非独生子女家庭老年人养老意愿及其影响因素研究. 人口学刊，2019，41（4）：72-83.

[79] 汪伟，刘玉飞，彭冬冬. 人口老龄化的产业结构升级效应研究. 中国工业经济，2015（11）：47-61.

[80] 王丰，郭志刚，茅倬彦. 21世纪中国人口负增长惯性初探. 人口研究，2008（6）：7-17.

[81] 王琼. 城市社区居家养老服务需求及其影响因素——基于全国性的城市老年人口调查数据. 人口研究，2016，40（1）：98-112.

[82] 王雪阳. 基于"双创"背景下上海青年创业人才培养模式的实践与探索——以闵行区为例. 商讯，2020（20）：4-6.

[83] 王彦斌. 欠发达地区农村医养结合养老服务体系构建. 探索，2017（6）：153-159.

[84] 王永梅. 教育如何促进老年人使用社会养老服务？——来自北京的证据. 兰州学刊，2018（11）：187-198.

[85] 王屿，梁平，刘肇军．人口老龄化对我国产业结构升级的影响效应分析．华东经济管理，2018，32（10）：99-106．

[86] 王振军．农村社会养老服务需求意愿的实证分析——基于甘肃563位老人问卷调查．西北人口，2016，37（1）：117-122．

[87] 魏楚，沈满洪．工业绩效、技术效率及其影响因素——基于2004年浙江省经济普查数据的实证分析．数量经济技术经济研究，2008（7）：18-30．

[88] 魏勇，杨孟禹．收入结构、社会保障与城镇居民消费升级．华东经济管理，2017，31（3）：90-99．

[89] 温海红，马玉娟，王怡欢，等．人力资本视角下养老机构老人入住率及其影响因素分析——以陕西省为例．社会保障研究，2018（2）：21-29．

[90] 温涛，田纪华，王小华．农民收入结构对消费结构的总体影响与区域差异研究．中国软科学，2013（3）：42-52．

[91] 沃云．完善被征地农民社会保障政策制度的思路与建议．浙江国土资源，2015（12）：30-32．

[92] 邬沧萍，王琳，苗瑞凤．中国特色的人口老龄化过程、前景和对策．人口研究，2004（1）：8-15．

[93] 武赫．人口老龄化背景下我国养老产业发展研究．长春：吉林大学，2017．

[94] 夏雅雄，苏吉儿．宁波市养老机构养老护理员核心能力的现状调查与分析．全科护理，2019，17（8）：900-903．

[95] 杨一心，何文炯．养老保险缴费年限增加能够有效改善基金状况吗？——基于现行制度的代际赡养和同代自养之精算分析．人口研究，2016，40（3）：18-29．

[96] 易成栋，任建宇．中国老年人居住意愿满足程度及其影响因素．中国人口科学，2019（1）：113-125．

[97] 易行健，王俊海，易君健．预防性储蓄动机强度的时序变化与地区差异——基于中国农村居民的实证研究．经济研究，2008（2）：119-131．

[98] 袁笛，陈滔．低收入老人长期照护需求和需求满足——基于照护资源整合的视角．西北人口，2019，40（4）：106-117．

[99] 岳爱，杨矗，常芳，等．新型农村社会养老保险对家庭日常费用支出的影响．管理世界，2013（8）：101-108．

[100] 张川川，陈斌开．"社会养老"能否替代"家庭养老"？——来自中国新型农村社会养老保险的证据．经济研究，2014，49（11）：102-115．

[101] 张国平. 农村老年人居家养老服务的需求及其影响因素分析——基于江苏省的社会调查. 人口与发展, 2014, 20（2）: 95-101.

[102] 张海峰, 林细细, 张铭洪. 子女规模对家庭代际经济支持的影响——互相卸责 or 竞相示范. 人口与经济, 2018（4）: 21-33.

[103] 张丽雅, 宋晓阳. 信息技术在养老服务业中的应用与对策研究. 科技管理研究, 2015, 35（5）: 170-174.

[104] 张秋惠, 刘金星. 中国农村居民收入结构对其消费支出行为的影响——基于1997—2007年的面板数据分析. 中国农村经济, 2010（4）: 48-54.

[105] 张同斌. 从数量型"人口红利"到质量型"人力资本红利"——兼论中国经济增长的动力转换机制. 经济科学, 2016（5）: 5-17.

[106] 张文娟, 魏蒙. 城市老年人的机构养老意愿及影响因素研究——以北京市西城区为例. 人口与经济, 2014（6）: 22-34.

[107] 张晓杰. 医养结合养老创新的逻辑、瓶颈与政策选择. 西北人口, 2016, 37（1）: 105-111.

[108] 张云爽. 基于行为经济学的对新型农村社会养老保险制度的实证研究. 中国城市经济, 2011（5）: 257-258.

[109] 浙江省农业和农村工作办公室. 浙江农村改革试点之嘉兴篇: "两分两换"先行先试"十改联动"整体推进. 农村工作通讯, 2011（19）: 19-20.

[110] 甄炳亮, 刘建华. 我国养老服务人才队伍建设研究. 中国民政, 2014（7）: 29-30.

[111] 郑功成. 从地区分割到全国统筹——中国职工基本养老保险制度深化改革的必由之路. 中国人民大学学报, 2015, 29（3）: 2-11.

[112] 钟水映, 赵雨, 任静儒. "教育红利"对"人口红利"的替代作用研究. 中国人口科学, 2016（2）: 26-34.

[113] 周伟, 米红. 中国失独家庭规模估计及扶助标准探讨. 中国人口科学, 2013（5）: 2-9.

[114] 周雅静. 浅析中国城镇养老制度变迁. 经济研究导刊, 2018（3）: 66-67.

图书在版编目（CIP）数据

共富养老：浙江人口老龄化案例分析／米红，李逸超著.－－北京：中国人民大学出版社，2023.10
ISBN 978-7-300-32209-4

Ⅰ.①共… Ⅱ.①米…②李… Ⅲ.①人口老龄化—案例—浙江 Ⅳ.①C924.245.5

中国国家版本馆CIP数据核字（2023）第183037号

共富养老
浙江人口老龄化案例分析
米 红 李逸超 著
Gongfu Yanglao

出版发行	中国人民大学出版社				
社　址	北京中关村大街31号		邮政编码	100080	
电　话	010-62511242（总编室）		010-62511770（质管部）		
	010-82501766（邮购部）		010-62514148（门市部）		
	010-62515195（发行公司）		010-62515275（盗版举报）		
网　址	http://www.crup.com.cn				
经　销	新华书店				
印　刷	北京联兴盛业印刷股份有限公司				
开　本	720 mm×1000 mm　1/16		版　次	2023年10月第1版	
印　张	17.75　插页2		印　次	2023年10月第1次印刷	
字　数	216 000		定　价	79.00元	

版权所有　侵权必究　印装差错　负责调换